정신역동치료의 의도적 연습

Hanna Levenson · Volney Gay · Jeffrey L. Binder 공저 | **김경희** 역

DELIBERATE PRACTICE IN PSYCHODYNAMIC PSYCHOTHERAPY

학지사

Deliberate Practice in Psychodynamic Psychotherapy
by Hanna Levenson, Volney Gay, and Jeffrey L. Binder

역자 서문

제가 상담심리사 수련을 받을 때 여러 수퍼바이저께서 주셨던 피드백들이 내담자 이해와 상담의 발전, 그리고 저의 전문성 향상에 큰 도움이 되었습니다. 그럼에도 저의 머릿속에는 여러 물음표가 항상 존재하였는데, 그것은 주로 "그래서 구체적으로 어떻게 반응할 것인가?"에 대한 것이었습니다. 내담자의 고통스러운 감정에 머무르며 그 감정을 심층적으로 다루는 것, 수집된 정보를 내담자의 핵심 주제와 연결 짓는 것, 내담자의 자기 이해를 방해하는 방어를 다루는 것, 상담관계를 활용하여 상담자와 내담자가 지금 여기에서 만나는 것. 이 모든 작업이 "왜" 중요한지를 알고 있지만, "어떤 맥락에서" "어떤 방식으로" 실행해야 하는지 감을 잡기 어려웠습니다. 그래서 주로 개념적 지식에 기대어 분석적이고 설명하는 방식으로 기술을 사용하곤 하였고, 그러한 태도는 종종 상담에 한계로 작용했었습니다.

수련생들은 수퍼바이저로부터 보다 나은 내담자 이해와 상담의 방향, 상담 방법에 대해 자문을 얻을 수 있지만, 자칫하면 자문에서 얻은 바가 개념적 지식에 머무른 나머지 실제 상담 수행에 적용하기 어려워하는 경우를 종종 보게 됩니다. 대학원 강의와 수퍼비전에서 여러 수련생을 만나게 되면서, 이러한 어려움을 수련 과정에서 해소하고 보다 준비된 상담자가 될 수 있게 돕고 싶다는 생각이 들었습니다. 저는 대학원에서 기법 훈련에 중점을 두어 학생들이 상담자-내담자 역할을 연기하며 기법을 연습하고 피드백을 주고받는 형식의 수업을 운영해 왔습니다. 그 수업에서 학생들은 실시간으로 상담자 반응을 고안하고 수행에 대한 즉각적인 피드백을 받아야 하기에 긴장감, 낯섦, 부끄러움, 당혹스러움을 겪곤 합니다. 그럼에도 많은 학생이 평가에 두려움을 느끼면서도 용기 있게 자신을 열어 보이며 도전과 성찰을 얻어 갑니다. 동료와의 생생한 상호작용을 통해 나를 비춰 보며 새로운 자신을 발견해 나가고, 어떤 방식으로 표현하는 것이 보다 더 치유적인지를 경험으로 체득해 나갈 수 있다는 점이 상담자 훈련에 매우 유용하다는 확신이 들었습니다. 학생들의 의미 있는 발전을 보면서 저 또한 매시간 배움을 얻게 되었고, 이러한 형식의 훈련을 좀 더 체계화하고 발전시켜 나가고 싶다는 포부를 갖게 되었습니다. 그러던 어느 날 우연히 유튜브에서 APA Deliberate Practice 시리즈의 편집자인 Alexandre Vaz가 이 책을 소개하며 저자들과 인터뷰하는 영상을 보게 되었습니다. 반가운 마음에 책을 찾아보았고, 상담 기술을 체계적으로 훈련할 수 있도록 구성되어 있다는 점을 확인하게 되면서 번역을 결심하게 되었습니다.

이 책은 학생들이 정신역동치료를 지향하는 상담자로서 어디에 주의를 기울이고 무엇을 어떻게 말할지를 반복하여 실행함으로써 반응성을 키워 나가게 하는 것이 목적입니다. 즉, 학생들이 상담 현장에 투입되었을 때, 보다 더 수월하게 상담자 기능을 수행할 수 있도록 준비시키기 위한 것입니다. 이를 위해 치료적인 탐색 질문, 정서 경험 심화하기, 과정 언급하기, 전이 해석하기 등 정신역동치료의 주요 기술을 풍부한 맥락에서 적용해 보고, 동료와 교육자의 피드백을 받아 여러 차례 반복 연습하며 발전시켜 나가는 형식으로 구성되어 있습니다. 어떤 수련생에게는 동료에게 자신의 수행을 보여 주고 그에 대해 피드백받는 것이 부담스럽게 느껴질 수도 있습니다. 따라서 이 교재로 수업 및 훈련 프로그램을 운영하시는 선생님께서 피드백의 초점을 분명히 해 주시고, 훈련 분위기를 안전하게 조성해 주시는 것이 효과적일 것입니다. 이 책은 기본적으로 이제 막 상담자 훈련 과정에 입문하여 아직 내담자를 실제로 만나 본 적이 없거나 상담을 몇 차례 진행해 본 초심자를 대상으로 합니다. 하지만 이미 자격증을 취득하여 경력을 어느 정도 보유한 상담자에게도 자신의 상담 습관을 되돌아보며 전문성을 발전시켜 나가는 데 활용될 수 있습니다. 많은 상담자가 전문성 개발은 완성이 아니라 평생 지속되어야 함에 동의할 것입니다. 어느 경력 단계에서든 자신의 숙련도에 맞게 연습활동을 조정하여 응용해 본다면 도움이 될 것입니다.

의도적 연습은 일종의 템플릿에 끼워 맞춘 고정된 반응을 하게 만드는 훈련 방식이 아님을 강조하고 싶습니다. 많은 초심자가 내담자에게 적극적으로 다가가 돕고 싶어 하는 이타적인 마음이 많지만, 그에 비해 상담을 망칠까 봐 또는 부정적인 평가를 받을까 봐 두려워하는 마음이 더 커서 차마 입을 떼지 못하는 경우가 종종 있습니다. 의도적 연습은 실제 상담에서 일어날 수 있는 이러한 상담자의 개인적인 두려움을 조기에 해결하고, 상담 장면에서 보다 편안히 존재하고 내담자에게 다가가게 하는 훈련 방식입니다. 사실, 상담관계와 상담과정은 관여된 개인들의 서로 다른 성향이 만나 매우 역동적으로 전개되고 변화하는 속성을 지니고 있으며, '맥락'이 중요하기에 이 책에서 제시된 상담자 반응의 예시가 결코 정답이 될 수는 없습니다. 우리가 실제 상담에서 만나는 내담자가 이 책에 나온 진술과 유사한 말을 한다고 하더라도, 예시로 제시된 상담자 반응을 제공했을 때 기법에서 기대할 만한 결과가 나타나지는 않을 수 있다는 것입니다. 또한 번역서라는 한계로 인해, 최선을 다해 자연스러운 뉘앙스로 옮겨 보고자 했으나 다소 어색하게 느껴지는 부분들도 있습니다. 그러므로 책에 제시된 상담자 반응을 기계적으로 외워서 하기보다는, 각 기술의 핵심 요건을 최대한 담아 보면서 여러 차례 반응을 다듬어 가다 보면 자기다운 자연스러운 표현을 개발할 수 있을 것입니다.

책을 번역하면서 한국인에게 자연스럽게 와닿도록 여러 차례 점검하고 다듬으려 노력했지만 이마저도 한계가 있으리라는 점을 잘 알고 있습니다. 이 책이 한국 실정에 잘 맞는 보다 실제적인 상담 훈련 지침을 만들어 내는 움직임으로 이어지길 기대합니다. 상담과 치료적 관계의 귀한 가치를 보여 주셨던 저의 수퍼바이저 선생님과 상담자 선배님들께 감사의 마음을 전하고 싶습니다. 또한 번역서가 나올 수 있게 지원해 주시고 애써 주신 학지사 김진환 대표님과 송새롬 선생님, 학지사 관계자 여러분께 감사드립니다. 마지막으로, 저에게 언제나 안락한 마음의 공간이 되어 주고 아낌없이 사랑을 주는 소중한 우리 가족에게 깊이 감사함을 전합니다.

2025년 10월
김경희

시리즈 서문

Tony Rousmaniere & Alexandre Vaz

의도적 연습 훈련서 시리즈를 소개하게 되어 기쁘다. 우리는 많은 심리학 훈련 프로그램에서 발견되는 특정 필요성을 해결하기 위해 이 시리즈를 개발하고 있다. 이 필요성을 설명하기 위해 가상의 대학원 2학년생 Mary의 훈련 경험을 소개한다. Mary는 정신건강 이론, 연구 그리고 심리치료 기술에 대해 많은 것을 배웠다. Mary는 성실한 학생으로, 수십 권의 교재를 읽고, 심리치료에 대해 훌륭한 논문을 작성했으며, 교과 시험에서도 거의 만점을 받았다. 그러나 Mary는 실습 장면에서 내담자와 마주하면 자신이 글로 쓰거나 말로 설명할 수 있는 치료 기술을 실제로 수행하는 데 종종 어려움을 겪는다. 더욱이, Mary는 내담자들이 매우 정서적이거나, 절망적이거나, 혹은 치료에 대해 회의적인 반응을 보일 때 자신이 불안감을 느낀다는 것을 알아차렸다. 때로는 이 불안감이 너무 강해서 중요한 순간에 그녀를 얼어붙게 만들며, 내담자를 돕는 능력을 제한하기도 한다.

매주 진행되는 개인 및 집단 수퍼비전 시간에 Mary의 수퍼바이저는 경험적으로 지지가 된 치료법과 공통 요인 방법에 기반한 조언을 제공한다. 수퍼바이저는 조언 외에 추가로 역할연기를 통해 Mary를 지도해 주고, 읽을 만한 자료를 추천하거나, 수퍼바이저가 본인의 내담자와의 작업에서 얻은 예시를 말해 준다. Mary는 성실한 수퍼바이지로서 상담 회기 녹음 자료를 수퍼바이저에게 보여 주고 자신의 어려움을 솔직하게 털어놓으며, 수퍼바이저의 조언을 신중히 기록하고 추천받은 자료를 읽는다. 그러나 Mary가 다시 내담자와 마주 앉으면 새로 배운 지식이 머릿속에서 사라져 버린 것처럼 느껴지고, 수퍼바이저의 조언을 실행에 옮기지 못하는 경우가 종종 있었다. Mary는 이러한 문제가 특히 강렬한 정서 반응을 보이는 내담자들과 함께할 때 더 심해진다는 것을 알게 되었다.

Mary의 수퍼바이저는 공식적인 수퍼비전 훈련을 받은 전문가로, 수퍼바이지의 작업을 검토하기 위해 비디오를 활용하는 등 모범적인 수퍼비전 방법을 사용한다. 수퍼바이저는 Mary의 전반적인 역량 수준이 Mary의 발달 단계에 있는 수련생에게 기대되는 수준과 일치한다고 평가할 것이다. 그러나 Mary는 전반적으로 긍정적인 진전이 이루어졌음에도 불구하고, 상담 실제에서 반복적으로 나타나는 몇 가지 문제를 경험한다. 이는 Mary와 수퍼바이저가 실습에서 변화해야 할 사항들을 명확히 파악했다고 확신하고 있음에도 불구하고 여전히 그러하다.

Mary와 수퍼바이저가 씨름하고 있는 이 문제, 즉 심리치료에 대한 지식과 안정적으로 치료를 수행하는 능력 간의 단절이 바로 이 시리즈의 초점이다. 초보 수련생이든 매우 숙련된 상담자든 모든 상담자가 이러한 단절을 어느 정도는 경험한다고 믿기 때문에 이 시리즈를 시작했다. 사실, 우리가 모두 Mary인 것이다.

이 문제를 해결하기 위해, 우리는 이 시리즈를 의도적 연습(deliberate practice)의 활용에 초점을 맞추고 있다. 이는 도전적인 상담 작업 환경에서 복잡한 기술을 안정적으로 수행하는 능력을 향상시키기 위해 특별히 설계된 훈련 방법이다(Rousmaniere, 2016, 2019; Rousmaniere et al., 2017). 의도적 연습은 특정 기술이 자동화될 때까지 체험적이고 반복적으로 훈련하는 것을 의미한다. 이는 심리치료 장면을 설정하여, 수퍼바이저의 지도하에 두 명의 수련생이 내담자와 치료자 역할을 번갈아 연기하는 방식이다. 치료자 역할을 맡은 수련생은 초급에서 중급, 고급에 이르는 난이도의 내담자 진술에 반응하며, 기본적인 치료 기술을 반영한 즉흥적인 응답을 제시한다.

이 시리즈를 제작하기 위해, 우리는 주요 치료 모델의 선도적인 교육자와 연구자들에게 수련생들이 인지적 지식과 수행 능력 사이의 단절을 종종 경험하는 10~12가지 필수 치료 기술을 선별해 달라고 요청했다. 다시 말해, 수련생들이 이론적으로는 잘 알고 논문도 잘 쓸 수 있지만, 특히 도전적인 내담자와 함께할 때 수행에 어려움을 겪는 기술을 선정해 달라는 것이었다. 그 후, 저자들과 협력하여 이러한 기술들의 안정적인 수행과 전반적으로 반응적인 치료를 향상시키기 위해 특별히 설계된 의도적 연습 활동을 개발했다(Hatcher, 2015; Stiles et al., 1998; Stiles & Horvath, 2017). 마지막으로, 우리는 개발된 활동들을 전 세계 여러 장면에서 수련생과 교육자들을 대상으로 철저히 테스트하고, 수렴된 많은 피드백을 바탕으로 이를 개선했다.

이 시리즈의 각 책은 특정 치료 모델에 초점을 맞추고 있지만, 독자들은 이 시리즈의 연습 활동 대부분이 치료의 공통 요인과 촉진적인 대인관계 기술을 다룬다는 것을 알게 될 것이다. 이러한 기술은 연구자들이 상담 효과에 가장 큰 영향을 미치는 요소임이 확인된 것으로, 공감, 언어 유창성, 정서 표현, 설득력, 문제 초점 등이 포함된다(예:

Anderson et al., 2009; Norcross et al., 2019). 따라서 이 책에 있는 연습 활동들은 다양한 내담자와의 작업에 도움을 줄 수 있다. 치료자가 사용하는 특정한 이론적 모델과 관계없이, 대부분의 치료자는 치료적 관계의 범이론적 요소에 큰 비중을 두며, 이러한 범이론적 요소 중 많은 부분이 내담자의 개선과 상관관계가 있거나 개선으로 이어지는 메커니즘으로서 강력한 경험적 지지를 받고 있다(예: Norcross et al., 2019). 또한 여러 치료 모델은 이미 풍부한 역사를 가진 확립된 훈련 프로그램을 가지고 있다. 따라서 의도적 연습은 기존 프로그램을 대체하는 것이 아니라, 기술 유지를 향상시키고 기본 역량을 보장하는 데 도움이 되는 적응적이고 범이론적인 훈련 방법이다.

이 책에 대하여

이 책은 의도적 연습을 정신역동치료의 수련생 및 상담자 훈련에 통합하는 가이드이다. 먼저, 하나의 정신역동적 심리치료는 없다는 것을 명확히 하는 것이 중요하다. 현대 정신역동치료는 다양한 치료 접근법의 집합을 구성하고 있다. 이로 인해 이 책을 작성하는 데 다소 어려움이 있었다. 저자들은 의도적 연습 활동의 기초로 삼을 정신역동치료의 개념, 공식화 방법, 개입에 대해 어느 정도 공통된 이해에 도달할 필요가 있었다. 다행히도, 다양한 정신역동적 접근법이 공유하는 핵심 공통 요소들이 있다(예: 갈등, 초기 아동기 발달, 무의식적 과정의 중요성). 저자들이 이 책에 선택한 정신역동치료(PsychoDynamic Therapy: PDT)의 의도적 연습 기술은 모두 이러한 공통 요소와 관련이 있다(자세한 내용은 제1장을 참조하라). 따라서 이러한 기술을 연습하면 장·단기 치료를 포함하여 어떠한 형태의 정신역동치료에서도 숙련도를 향상시킬 수 있다. 또한 이 책의 기술을 도출하는 과정에서, 저자들은 애착 기반 대인관계 정신역동치료, 즉 단기 역동 심리치료(time-limited dynamic psychotherapy)를 바탕으로 삼았다. 이 접근은 정신역동치료의 모든 공통 요소를 통합하고 있다(Binder, 2004; Binder & Betan, 2013, 2022; Levenson, 2017).

전통적인 훈련 방법은 강의실 수업에서 실제 치료 장면으로의 전환이 다소 어색하게 넘어가는 특징이 있는데, 이 책의 12가지 기술 연습 활동을 따라 함으로써 수련생들은 더 빠르고 원활하게 실제 내담자들에게 PDT 개입을 적용할 수 있다. 의도적 연습은 치료자들이 핵심 PDT 기술을 자신의 고유한 스타일에 통합하는 데 도움을 줄 수 있다. 전통적인 PDT 훈련은 강의, 실제 내담자와의 치료에 대한 수퍼비전, 치료자 개인의 치료로 구성되어 있는데, 이 책은 그러한 전통적 훈련을 더욱 풍요롭게 만드는 것을 목표로 하고 있다. 이 책에서 제시하는 PDT 기술은 모든 관련 치료 기술을 포괄적으로 다루는 것이 아니다. 이 기술들은 유능한 PDT 치료자가 내담자의 필요, 맥락 및 배경에 적합하게 정신역동치료를 제공하기 위해 배워야 하는 광범위한 기술들 중에서 선택된 것이다.

저자들은 현대 정신역동치료를 연구하는 이 시기가 매우 흥미롭게 느껴진다. 정신역동적 사고방식은 이제 주류 사회에 널리 받아들여져서, Freud와 그의 동료들이 이를 처음 구상했을 때 얼마나 혁명적이었는지 인식하기 어려울 정도이다. Freud는 신경과학적 관점에서 마음이 작동하는 방식을 설명하려 했던 신경학자였다. 그의 1895년 저서 『Project for a Scientific Psychology』는 말 그대로 시대를 너무 앞서간 것이었다(Freud, 1950/1895). Freud가 살아 있던 시기는 뇌와 마음에 대한 이해가 너무 초보적이었기 때문에 이 프로젝트를 포기해야 했다. 우리는 현대에 와서야 정교한 연구 방법론과 비침습적 신경영상 기술을 통해 정신역동치료의 기본 아이디어 중 일부와 관련된 신경학적 상관성을 탐구하기 시작할 수 있었다.

오늘날 우리는 현대 정신역동 이론과 실천의 핵심 원리들(예: 무의식적 과정, 방어기제, 전이, 핵심 갈등, 자기와 타인의 표상, 관계적 마음, 초기 발달의 중요성, 심리적 인과성, 교정적 정서 체험, 기억)이 신경학적 상관성을 가질 수 있다는 사실을 발견하고 있다. 인지 신경과학, 신경정신분석, 발달심리학의 최근 발전은 정신역동치료의 경험적 기반에 대한 새로운 관심을 불러일으키며, 그 실천에 중요한 시사점을 제공하고 있다(예: Cosolino, 2012; Damasio, 2012; Roffman & Gerber, 2009; Solms & Turnbull, 2011). Siegel(2017)의 말처럼, "Freud가 무덤에서 미소 짓고 있다."라고 할 수 있다. 현대 과학은 매우 현대적인 형태로 Freud가 제안했던 것의 일부를 지지하기 시작했다. 또한 저자들은 2000년 노벨 생리의학상을 받은 신경과학자 Eric Kandel(1999)의 견해, 즉 정신분석적 관점에서 개념화하고 개입하는 방식이 "여전히 마음에 대한 가장 일관되고 지적으로 만족스러운 관점"(p. 505)이라는 평가에 동의한다.

마지막으로 한마디를 덧붙이자면, 심리치료 교육에서 경외감, 사색, 계획되지 않은 '만남의 순간들'(Lord, 2017; McWilliams, 1999; Stern, 2004)이 소중히 여겨지는 전통이 있기에, 학생들을 훈련하는 교육자나 수퍼바이저들에게는 의도적 연습에 필요한 정밀한 리허설 방식이 어울리지 않거나 심지어 거부감을 줄 수도 있다. 그럼에도 불구하고, 저자들은 회의적인 태도와 비판적인 시선을 가진 분들에게 이 책을 시도해 볼 것을 권한다.

연습을 통해 수련생들과 그들의 내담자들이 보이는 반응을 평가하고, 그 유용성을 스스로 판단해 보길 바란다.

우리와 함께 심리치료 전문성으로의 여정에 동참한 것에 감사를 표한다. 학습을 즐기고, 그 과정을 만끽하자! 이제 연습을 시작해 보자!

참고문헌

Anderson, T., Ogles, B. M., Patterson, C. L., Lambert, M. J., & Vermeersch, D. A. (2009). Therapist effects: Facilitative interpersonal skills as a predictor of therapist success. *Journal of Clinical Psychology, 65*(7), 755–768. https://doi.org/10.1002/jclp.20583

Binder, J. L. (2004). *Key competencies in brief dynamic psychotherapy. Clinical practice beyond the manual*. Guilford Press.

Binder, J. L., & Betan, E. J. (2013). *Core competencies in brief dynamic psychotherapy. Becoming a highly effective and competent brief dynamic psychotherapist*. Routledge. https://doi.org/10.4324/9780203837412

Binder, J. L., & Betan, E. J. (2022). The cyclical maladaptive pattern. In T. D. Eells (Ed.), *Handbook of psychotherapy case formulation* (3rd ed., pp. 113–143). Guilford Press.

Cosolino, L. (2012). *The neuroscience of human relationships: Attachment and the developing social brain* (2nd ed.). W. W. Norton & Company.

Damasio, A. (2012). Neuroscience and psychoanalysis: A natural alliance. *Psychoanalytic Review, 99*(4), 591–594. https://doi.org/10.1521/prev.2012.99.4.591

Freud, S. (1950). Project for a scientific psychology. *In The standard edition of the complete psychological works of Sigmund Freud* (Vol. 1, pp. 281–291). Imago. (Original work published 1895).

Hatcher, R. L. (2015). Interpersonal competencies: Responsiveness, technique, and training in psychotherapy. *American Psychologist, 70*(8), 747–757. https://doi.org/10.1037/a0039803

Kandel, E. R. (1999). Biology and the future of psychoanalysis: A new intellectual framework for psychiatry revisited. *American Journal of Psychiatry, 156*(4), 505–524. https://doi.org/10.1176/ajp.156.4.505

Levenson, H. (2017). *Brief dynamic therapy* (2nd ed.). American Psychological Association. https://doi.org/10.1037/0000043-000

Lord, S. (Ed.). (2017). *Moments of meeting in psychoanalysis: Interaction and change in the therapeutic encounter*. Routledge. https://doi.org/10.4324/9781315389967

McWilliams, N. (1999). *Psychoanalytic case formulation*. Guilford Press.

Norcross, J. C., Lambert, M. J., & Wampold, B. E. (2019). *Psychotherapy relationships that work* (3rd ed.). Oxford University Press.

Roffman, J. L., & Gerber, A. J. (2009). Neural models of psychodynamic concepts and treatments: Implications for psychodynamic psychotherapy. In R. A. Levy & J. S. Ablon (Eds.), *Handbook of evidence-based psychodynamic psychotherapy* (pp. 305-338). Humana Press. https://doi.org/10.1007/978-1-59745-444-5_13

Rousmaniere, T. G. (2016). *Deliberate practice for psychotherapists: A guide to improving clinical effectiveness*. Routledge Press. https://doi.org/10.4324/9781315472256

Rousmaniere, T. G. (2019). *Mastering the inner skills of psychotherapy: A deliberate practice manual*. Gold Lantern Press.

Rousmaniere, T. G., Goodyear, R., Miller, S. D., & Wampold, B. E. (Eds.). (2017). *The cycle of excellence: Using deliberate practice to improve supervision and training*. Wiley Publishers. https://doi.org/10.1002/9781119165590

Siegel, P. (2017, September 25). The psychodynamic brain: Emotion systems in the brain can run into conflict. *Psychology Today*. https://www.psychologytoday.com/us/blog/freud-lives/201709/the-psychodynamic-brain

Solms, M., & Turnbull, O. H. (2011). What is neuropsychoanalysis? *Neuro-psychoanalysis, 13*(2), 133-145. https://doi.org/10.1080/15294145.2011.10773670

Stern, D. N. (2004). *The present moment in psychotherapy and everyday life*. W. W. Norton & Co.

Stiles, W. B., Honos-Webb, L., & Surko, M. (1998). Responsiveness in psychotherapy. *Clinical Psychology: Science and Practice, 5*(4), 439-458. https://doi.org/10.1111/j.1468-2850.1998.tb00166.x

Stiles, W. B., & Horvath, A. O. (2017). Appropriate responsiveness as a contribution to therapist effects. In L. G. Castonguay & C. E. Hill (Eds.), *How and why are some therapists better than others? Understanding therapist effects* (pp. 71-84). American Psychological Association. https://doi.org/10.1037/0000034-005

차례

제1부
개관 및 소개

제1부에서는 정신역동적 임상 훈련 프로그램에 의도적 연습을 통합하는 방법과 제2부에서 수행할 연습 활동에 대한 지침을 포함한 개요를 제공한다. **수련생과 교육자 모두 의도적 연습을 처음에 수행하기 전에 우선 제1장과 제2장을 읽어 보길 권장한다.**

제1장은 의도적 연습과 관련된 중요 개념을 소개하고, 심리치료 훈련 전반과 정신역동치료(PsychoDynamic Therapy: PDT)에서 의도적 연습의 역할을 설명함으로써 앞으로 제시될 내용에 대한 기초를 제공한다. 그동안 다양한 PDT 모델이 발전해 왔기 때문에 이 책에서는 모든 정신역동치료가 공통적으로 지닌 특징들에 초점을 맞춘다. 이와 더불어 PDT의 개념적 틀이 정신병리학과 심리치료에 어떻게 적용되는지에 대한 배경지식을 제공하고, 12가지 PDT 기술 활동을 각각 검토한다.

제2장은 제2부에 포함된 PDT 의도적 연습 활동을 수행하기 위한 기본적이고 필수적인 지침을 제시한다. 이 지침은 간단하게 만들어졌으며, 너무 많은 정보에 압도당하지 않고 시작하기에 충분한 정보만 제공한다. 제3부의 제3장은 보다 심층적인 지침을 제공하는데, 제2장의 기본 지침에 익숙해진 뒤에 읽어 보기를 권한다.

제1장

의도적 연습과 정신역동치료의 소개 및 개관

일요일 아침 10시가 가까워지고 있는 샌프란시스코만 지역에서, 나는 『뉴욕 타임스』의 첫 페이지를 읽으며 커피 한 잔을 마신 후, 주방 테이블에 컴퓨터를 설치하고 Zoom에 접속하여 테네시주 내슈빌에 있는 Jeff Binder, Volney Gay와 연결하려고 한다. 우리는 이렇게 만난 지 벌써 2년이 되었는데, COVID로 인한 자택 격리 기간과 거의 겹쳤다. 나는 Jeff를 40년 넘게 알고 지냈다. 그는 내가 임상심리학자가 된 이후 첫 직장인 샌프란시스코 VA 메디컬 센터 시절부터 알게 된 사람이다. 나는 그곳에서 학생들을 훈련시키고, 주로 베트남 전쟁 참전용사들을 대상으로 외래 치료를 담당했다. 나는 훈련 임무의 일환으로 심리학 박사 전임 인턴들과 3년 차 정신건강의학과 레지던트를 대상으로 하는 단기정신역동치료(Brief Psychodynamic Therapy) 프로그램을 이끌었다. 이 프로그램의 일환으로 각 수련생은 시간제한적 치료(최대 20회기)를 받는 한 명의 환자와 함께 작업하도록 배정되었다. 모든 회기는 비디오로 녹화되어야 했고, 수련생들은 매주 집단 수퍼비전에 참여해 그 주에 녹화된 회기 일부를 공유했다. 나는 이 비디오를 중요한 시점에서 멈추고, 집단 구성원들에게 '이때 무엇을 말하거나 행동할 것이며, 그 이유는 무엇인가?'를 물었다. 나는 학생들에게 자신의 환자나 동료의 환자들에 대한 생각, 감정, 행동 경향[내가 **상호적 역전이**(interactive countertransference)라고 칭하는 것]을 나눠 보도록 정기적으로 물었다. 우리는 종종 이러한 반응을 바탕으로, 향후에 그 환자와 어떤 역기능적 역동을 재현하게 될 가능성이 있는지를 가정해 보곤 하였다(Kiesler, 1988에서 말하는 '걸려드는' 상황). 실제 상담 장면이 전개되면서 특정 세부 기술(microskills)이 결여되어 있음이 뚜렷이 드러나면서, 그 기술을 배우는 데에도 초점을 많이 맞추었다.

1980년대 초, 내슈빌의 밴더빌트 대학교에서 진행되고 있던 NIMH(국립정신건강연구소) 연구에 대해 듣게 되었다(이 연구는 이후 'Vandy II'라는 별명을 갖게 되었다). 이때 나는 Jeff Binder를 만나게 되었다. 나는 내슈빌로 직접 가서 어떤 일이 벌어지고 있는지 확인하기로 했다. Jeff는 이미 정신역동 연구와 학술 분야에서 거장이 된 Hans Strupp과 함께 NIMH 연구를 진행하고 있었다. 그들은 경험 많은 치료자들이 '어려운 환자'를 대할 때 역전이 반응을 관리할 수 있도록 돕는 관계 지향적 단기역동치료(Time-Limited Dynamic Psychotherapy: TLDP)를 훈련하는 과정을 감독하고 있었다. 이전 몇 년간 진행된 'Vandy I' 연구에서는, 특정 환자들(특히 외적으로 적대적이거나, 모욕적이거나, 불쾌하게 도발적인 태도를 보이는 환자들)이 치료자의 임상 기술을 약화시키는 데 매우 능숙하다는 점이 관찰되었다. 이런 어려운 환자를 대하는 치료자들은 환자의 모욕적이거나 적대적인 태도에 대한 자신의 감정적 반응을 관리하는 데 너무 신경을 쓰다 보니 치료적 관점을 잃고, 환자의 미시가스[mishigas: 이디시어(Yiddish)로 '개인의 신경증적 문제'라는 의미]에 휘말리게 되는 상황에 놓였다. 이후 Jeff는 Hans와 함께 현대 정신역동적 대인관계 치료 모델을 체계적으로 설명한 고전적 저서 『Psychotherapy in a New Key: A Guide to Time-Limited Dynamic Psychotherapy』(Strupp & Binder, 1984)를 공동 집필했다. 이 모델은 치료자들이 환자가 치료 관계 내에서 유발하는 역기능적 상호작용에 무의식적으로 동참하지 않으면서, 이를 공식화하고 개입할 수 있도록 돕는 데 중점을 두고 있다.

그래서 Tony Rousmaniere가 나에게 초보자가 의도적 연습을 통해 정신역동적 기술을 배울 수 있는 매뉴얼을 작성해 달라고 요청했을 때, 나는 즉시 공동 저자로 Jeff를 떠올렸다. 당시 Jeff는 이미 임상 역량을 가르치는 방법에 관한 논문과 책을 집필했으며, 나는 그의 사고방식을 매우 존경하고 있었다. 개인용 컴퓨터가 대중에게 보급되기 시작하던 시기에, Jeff는 하이퍼링크를 사용해 심리치료 기술을 가르치는 방법에 대한 글을 썼다. 그가 '상식(common sense)'이 매우 유용한 치료 도구가 될 수 있다고 제안했을 때, 나는 그가 비범한 사상가임을 확신했다. 내가 이 프로젝트를 함께 진행해 보지 않겠냐고 그를 설득하려 연락했을 때, 그는 즉시 Volney Gay를 참여시켜야 한다고 답했다. 그는 Volney를 심리학, 종교학, 인류학에서 교수직을 맡았을 뿐만 아니라, 훈련 및 수퍼비전 분석가로 활동해 온 다재다능한 '치료자들의 치료자'라고 묘사했다. Volney가 자전거 타는 방법을 단계적으로 배우는 영상을 보여 주었을 때(힌트: 첫 단계는 페달을 밟는 것이 아니다), 나는 우리가 세 번째 '삼총사'를 찾았음을 알았다. Volney는 서로 다른 인간의 마음을 연결하는 것이 무한한 복잡성을 지니고 있음을 이해하고 있으며, 임상 학습을 개별적인 세부 기술의 통합으로 보는 시각을 가진 훈련 분석가였다.

다시 현재로 돌아와, 나는 Jeff, Volney와 함께 이번 책에 포함될 기술에 대해 논의하기 위해 Zoom으로 2시간 동안 진행되는 정기 일요일 모임에 접속한다. 이 시간에는 웃음, 인간 본성에 대한 철학적 논의, 교육 방법론을 주고받으며, 수십 개의 연습 활동을 구상, 작성, 테스트하는 작업을 진행하였다. 그중 12개 기술을 이 매뉴얼에 포함하였다. 우리가 시도하려는 작업에 압도되는 느낌이 들 때도 있었지만, 수련생들이 우리가 만든 연습 활동을 시도해 보며 "오, 이제 감이 잡히는 것 같아요!"라고 외치는 모습을 영상으로 보면서 격려와 안도감을 느끼는 순간도 있었다.

우리 세 명이 학생들을 가르치고, 수퍼비전을 하고, 임상 작업을 해 온 세월을 모두 합치면 약 150년에 달한다! 우리가 이 직업을 시작했을 때는 우리의 머리카락이 더 짙었고 머리숱은 더 풍성했다. 하지만 이 책을 쓰기 위해 함께 모였을 때도, 우리는 각자의 커리어를 처음 시작할 때처럼 미지의 영역을 탐험하는 일에 여전히 흥분되고 열정적이었다. 우리는 결코 지루하거나 단조롭지 않으며, 오히려 끊임없이 도전적이고 풍요로울 것임을 장담할 수 있는 정신역동치료 분야에서, 이렇게 생동감 있는 학습 방식을 소개하게 되어 기쁘다.

의도적 연습 활동 개관

이 책은 정신역동치료(PsychoDynamic Therapy: PDT)의 교육자와 수련생의 피드백을 기반으로 철저히 검증되고 수정된 14개의 연습 활동에 초점을 둔다. 먼저, 제시되는 12개 연습 활동 각각은 핵심적인 정신역동 기술을 대표한다. 〈표 1-1〉에 이 12개 기술을 제시했다. 나머지 2개의 연습 활동은 보다 종합적인 내용으로, 정신역동-대인관계 치료의 실제 사례의 축어록(활동 13)

〈표 1-1〉 의도적 연습 활동의 12개 정신역동 기술

중급 기술	고급 기술
1. 치료적 탐색하기	7. 전이 해석하기
2. 역전이 반응 인식하기	8. 은유 사용하기
3. 정서 경험 심화하기	9. 환상 탐색하기
4. 과정 언급하기	10. 사례 공식화: 순환적 부적응 패턴에 대한 자료 수집하기
5. 방어에 초점 맞추기, 기저의 불안 탐색하기	11. 재연 인식에 수퍼비전 활용하기
6. 치료의 근거 소개하기	12. 교정적 정서 체험 제공하기

과 즉흥적인 모의 치료 회기(활동 14)가 제시된다. 이 두 가지 활동은 12개 필수 기술을 보다 확장된 임상 상황에 통합적으로 적용하는 방법을 안내한다.

각 활동에서 수련생은 짝을 지어 교육자의 지도하에 내담자와 치료자로 역할연기를 하고, 역할을 바꾸어 다시 시행한다. 12개의 연습 활동은 초급, 중급, 고급 난이도로 나뉜 15개의 내담자 진술로 구성되며, 각 진술은 특정 기술이 요구된다. 각 기술에 대해 수련생들은 기술에 대한 설명, 기술 기준 그리고 몇 가지 예시를 읽고 기술을 이해한다. 내담자 역할을 맡은 수련생은 내담자의 증상, 문제, 정서 상태를 나타내는 진술을 읽는다. 치료자 역할을 맡은 수련생은 특정 기술을 정의하는 기준에 맞게 즉흥적인 반응을 한다. 단, 11번 연습 활동은 예외적으로, 한 수련생은 수퍼바이저를 맡고, 다른 수련생은 치료자를 맡아 역할연기를 하게 된다.

각 내담자 진술과 치료자 반응 세트를 여러 번 연습한 후에 수련생들은 교육자에게 피드백을 받는다. 교육자의 지도에 따라, 수련생들은 해당 진술–반응 쌍을 여러 번 시도하며 목록을 따라 연습하게 될 것이다. 수련생은 교육자와 상의하여 난이도가 쉬운 것부터 시작하여 점차 고급 수준으로 나아가며 연습을 진행한다. 교육자–내담자–치료자는 해당 연습 활동이 너무 어려웠는지, 아니면 쉬웠는지를 논의하여 필요에 따라 난이도를 조정할 기회를 갖게 된다.

수련생은 교육자의 자문을 받아 자신이 연습하고자 하는 기술과 연습 시간을 결정할 수 있다. 테스트해 본 결과, 최대의 효과를 얻기 위해서 연습 시간은 1시간 정도로 하는 것이 가장 적절하다는 것을 확인했다. 1시간을 초과할 경우 수련생이 피로를 느껴 학습 효율이 떨어질 수 있다.

이 책의 연습 활동은 수업 시간 중 1시간 동안 실행하거나 숙제로 진행할 수 있게 설계되었다. 인터넷(예: Zoom)을 사용하면 다른 학우와 쉽게 짝을 지어 할 수 있고, 수련생들의 수행을 녹화하여 나중에 교육자가 녹화본을 검토하거나 학습자가 스스로 복습할 수 있다는 이점이 있다. 한번에 여러 학생을 가르쳐야 하는 상황에서, 학생들이 연습할 때마다 교육자나 수퍼바이저가 매번 학생들의 연습에 관여하기는 어려울 것이다. 이러한 경우 수련생끼리 치료자와 내담자 쌍으로 연습을 진행할 수 있다. 이를 고려해, 모든 연습 활동의 끝부분에 몇 가지 타당한 치료자 반응의 예시를 제공하여 학생들이 자신이 기술 기준을 충족했는지를 판단할 수 있도록 했다. 그러나 의도적 연습의 원칙에 충실하기 위해, 역할연기에 참여하는 치료자는 가능한 응답 예시를 참조하기 전에 자신만의 즉흥적인 반응을 만들어 보는 것이 가장 좋다.

이상적으로, 정신역동적 대인관계 이론과 실습을 배우는 학습자들은 이러한 연습을 통해 자신감과 유능성을 얻게 될 것이다. 여기서 **유능성**이란, 내담자에게 유연하고 반응적인 방식으로 정신역동적 기술을 수행할 수 있는 능력을 말한다. 우리는 PDT에 필수적이라고 생각되는 기술이자 초심자가 구현하기에는 종종 어려움을 느끼는 기술들을 선별하였다.

이 책에서 다루는 기술들이 포괄적인 것은 아니다. 즉, 정신역동치료 전문가가 되기 위해 배워야 할 모든 것을 대변하는 것은 결코 아니다. 정신역동적 대인관계 접근법의 간략한 역사와 의도적 연습 방법론에 대한 간단한 설명을 제공하여, 우리가 이 두 가지를 어떻게 결합하게 되었는지 설명할 것이다.

이 책의 목표

이 책의 세 가지 주요 목표는, ① 수련생들이 의도적 연습의 형식에 익숙해지고 이를 전문적인 경력 전반에 걸쳐 활용할 수 있도록 돕는 것, ② 수련생들이 핵심적인 정신역동적 대인관계 치료 기술 역량을 달성하도록 돕는 것, ③ 교육자/수퍼바이저들에게 의도적 연습의 배경과 기능을 소개하여 이를 사용하도록 독려하는 것이다.

추가적으로, 의도적 연습 문제는 다음과 같은 목표를 달성하도록 설계되었다.

1. 훈련 중인 치료자가 다양한 임상 상황에서 기술을 적용하는 능력을 개발하도록 돕는 것이다.
2. 이 기술들을 절차 기억(procedural memory; Squire, 2004)으로 이동시켜, 치료자가 피곤하거나 스트레스를 받거나 압도되거나 낙담한 상태에서도 이를 활용할 수 있게 하는 것이다.
3. 훈련 중인 치료자가 자신의 스타일과 언어에 맞는 방식으로 특정 기술을 연습할 기회를 제공하는 것이다.
4. 다양한 내담자의 발언, 문제 제기 그리고 정동 상태에 반응하여 이러한 기술을 사용할 기회를 제공하는 것. 이를 통해 수련생들이 다양한 내담자 맥락의 폭넓은 상황에 기술을 적용할 수 있는 자신감을 갖도록 설계되었다.
5. 훈련 중인 치료자가 실패할 기회를 많이 가지고, 주어진 피드백을 바탕으로 실패한 응답을 수정할 기회를 주는 것. 이는 자신감과 끈기를 키우는 데 도움을 준다.
6. 마지막으로, 이 책은 수련생들이 자신만의 학습 스타일을 발견하여 공식적인 훈련이 끝난 이후에도 전문성을 지속적으로 개발할 수 있도록 돕는 것을 목표로 한다.

이 책에서 이익을 얻을 수 있는 대상은 누구인가

이 책은 대학원 수준 과정, 수퍼비전, 대학원 졸업 후 수련, 평생 교육 프로그램 등 다양한 맥락에서 사용할 수 있다. 이 책의 가정은 다음과 같다.

1. 교육자는 PDT에 대해 잘 알고 능숙하다.
2. 교육자는 역할연기 또는 비디오를 활용해 다양한 치료 상황에서 PDT 기술을 사용하는 방법을 시연할 수 있다. 이러한 목적으로 사용할 수 있는 정신역동적 전략과 기법을 보여 주는 미국심리학회(APA) 영상 자료가 많이 있다(예: Levenson, 1999; Levenson & Carlson, 2008, 2010; McCullough & Carlson, 2005; McWilliams & Carlson, 2008; Safran & Carlson, 2008, 2009; Wachtel & Carlson, 2007).
3. 교육자는 PDT 기술을 적용하고 개선하는 방법에 대한 피드백을 학생들에게 제공할 수 있다.
4. 수련생은 PDT와 각 특정 기술에 대한 이론, 연구, 근거를 설명하는 책과 논문 등을 제공받게 될 것이다. 각 기술에 대한 추천 자료는 강의계획서 샘플에 제시되어 있다(부록 C).

이 책에서 다루는 연습 활동들은 다양한 수련 현장에서 여러 번 시범 운영되었다. 이 책은 전 세계의 다양한 문화적 배경을 가진 교육자와 수련생을 대상으로 한다. 다문화 문제를 다루는 기술을 향상시키는 방법에 대한 지침은 출간된 책 『Deliberate Practice in Multicultural Therapy』(Harris et al., 2023, 번역서 출간 예정)를 참조하라.

이 책은 공식적인 수련의 모든 단계(내담자를 만나 본 적이 없는 초보자부터 박사 후 과정의 수련생까지)에 있는 사람들을 위해 제작되었다. 그러나 숙련된 치료자에게도 흥미로울 것이다. 경험 많은 치료자들은 임상 작업을 유능하게 수행하기 위해서 평생 학습 접근법을 추구해야 한다는 것을 알고 있다. 모든 연습 활동에는 각 학습자의 요구 사항을 정확히 맞추기 위해 난이도를 평가하고 조정하는 지침이 포함되어 있다. 이 책에서 사용하는 **수련생**(trainee)이라는 용어는 PDT 기술 습득을 원하는 정신건강 전문 분야의 모든 이들을 지칭한다.

심리치료 수련에서 의도적 연습

한 분야에서 전문가가 되려면 어떻게 해야 하는가? 훈련할 수 있는 것은 무엇이고, 타고나거나 통제할 수 없는 요인으로 인해 훈련으로도 손이 닿지 않는 것은 무엇인가? 이러한 질문은 전문적인 수행을 보이는 사람들과 그들의 발달에 대해 우리가 매혹되는 것과 관련된다. Mozart, Leonardo da Vinci, 농구의 전설 Michael Jordan과 체스의 거장 Garry Kasparov와 같은 그 분야 최고의 수행을 보이는 이들에게 경외심, 감탄, 심지어 혼란스러움이 뒤섞인 감정들이 쏟아진다. 이들의 일관되고 우수한 전문적 수행은 무엇으로 설명할 수 있는가? 특정 유형의 수행에 얼마나 시간을 소요하는지가 거의 모든 영역의 전문성 개발에 필수적이라는 근거가 존재한다 (Ericsson & Pool, 2016). '의도적 연습'은 효과적이고 신뢰할 수 있는 방식으로 수행을 개선할 수 있는 근거 기반 방법이다.

의도적 연습이라는 개념은 K. Anders Ericsson과 동료들(1993)의 고전적 연구에서 비롯되었다. 그들은 기술을 연습하는 시간의 양과 질이 숙달과 습득을 예측한다는 것을 발견했다. 이들은 기술을 배우고 숙달하는 데 필요한 다섯 가지 주요 활동을 확인했다. 이는, ① 자기 수행 관찰하기, ② 전문가의 피드백 받기, ③ 자신의 능력을 약간 넘어서는 작고 점진적인 학습 목표 설정,

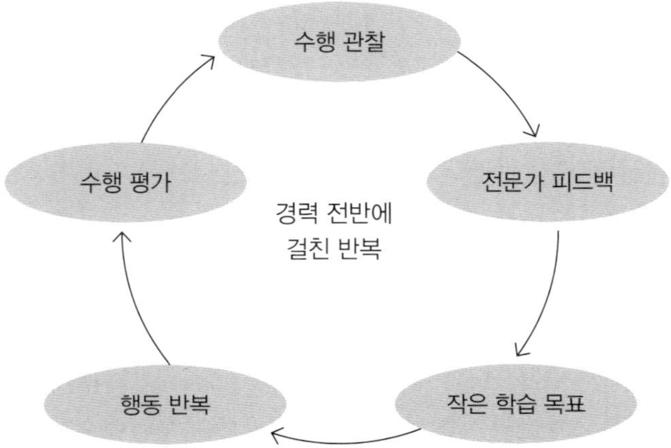

[그림 1-1] 의도적 연습의 순환

출처: Goldman, Vaz, & Rousmaniere (2021), p. 7(https://doi.org/10.1037/0000227-000). Copyright 2021 by the American Psychological Association.

④ 특정 기술을 행동으로 반복하기, ⑤ 지속적인 수행 평가이다. Ericsson과 동료들은 이 과정을 **의도적 연습**(deliberate practice)이라고 불렀는데, 이는 [그림 1-1]에 제시한 순환적 과정이다.

장기간 의도적 연습을 수행하는 것은 의학, 스포츠, 음악, 체스, 컴퓨터 프로그래밍, 수학 등 다양한 전문 영역에서의 수행과 관련된다(Ericsson et al., 2018). 전문가가 되는 데 필요한 실제 시간은 분야마다, 개인마다 다르겠지만(Ericsson & Pool, 2016), 사람들은 Malcolm Gladwell이 2008년에 출간한 저서 『Outliers』를 통해 널리 알려진 '1만 시간의 법칙'을 의도적 연습과 연관지어 생각할 수도 있다. 그런데 이 '법칙'은 두 가지 오류를 야기했다. 첫 번째 오류는 전문성을 습득하는 데 필요한 의도적 연습 시간이 고정되어 있다는 것이다. 실제로는 이와 달리, 필요한 연습 시간은 영역마다 상당한 차이가 있다.

두 번째 오류는 어떤 영역에서 1만 시간의 수행을 하면 전문가가 될 것이라는 오해이다. 이 오류는 심리치료 분야에서 전통적으로 임상 작업 시간을 숙련도의 척도로 사용하는 방식으로 적용되고 있다(Rousmaniere, 2016). 그러나 연구에 따르면, 경험의 시간이 치료 효과를 예측하지는 않는다(Goldberg, Babins-Wagner, et al., 2016; Goldberg, Rousmaniere, et al., 2016). 즉, 작업 시간의 양보다는 의도적 연습 시행 유무가 핵심 요인일 가능성이 더 높은 것 같다.

다른 분야에서 확인된 의도적 연습의 가치를 인정한 심리치료 학자들은 정신건강 전문가를 위한 교육에 의도적 연습을 포함시켜 왔다(예: Bailey & Ogles, 2019; Binder & Betan, 2013; Hill et al., 2020; Rousmaniere et al., 2017; Taylor & Neimeyer, 2017; Tracey et al., 2015). 심리치료를 스포츠나 음악과 같은 다른 전문 분야와 비교하는 것에 대해 의문을 가질 만한 충분한 이유가 있다. 예를 들어, 스포츠는 분명하게 정의된 목표가 있으며 클래식 음악은 기록된 악보가 존재하지만, 그에 비해 심리치료는 복잡하고 형식이 자유롭다. 심리치료는 각 내담자가 각 치료 회기에 어떤 것을 제시하는지에 따라 목표가 변경될 수 있으며, 정해진 악보를 따라야 하는 것이 아니다.

좋은 심리치료란, 클래식 음악보다는 즉흥적인 재즈 연주와 보다 더 유사하다(Noa Kageyama: Rousmaniere, 2016에서 인용). 즉흥적인 재즈 연주에서는 밴드 구성원들의 협력, 창의성, 상호작용이 복잡하게 혼합된다. 심리치료가 사례마다 다른 것처럼 즉흥적인 재즈 연주 역시 동일할 수 없다. 그러나 즉흥 연주는 단순히 무작위 음표의 모음이 아니다. 그것은 지속적인 의도적 연습을 통해서만 개발되는 포괄적인 개념적 이해와 기술 숙련에 기반을 두고 있다. 예를 들어, 저명한 재즈 강사 Jerry Coker(1990)는 학생들이 마스터해야 하는 18가지 기술 영역을 제시했는데, 각 기술 영역에는 음색, 음정, 코드 아르페지오, 음계, 패턴 및 릭(lick)을 포함한 여러 개별 기술이 포함되어 있다. 이러한 관점에서 보면, 보다 창의적이고 예술적인 즉흥 연주를 위해서는 그 이전에 반복적인 기술 연습 및 습득이 이루어져야 한다. 전설적인 재즈 뮤지션 Miles Davis가 말했듯이, "자신의 고유한 스타일로 연주하기 위해서는 오랜 시간 연습을 해 봐야 한다"(Cook, 2005, p. 34).

PDT 치료자들이 자기 자신이 될 수 있도록 돕기 위해 이 책이 도움이 되길 바란다. 이 책의 목표는 여러분이 필요할 때 사용할 수 있게 기술을 습득하는 것이다. 기술을 연습하여 자신의 것으로 만들어 가길 바란다. 자신에게 적합하다고 생각되는 측면들을 선택하여 통합하라. 지속적으로 노력을 기울이는 의도적 연습은 유연성과 창의성을 방해하지 않으며, 오히려 유연성과 창의성 모두를 향상시킨다. 효과적인 PDT 치료자는 이전에 습득한 기술과 적절하게 조정된 유연성을 통합한다. 이 책에서 제시되는 핵심적인 PDT 반응들은 '정답'이라기보다는 견본 또는 가능한 답안이다. 그러니 이 책에 제시한 반응들을 여러분에게 맞는 방식으로, 여러분이 이해한 바에 맞게 해석하고 적용하라. 여러분이 유연하고 즉흥적인 연주를 하길 바란다!

모의실험 기반 숙달 학습

의도적 연습은 모의실험을 기반으로 한 숙달 학습법이다(Ericsson, 2004; McGaghie et al., 2014). 즉, '전문적인 만남에서 발생하는 문제, 사건 또는 조건을 모방한 인위적인 사회적 장면'으로 구성된 자료들이 수련을 위한 재료로 사용된다(McGaghie et al., 2014, p. 375). 다시 말해, 수련 장면에서 실제 경험과 유사한 자극을 제시하여 실제와 유사한 반응을 불러일으키는 것이다. 이러한 방법은 상태 의존적 학습(state-dependent learning)을 촉진한다. 학생들은 의도적 연습을 함으로써 실생활에서 발생할 수 있는 감정과 인지적 도전을 유발하는 환경에서 기술을 습득하게 된다(R. P. Fisher & Craik, 1977; Smith, 1979). 예를 들어, 조종사는 기계 고장과 위험한 기상 조건이 출현하는 비행 시뮬레이터로 훈련하고, 외과 의사는 의학적 합병증을 나타내는 외과 시뮬레이터로 수련한다. 도전적인 자극이 있는 모의실험 교육은 스트레스 조건하에서 효과적으로 수행할 수 있는 전문적 능력을 향상시킨다. 이 책에서 시뮬레이터는 치료 과정에서 마주할 수 있는 전형적인 내담자 진술이며, 해당 상황에서 요구되는 동일한 기술을 활용하도록 설계된 것이다. 학습이 개인 혼자서 하는 것이 아니라 대인관계에서 이루어진다는 점(예: 동료들과의 역할연기)은 스트레스를 더해 주며, 실제 내담자와 작업할 때 발생하는 긴장감을 연출해 준다.

서술 지식과 절차 지식

서술 지식(declarative knowledge)은 개인이 이해하고, 쓰고, 말할 수 있는 것이다. 이는 종종 기억을 통해 의식적으로 회상할 수 있고 비교적 빨리 습득되는 정보를 말한다. 반면에, 절차 학습(procedural learning)은 암묵적인 기억이며 "일반적으로 **반복적인 활동**을 필요로 하고, **과업 수행의 향상을 통해 연합된 학습이 이루어졌음이 드러난다**"(Koziol & Budding, 2012, p. 2694). **절차 지식(procedural knowledge)은 개인이 수행할 수 있는 것이며**, 특히 스트레스 조건하에서도 수행이 가능한 것이다(Squire, 2004). 서술 지식과 절차 지식의 시연에는 큰 차이가 있을 수 있다. 예를 들어, '안락의자 쿼터백(armchair quarterback)'은 운동 경기를 비판할 수는 있지만 실제 운동 수행에는 어려움을 겪는다. 이와 마찬가지로, 대부분의 춤, 음악, 연극 평론가들은 자신의 주제에 대해 설득력 있게 글을 쓸 수 있지만, 자신이 비평한 공연을 직접 해 보라고 요청받으면 당황할 것이다.

PDT 수련에서도 서술 지식과 절차 지식 사이에 격차가 생길 수 있다. 예를 들어, 수련생이나 치료자가 내담자의 의식 가장자리에 적절히 닿아 미묘하게 새로운 통찰로 나아가게 하는 은유(metaphor)를 알아보고 이해할 수는 있지만, 실제 내담자에게 유사한 은유를 제공하는 데에는 어려움을 겪을 수 있다. **의도적 연습의 가장 최적의 지점은 서술 지식과 절차 지식 간의 격차가 나타나는 곳이다.** 바꿔 말하면, 수련생이 특정 기술을 잘 알고 그에 대해 좋은 글을 쓸 수는 있지만 실제 내담자와 작업할 때는 그 기술을 사용하는 데 어려움을 겪는 부분에 초점을 두어 연습해야 한다. 우리는 서술 지식으로 시작하여 이론적으로 기술을 학습하고, 다른 사람이 기술을 수행하는 것을 관찰한다. 그런 다음, 의도적 연습을 사용하여 절차 학습을 진행할 것이다. 여기서 목표는 치료자에게 12개 기술에 '자동적으로' 접근하여 필요할 때 쉽게 사용할 수 있게 하는 것이다. 수퍼바이저는 학생들이 모의연습에서 가상의 내담자와 작업한 후에 기술을 보다 연마하여 실제 내담자에게 사용하도록 도울 수 있다(Binder, 1999, 2004; Levenson, 2017).

다음은 PDT 배경을 살펴보고 현대 정신역동 이론 및 실제에서 12개 기술을 어떻게 적용하는지 이해할 수 있도록 돕고자 한다.

정신역동적 대인관계 이론

공통 특징들

정신분석치료(psychoanalytic therapy)와 **정신역동치료**(psychodynamic therapy)라는 용어는 거의 동의어로 간주할 수 있다. 두 용어는 인간의 기능과 역기능에 대해 서로 다른 견해를 가질 수 있고 사용하는 언어가 다를 수 있지만 특정한 속성들을 공유하는 하나의 치료 '계열'을 나타낸다. 이 책은 많은 정신역동 치료자가 사용하는 현대 애착 기반의 관계-대인관계적 접근(attachment-based, relational-interpersonal approach)에 기초하고 있다. 좀 더 구체적으로 말하자면, 이 책에서 저자들은 TLDP 모델을 사용한다(Levenson, 1995; Strupp & Binder, 1984). TLDP는 많은 정신역동 접근에 관련된 요소들을 통합한다. TLDP는 공식화 및 개입을 가르칠 수 있는 방법을 제공하고, 연구에 기반을 두고 있으며, 가용한 추가 자료(예: 책과 비디오)를 제공한다. TLDP는 단기 및 장기 적용 모두에 적합하며, 이 매뉴얼의 저자들에게도 친숙한 접근법이다.

PDT 이론들의 공통 특징이 무엇인지에 대해 안내하는 몇 가지 유익한 출처가 있다. Blagys와 Hilsenroth(2000)는 두 개의 다른 연구실에서 수행된 두 건의 연구에서 정신역동적 대인관계 치료(psychodynamic-interpersonal therapy)와 인지행동치료(CBT)를 구별한 논문을 검토했다. 이들은 CBT와 구별되는, 단기적이고 매뉴얼화된 정신역동적 대인관계 치료의 일곱 가지 활동 또는 초점을 제시했다(〈참고 1-1〉).

참고 1-1 정신역동적 대인관계 심리치료의 특징 요약

1. 내담자의 정동과 정서 표현에 초점을 맞춘다.
2. 특정 주제를 회피하려고 하거나 치료의 진전을 방해하는 행동을 하려는 내담자의 시도를 탐색한다.
3. 내담자의 행동, 사고, 감정, 경험, 관계의 패턴을 식별한다.
4. 과거 경험을 강조한다.
5. 내담자의 대인관계 경험에 초점을 맞춘다.
6. 치료 관계를 강조한다.
7. 내담자의 소망, 꿈, 또는 환상을 탐색한다.

출처: "Distinctive Features of Short-Term Psychodynamic-Interpersonal Psychotherapy: A Review of the Comparative Psychotherapy Process Literature," by M. D. Blagys and M. J. Hilsenroth, 2000, *Clinical Psychology: Science and Practice*, 7(2), p. 185(https://doi.org/10.1093/clipsy.7.2.167). Copyright 2000 by the American Psychological Association.

Shedler(2022)는 정신역동 실제 및 이론에 대한 고정관념이자 시대에 뒤떨어진 오해들이 현대 PDT와 어떤 차이가 있는지에 대해 기술했다. 그는 「그때는 그랬고, 지금은 다르다: 우리 모두를 위한 정신분석 심리치료(That Was Then, This Is Now: Psychoanalytic Psychotherapy for the Rest of Us)」라는 도발적인 제목의 논문에서, 정신역동 이론과 실제가 시간이 지남에 따라 어떻게 발전해 왔는지를 설명했다. 그는 "정신분석학이 이드, 자아, 초자아, 고착, 억압된 기억에 관한 이론이 아니라면, 그것은 무엇에 관한 것인가?"(p. 406)라고 질문하면서, 현대 정신역동 기법은 '무의식적 정신생활, 마음의 갈등, 과거가 현재에 미치는 영향, 치료 관계에서의 전이, 방어 과정 및 심리적 인과 관계에 대한 강조'라는 독특한 특징들이 있다고 말했다.

이와 유사하게, 세 가지 이론적 접근을 대표하는 치료자들이 자신의 접근법에 대한 필수적인 치료 과정을 식별한 결과(Boterhoven De Haan & Lee, 2014), 뚜렷한 차이가 나타났다. PDT의 필수적인 특성은 내담자의 감정, 통찰, 치료 관계, 반복되는 주제, 비판단적인 수용, 치료 일정과 비용 및 중단에 대한 논의, 치료 과정, 대인관계, 무의식적인 소망과 감정, 생각에 대한 해석에 초점을 두는 것이었다.

세 가지 관점(출판물 검토, 시간 경과에 따른 변화 추적, 치료자의 자기 보고)에서 도출된 목록들은 상당한 정도로 겹친다. 우리는 이러한 연구 결과들을 활용하여 PDT에 대한 조작적 정의를 구성했다. 이 책에서 우리는 다음과 같은 특징들을 보여 주는 기술에 대해 논의한다. ① 무의식적 과정에 초점 맞추기, ② 정동과 정서 표현에 초점 맞추기, ③ 행동, 사고, 감정, 환상, 대인관계 패턴 식별, ④ 방어(즉, 불편한 주제를 회피하고 무의식적으로 치료의 진전을 방해하기 위한 대처 전략)에 초점 맞추기, ⑤ 과거 경험들이 현재의 생각과 행동에 미치는 영향 강조, ⑥ 전이와 역전이(즉, 내담자의 문제 패턴이 치료 관계에 어떻게 나타나는지 식별하는 것)에 초점 맞추기 등이다. 이 책에서는 편의상 **정신역동치료** 또는 PDT라는 용어를 사용한다.

PDT 연구

치료 연구 결과와 관련하여 정신역동 임상가 및 다른 심리치료 이론을 지향하는 실무자들 사이에 널리 퍼져 있는 오해를 다루고자 한다. 일반적으로, CBT는 광범위하게 연구되고 있으며 근거 기반 접근으로 간주하지만, 반면 정신역동치료는 경험적 증거에 의해 뒷받침되지 않기 때문에 열등한 치료라고 가정하곤 한다. 실제로 2021년 현재, 장기/단기 정신역동치료의 효능에 대해서 무처치, 일반적인 치료 또는 CBT와 같은 표준 치료와 비교하는 무작위 대조 실험(Randomized Controlled Trials: RCTs)을 수행한 연구가 최소한 243개 있다. RCTs와 메타 분석 결과, 정신역동치료가 기분, 불안, 성격장애 치료에 있어 통제 집단에 비해 유의하게 효과적이며, 다른 치료 접근과 대조했을 때 동등한 효과가 있음이 일관되게 발견되었다(Barber et al., 2021).

개념적 틀

이 책의 기술 연습 활동을 최대한 활용하기 위해 독자는 성격, 정신병리 및 치료 과정에 대해 호환 가능한 모델을 갖추고 있어야 한다. 정신역동 치료자는 즉각적인 치료 상황에 대한 '인지적 지도(cognitive map)'나 '작업 모델(working model)'을 가지고 있어야 한다. 이는 내담자 문제의 맥락을 이해하고 개입 전략을 설계할 수 있을 만큼 이론을 충분히 포함하되, 내담자와의 조율과 맥락의 변화에 따른 자연스러운 반응을 방해하지 않을 정도여야 한다. 이러한 정신적 모델은 치료 기술을 연습할 때, 각 기술이 치료의 진전을 촉진하는 데 어떤 역할을 하는지 이해할 수 있는 개념적 틀을 제공할 것이다.

성격 이론

성격 구조 성격의 구성 요소는 개인의 정체성에 대한 감각과 관련된 자기 표상들을 포함하는 상호작용 구조(interaction structures)라 할 수 있다(Beebe et al., 1997; Sandler & Sandler, 1978). 이 상호작용 구조들은 특정한 정동적인 색조로 특징지어지는 교류 시나리오에 의해 불가분하게 연결된 자기 표상과 대상 표상으로 구성된다(Mitchell, 1988). 심리적 구조들은 안정적이고 불변하는 것이 아니다. 그보다는 개인의 내외 환경에 대한 적응을 반영하는 정신 활동의 뿌리 깊은 패턴으로, 형성되는 데 오랜 시간이 걸리고 천천히 변화한다. 상호작용 구조들은 성격의 전면에 위치하는 반면, 인지 및 지각 과정은 성격의 배경에 위치한다고 여겨진다. 인지 및 지각 과정들은 상호작용 구조에 담긴 내용을 처리하는 정보 처리 기능을 담당한다.

각 성격을 특징짓는 상호작용 구조들은 개인의 독특한 생리적 · 유전적 기질과 그 사람이 타인과의 관계를 내면화한 것이 더해진 결과물이다. 태어난 순간부터 타인과의 교류, 특히 개인이 보호와 신체적 · 정서적 생존을 위해 의존하는 사람들(즉, '중요한 타인')과의 교류가 내면화된다. 이러한 교류가 성격 구조의 조직과 내용을 형성한다.

성격의 기초를 구성하는 상호작용 구조들은 공통적인 서사적 요소들을 공유하는 여러 개의 개별적이고 내면화된 경험의 복합체이다. 우리가 구조(structures)라는 용어를 사용하지만, 이것은 정적인 틀을 의미하는 것이 아니라 행위로 이어지는 역동적인 과정을 의미한다. 예를 들어, 한 아이가 부모, 친구, 교사와 상호작용하는 동안 거절당하는 상황을 묘사한 동영상들을 모은다면, 그 동영상 세트는 아이의 사적인 대인관계 도식을 가시적이고 공식적인 기록으로 보여줄 것이다. 일반적으로, 이러한 도식은 아이의 의식적 자각으로 직접 접근할 수 있는 것이 아니다. 이러한 기억 흔적들 중 많은 부분은 유아가 말을 이해할 수 있기 전에 축적되고 체화된다. 실제로 이는 절차 기억에 해당한다. 하지만 이러한 기억에는 승인된 행동 규칙이 포함되어 있어 이후의 모든 상호작용을 지배한다. 또한 학습된 절차로서, 이 기억들은 암묵적이고 무언의 방식으로 다른 사람들에 대한 예측과 행동 패턴을 안내한다. 이를 인지심리학 용어로 표현하면 절차적 대인관계 지식(procedural interpersonal knowledge)이라 할 수 있다(Binder, 2004). 이 구조들은 의식의 배후에서 작동하면서 의식적인 자각 속에 유지되는 자기와 대상 관계 단위에 기여한다(Horowitz, 1998).

어떠한 대인관계 상황에서도 개인은 상황에 대한 인지적 지도(cognitive map) 또는 **내적 작동 모델(internal working model)**을 따른다(Bowlby, 1988). 적응적인 작동 모델은 유연하며, 상호작용이 전개되는 동안 즉각적인 피드백에 의해 수정될 수 있다. 이는 개인이 처해 있는 현재 상황에 대한 도식적 주제와 직접적인 관찰이 결합된 결과물임에도 불구하고 그러하다(Horowitz, 1998). 개인의 내적 작동 모델을 특징짓는 핵심적인 주제들은 그 사람의 성격과 대인관계 양식의 두드러진 특징에서 드러난다. 개인이 타인과 상호작용하는 특유의 패턴은 타인으로부터 한정적이고 상호적인 반응을 불러일으키는 경향이 있다. 이러한 반응은 원래의 대인 행동을 유발한 사람의 예측을 충족시키는 경향이 있기 때문에, 원래의 대인 행동이 반복될 가능성을 강화한다. 이러한 상보적인 상호작용을 통해 대인관계 스타일은 좋든 나쁘든 자기 강화적(self-perpetuating) 경향을 띠게 된다(Binder, 2004; Strupp & Binder, 1984). Wachtel(1993)은 이러한 상호적인 강화 체계를 **순환적 정신역동(cyclical psychodynamics)**이라 불렀다.

동기와 발달 동기에 대한 고전적 정신역동 이론은 생물학 기반의 '추동'을 방출하여 성적 긴장과 공격적 긴장을 감소시킨다고 가정했다. 그러나 20세기 중반부터 영국의 대상관계 이론가들은 인간의 동기를 설명함에 있어 추동 이론 대신, 인간을 본질적으로 **대상을 추구하는** 존재로 보기 시작했다(Fairbairn, 1952). 미국 대인관계 정신의학자인 H. S. Sullivan(1954)은 인간의 기본적인 동기가 조화로운 대인관계 상호작용을 통해 형성되는 안전감이라고 주장했다. 가장 영향력 있는 동기 이론가는 John Bowlby(1969/1982)였다. 그는 애착 이론을 사용하여, 진화론적 관점에서 생물학적으로 내재된 행동 체계가 존재한다고 주장했다. 이러한 체계의 목적은 포식자와 기타 위험으로부터 보호받기 위해 보호자와의 물리적 근접성을 달성하고 유지하는 것이다.

Bowlby의 애착 이론은 인간이 다른 인간과의 연결성을 추구하려는 동기가 있음을 강조한다. Blatt(2008)은 (1974년에 시작하여 그의 2008년 저서인 『Polarities of Experience』에서 완성함으로써) 자율성(autonomy), 숙달감(mastery), 자기 충족(self-sufficiency), 자기 정의(self-definition)를 추구하는 동기를 추가했다. 이 동기들은 겉으로 보기에는 연결성 추구 동기와 상반되는 것처럼 보이지만 상보적인 동기로 간주된다. Blatt(2008)은 성격 발달, 정신병리학, 치료 과정 분야를 연구하면서, 의미 있는 대인관계적 관계성을 추구하는 동기와 일관되고 통합된 자기 정의를 추구하는 동기 사이에 존재하는 변증법적 긴장을 설명했다. 그는 "자기감(sense of self)의 발달은 대인관계적 관계성 성숙도의 증가로 이어지고, 이는 다시 자기 발달의 분화와 통합을 촉진한다."(pp. 3-4)라고 말했다. 이와 유사한 의견은 Safran과 Muran(2000)의 치료적 동맹에 관한 연구 그리고 Bowlby(1988)의 애착에 대한 견해에서 드러난다. 이들은 세상에서 독립적인 행위를 취하는 것은 그 사람이 안전한 대인관계 친밀성의 기반이 있다는 확신이 있어야만 가능하다고 제안한다.

정신병리학 이론

현대 정신역동 이론들이 Freud의 구조 이론(예: 자아, 이드, 초자아)과 추동 이론(예: 리비도, 공격성)에서 멀어짐에 따라, 내적 갈등, 방어, 타협 형성과 같은 개념을 덜 강조하게 되었다. 그 대신에 정신병리학에 대한 현대 정신역동 이론들은 공통적으로 유아와 아동의 발달적 요구와 개별적 기질에 따라 조율하지 못한 부모의 공감 실패에 중점을 둔다.

유아와 아동이 부모상(parental figures)의 보호와 돌봄을 필요로 하는 기간이 길기 때문에 부모상은 아이의 성격 발달에 광범위한 영향을 미친다. 만일 아이가 심각한 생리적 또는 대인관계적 스트레스에 처해 있지 않다면, 아이는 적응적이고 현실적인 관계 경험의 표상을 발달시킬 것이다. 그러나 아이가 장기간의 스트레스를 겪는다면, 인지 및 지각 기능이 손상되어 역기능적인 개인 도식(person schemas)으로 이어진다. 또한 부모상이 아이에게 특정한 성격 특성과 행동을 강요하고, 다른 특성과 행동들은 회피하거나 부인하도록 압력을 가할 때도 부적응적인 개인 도식이 발달한다. 유아나 아동이 부모와의 정서적 유대를 유지하기 위해 자신을 특정한 방식에 맞춰야 한다고 느낄 때, 그 결과로 나타난 개인 도식은 경직되게 유지되며 대인관계 면에서도 제한적일 것이다.

부모상과의 초기 관계에 대처하는 과정에서 발전시킨 개인의 자기 표상과 타인에 대한 예측은 현재의 대인관계 현실을 충분히 고려하지 못한 채 경직되게 고수된다. 다시 말해, 성인은 한때는 적응적이었지만 이제는 부적응적인 초기 관계 방식을 짊어지고 살아가게 된다(Eagle, 2011). William Faulkner(1951)가 소설 『Requiem for a Nun』에서 시적으로 표현했듯이, "과거는 결코 죽지 않는다. 심지어 과거가 되지도 않는다".

결국, 본질적으로 정신병리의 모든 표현은 내적인 개인 도식 또는 작동 모델에 의해 특징지어지며, 이는 엄격하게 고수되고 개인이 다른 사람과 관계 맺는 방식의 레퍼토리를 제한한다(Binder, 2004). 손상된 작동 모델을 가진 사람은 필연적으로 인지 및 지각 기능에 손상을 보일 것이다. **성격장애**와 동의어인 내러티브 구조의 심각한 왜곡은 종종 정서 관리의 어려움(즉, 과잉통제 또는 조절 곤란) 및 자기 위안의 어려움(예: 자존감 문제)과 관련된다. 인지 및 지각 기능의 손상이 현실검증을 왜곡할 때, 망상 및 환각과 같은 정신병적 증상이 나타난다. 이러한 성격 변형과 부적응은 필연적으로 불안 및 우울 증상과 관련이 있다.

심리치료 이론

현대 정신역동치료의 성격 및 정신병리 이론과 일치하게, PDT의 주요한 회기 내 목표 또는 과정 목표는 두드러진 부적응적인 상호작용 구조와 이에 상응하는 부적응적인 대인관계 패턴을 식별하는 것이다. 주요한 **결과 목표**는 이러한 부적응적인 내적 표상과 대인관계 패턴을 수정하고, 자기 자신 및 타인을 경험하고 관계 맺는 방식을 새롭고 보다 적응적이며 만족스러운 방식으로 대체하는 것이다. 궁극적인 치료 목표는 내담자가 선택하는 능력을 방해하는 장애물을 제거하여 적어도 만족감과 행복을 높일 수 있는 기회를 제공하는 데 도움을 주는 것이다(Binder, 2004; Eagle, 2011; Levenson, 2017).

현대 정신역동 치료자들은 자신의 내담자와 적극적으로 관계를 맺고, 공감 및 비판단적인 수용을 특징으로 하는 보다 명시적인 정서적 연결을 추구한다. 치료자는 내담자의 말을 적극적으로 경청한다. 이러한 치료자의 대인관계적인 태도는 종종 내담자에게 새로운 경험으로 작용한다. 이는 치료자의 태도와 행동이 내담자의 부적응적이고 부정적인 대인관계적 예측을 무효화해 주는 **교정적 정서 체험**(corrective emotional experiences)에 기여한다. 또 다른 강력한 '교정적' 체험은 치료자가 내담자의 부적응적 시나리오에서 어떤 역할을 수행하도록 무의식적으로 유도되었음을 깨닫고 그러한 역할에서 벗어나기 시작할 때 발생한다(Kiesler, 1988; Levenson, 2017; Muran & Barber, 2010; Safran & Muran, 2000; Strupp & Binder, 1984). 이러한 상호작용은 내담자의 부정적인 예측을 무효화하며, 그러한 예측을 만들어 내는 부적응적인 상호작용 구조를 약화시킨다(Alexander & French, 1946; Eagle, 2011). 이러한 교정적 정서 체험은 기억 재응고화(memory reconsolidation)를 통해 그 효과를 발휘하는 것일 수 있으며, 심리치료에서 주요한 변화 요인으로 간주된다(Levenson et al., 2020).

체험적인 학습에 더하여, 또 다른 주요 변화 요인은 **통찰**, 또는 자기와 타인에 대한 개인의 독특한 관점과 개인의 동기, 예측, 가정, 감정, 행동에 대한 자각의 증진이다(Binder, 2004; Levenson, 2017). 현대 PDT에서 통찰의 증진과 긍정적 결과의 연관성에 대한 확고한 경험적 근거가 존재한다(Barber et al., 2021). 통찰 증진과 관련된 긍정적인 변화로는 내적 상호작용 구조나 **대상 관계 질**의 개선, 미성숙한 방어기제에 대한 의존 감소, 그리고 **정신화(mentalization)** 능력의 향상(즉, 자기 성찰과 타인에 대한 공감 능력의 증가)이 있다. 이는 자기와 타인의 정신 상태를 이해하고, 그 정보를 바탕으로 대인관계 행동을 설명하고 조정하는 데 사용하는 능력을 의미한다(Barber et al., 2021; Fonagy & Bateman, 2006).

경험적 · 임상적 관점에서 볼 때, 긍정적인 치료 결과를 가장 일관되게 예측하는 변화 요인은 **치료적 동맹(therapeutic alliance)**이다. 현대 정신역동 접근들은 치료적 동맹을 개념화하는 방식에서 차이가 있다. 한 가지 관점은 긍정적인 동맹을 치료자의 기술적인 전략들이 효과적으로 작용하기 위한 필수적인 대인관계 맥락으로 본다. 또 다른 관점은 강력하고 긍정적인 동맹이 치료적인 과정을 만들어 내는 필요충분조건이라고 본다. Safran과 Muran(2000)은 치료적 동맹이 치료 과정과 관련되는 또 다른 관점을 제안했다. 그들은 어떤 심리치료에서든 동맹에 균열이 불가피하게 발생할 것이며, 치료자가 이러한 균열을 식별하고 해결하는 것이 긍정적인 치료 결과를 얻는 데 필수적이라고 보았다.

치료적 동맹의 균열은 상당 부분 전이-역전이 실연(transference-countertransference enactments)과 동의어로 볼 수 있다(Safran & Muran, 2000). 앞서 언급했듯이, 정신역동치료의 주요 특징 중 하나는 전이 패턴을 분석하는 데 초점을 둔다는 점이다. 원래 전이는 내담자의 핵심적인 무의식적 갈등의 대인관계적 발현이 치료자의 '빈 스크린'에 투사된 것으로 개념화되었다. 현대의 전이 개념은 전이 과정이 보편적이며, 치료자의 특성이 필연적으로 이 실연을 공동 창조한다는 점을 강조한다. 이와 같은 관점에서, 치료자의 역전이는 치료자 자신의 개인적 문제(고전적 역전이)와 내담자의 전이 행동에 대한 이해 가능한 반응(상호작용적 역전이; Binder, 2004; Levenson, 1995; Safran & Muran, 2000; Strupp & Binder, 1984)이 조합된 것으로 볼 수 있다. 따라서 전이와 역전이는 불가분의 관계이다.

치료적 대화를 시작하기 위한 고전적인 기술 전략은 '자유 연상'으로, 내담자에게 마음속에 떠오르는 것은 무엇이든 거르지 않고 말로 표현하도록 지시하는 것이다. 이는 추동이 방출되고자 하기 때문에 걸러지지 않은 말에는 중요한 무의식적 갈등에 대한 단서를 제공하는 추동 파생물이 포함될 것이라는 이론적 근거에 기반한다. 현대 정신역동치료는 대화를 시작하는 기술적 전략을 인지 과학 연구 결과에 바탕을 둔다. 대부분의 인지적 활동, 특히 문제 해결은 의식적인 인식 밖에서 이루어진다. 따라서 내담자가 가능한 자발적으로 치료적 대화를 이끌도록 격려하는 것이 내면의 정동 및 대인관계 주제를 불러일으키는 데 도움이 된다. 치료자의 가장 중요한 기술적 목표는 통찰, 교정적 정서 체험, 그리고 정신화의 향상과 같은 변화 과정들이 발생할 수 있는 기반을 제공하여 치료적 대화를 촉진하는 것이다.

이제 독자들은 정신역동 치료자가 심리치료 과정 중에 얼마나 많은 일을 해야 하는지 이해할 수 있을 것이다. 대인관계 패턴을 인식하는 것에서부터 자신의 개인적 반응을 스스로 모니터링하는 것, 내담자에게서 가장 생산적인 반응을 이끌어 낼 특정 개입 유형을 결정하는 것까지 모두 치료자가 해야 할 일들이다. 심리치료 연구자들은 과거에 '가장 효과적인 기법'을 찾아 치료 결과를 개선하려는 데 열정적이었다. 오늘날 그들은 효과적인 치료자를 만드는 개인적 · 전문적 특성을 연구하는 것이 더 생산적인 연구 전략임을 인식하고 있다(Wampold & Owen, 2021). 더 나아가, 점점 더 많은 연구자와 심리치료 양성가들이 전문적인 심리치료자를 만드는 많은 특성이 스포츠, 음악, 의학과 같은 다른 복잡한 수행 영역의 전문가들이 공유하는 특성과 유사하다는 것을 깨닫고 있다(Ericsson et al., 2018).

이 교재에서 독자들이 연습하고 이상적으로 습득하게 될 기술들은 정신역동 치료자가 유능하게, 그리고 더 나아가 전문가로 수행하기 위한 기초적인 요소들이다. 이러한 기술들을 숙달하는 것은 쉽지 않으며 그 과정이 항상 즐거운 것은 아니지만, 결과에 대해서는 분명히 만족할 것이다.

의도적 연습에서 정신역동적 대인관계 기술들

앞서 열거한 현대 PDT의 주요 특징들을 바탕으로, 우리는 통찰과 교정적 정서 체험 촉진하기, 감정과 정서를 심화시키기, 방어와 치료 과정 다루기, 전이와 역전이에 초점 맞추기, 해석 제시하기, 환상의 활용 및 무의식에 대해 직접적으로 말하기, 그리고 반복되는 대인관계 패턴과 정신적 패턴에 대한 자료 수집하기와 같은 연습들을 포함하기로 했다.

이 의도적 연습 시리즈의 편집자인 Rousmaniere 박사와 Vaz 박사의 제안에 따라, 우리는 교사이자 수퍼바이저로서 우리가 경험한 것을 기반으로 수련생들이 일반적으로 실제 임상 장면에서 사용하는 데 흔히 어려움을 겪는 기술들을 선택했다. 예를 들어, 우리는 수련생들이 "상담자는 내담자가 말하는 것이 무엇인지 완전히 이해해야만 하고, 알고 있는 척 해야 한다."라는 잘못된 가정으로 인해 후속 질문을 하지 않는 경우가 자주 발생한다는 점에 놀랐다. 우리 수련생들이 내담자가 '자신의 시간에 맞춰' 주제를 제기할 때까지 무기한 기다리며 얼마나 '예의 바르게' 행동해야 한다고 느끼는지를 보면 여전히 놀랍다. 수련생들은 간단한 질문을 통해 치료자가 내담자를 더 잘 이해하도록 도울 뿐만 아니라, 그에 못지않게 중요한 것으로서 내담자가 자신에 대해 더 많이 배우고 이해하도록 도울 수 있다는 사실을 (아직) 알지 못한다. 이를 통해 내담자는 스스로 인지하지 못한 기대, 인정하지 못한 갈망, 표현하지 못한 감정 등을 발견하게 된다. 따라서 우리는 단순한 질문을 하는 데 중점을 둔 기술 훈련을 개발했다.

또 다른 기술 세트는 저자들의 임상 경험과 경험적 연구 결과에서 도출한 것인데, 치료자와 내담자 사이 약간의 부정적인 대인관계 과정이 치료의 진전을 크게 저해할 수 있다는 것이다 (Binder & Henry, 2010; Henry et al., 1986). 따라서 이 책에 있는 여러 기술은 치료적 균열을 예방하거나 복구하는 것에 초점을 맞춘다. 우리는 치료자의 정서적 자각을 촉진하는 기술, 특히 수퍼비전을 활용하여 어려운 내담자와의 역기능적 관계 패턴 재연에 수퍼바이지가 휘말리지 않도록 관리하는 기술에 중점을 둔다. 또한 내담자의 무의식적 과정을 다루고 저항을 줄이는 데 도움이 되는 기술을 제시한다. 마지막으로, 우리는 내담자에 대한 공감을 증진하여 치료자가 내담자에 대한 좌절, 분노, 적대감을 느끼는 경향을 줄이는 기술도 포함한다.

이 책에서 기술을 선택할 때 경험적 근거가 있는 기술들을 우선순위에 두었다. 우리는 심리치료 분야가 과학적 조사에 의해 점진적으로 발전해 왔음을 알고 있다. 수년간 대부분의 정신역동 치료자는 PDT가 연구하기 어려운 분야라고 믿었다. PDT는 과학이라기보다는 예술로 여겨지곤 했다. 그러나 아동 발달, 신경과학, 치료 과정에 대한 경험적인 연구들을 통해 현재는 PDT가 방대한 연구 기반을 갖추게 되었다.

이 책을 작성하면서 우리는 PDT가 다른 많은 치료적 접근과 어떻게 다른지 보여 주는 문제에 직면했다. 이 시리즈의 편집자가 기술 템플릿을 제시했을 때, 우리는 그들이 역할연기에서 치료자 역할을 맡은 수련생이 해당 기술의 기준을 충족하는 반응을 할 수 있게끔 내담자 진술을 작성하기 원한다는 것을 알게 되었다. 이는 다양한 내담자 진술에 대해 수련생이 연습할 수 있는 적절한 개입 방안이 존재할 것이라는 의미였다. 그러나 PDT에서는 모든 경우에 적용되는 일률적인 개입은 거의 존재하지 않는다. 다시 말해, 대부분은 '충분히 좋은(good-enough)' 일반적인 치료자 반응을 얻을 수 있는 일반적인 내담자 진술이란 존재할 수 없다는 것이다. 한 내담자가 "X"라고 말하여 정신역동 치료자가 그에 대한 반응으로 어떤 말을 했다면, 다른 내담자가 동일한 말을 했을 때는 치료자가 이전과 다른 말을 할 수 있다. 유용한 개입을 결정하기 위해서 상담자는 해당 사례의 역동을 이해할 필요가 있다. 예를 들어, 이 사람은 누구이고, 그는 어떤 삶의 경험을 했는지, 애착 유형은 어떠한지, 그의 내적 작동 모델은 어떠한지, 작업 동맹의 분위기는 어떠한지 등을 알아야 한다. PDT 연습을 구성하기 위해 우리는 수련생에게 내담자의 배경을 충분히 제공하여 연습 활동을 보다 더 현실적으로 만들어야 할 필요가 있었다(비록 좀 더 까다롭긴 하지만). '이 내담자에게, 이 시점에서, 이런 방식으로 무엇을 말할 것인가?'라는 질문을 염두에 두고, 다양한 사례를 제공하기 위해 우리는 상호작용 원형 모델의 두 직교 차원인 통제(지배, 권력)와 친화성(친근함, 온화함; Wiggins & Broughto, 1985)을 중심으로 독특한 성격 유형을 가진 내담자 프로필을 분류했다. 각 8분원은 원둘레에서의 위치에 따라 두 축 차원의 혼합을 반영하여, 친화성과 지배성이 다양한 비율로 혼합될 수 있도록 한다. 이러한 방식으로 우리는 다양한 내담자의 역동을 제시할 수 있었다. 또한 보다 더 심화된 연습에서는 특별히 세 명의 내담자에게 초점을 맞추어 수련생들이 내담자의 역동을 공식화하는 데 충분한 정보를 점진적으로 수집하는 경험을 할 수 있도록 하였다.

12개 기술의 세부 사항을 살펴보기 전에, 이 책의 전체에서 우리는 **내담자**(client, 고객)[1] 라는 용어 대신에 **환자**(patient)라는 용어를 사용하기로 한 결정에 대해 논의하고자 한다. Shedler(2006)가 지적했듯이, "사실 두 단어 모두 문제가 있지만, 환자라는 단어가 보다 덜 해로워 보인다"(p. 10). 환자의 라틴어 어근은 '고통받는 사람'이며, 치료자의 작업은 고통을 완화하고 강인함을 회복하는 것이다. 또한 의사와 환자의 관계는 서비스를 제공하는 사람과 고객 간의 비지니스 관계보다 더 많은 책임을 내포한다고 믿는다. PDT에서는 마치 네일리스트가 고객에게 매니큐어 색상을 선택하도록 요청하듯이 고객이 선호하는 것을 선택하도록 하고 고객에

1) 역자 주: 'client'는 어떤 서비스를 받는 '고객'이라는 의미도 있지만, 한국에서는 상담실에 자발적으로 찾아와서 이야기하는 사람이라는 의미로 '내담자'라는 용어를 사용한다. 상담 및 심리치료의 대상자에는 정신질환 진단 기준을 충족하지 않는 이들도 포함되며, 한국의 상담 및 심리치료 실무와 연구 분야에서는 '내담자'로 칭하는 것이 일반적이다. 이러한 점을 고려하여 번역서에서는 '내담자'로 일괄 번역하였다. 단, 용어 선택에 대한 저자들의 관점을 전달하기 위하여 이 파트에 한해 원서에 제시된 대로 '환자'로 번역하였음을 밝힌다.

게 다양한 전문 서비스를 제공하지 않는다. 치료자로서 우리는 무엇이 고통을 야기시킬 수 있는지 판단하고, 환자의 선호도와 (광범위하게 정의된) 문화적 정체성을 고려하면서 고통을 줄이고 건강과 치유를 증진하는 적절한 방법과 개입을 선택할 책임을 지닌다. 우리는 한 사람이 겪는 고통의 원인 중 많은 부분이 그의 인식 밖에 있다는 것을 알고 있기 때문에, 환자들이 스스로 치료법을 선택하도록 믿는 것은 이치에 맞지 않다. 사실, 대부분의 사람이 치료에 오는 이유는, 자신의 고통을 완화시킬 수 있는 감정이나 행동을 오히려 회피하고 있기 때문이다. 게다가 우리의 사회, 법, 관습은 치료자에게 상당한 권한을 부여하고 있다. 우리의 모든 노력은 신뢰, 즉 우리 자신의 필요보다 환자의 필요를 우선시할 것이라는 신뢰를 필요로 한다.

그러나 우리가 환자라는 용어를 사용하는 것이 '의사'가 수동적인 환자에게 시술을 수행하는 위계적 권력 관계를 암시하는 것은 아니다. 우리가 제시하는 정신역동적 모델은 깊은 대인관계와 서로 얽힌 협력을 요구한다. 그럼에도 불구하고, 만일 **환자**라는 용어가 당신에게 질병, 무력감, 또는 기타 부정적인 의미를 내포하기에 혐오적으로 느껴진다면 당신이 선호하는 용어로 대체하길 바란다.

연습 활동(1~12)에 제시된 정신역동적 대인관계 기술

APA 의도적 연습 시리즈 중 다른 책들에서는 기술들을 3개의 난이도(초급, 중급, 고급)로 구분한다. 그러나 PDT 개입이 특정 내담자 및 관계 요인을 고려해야 하기에(즉, 처음부터 치료자의 즉각적인 반응성을 필요로 함) 중급과 고급 두 가지 기술 수준만 실었다.

중급 기술

기술 1. 치료적 탐색하기

PDT에서 치료자에게 가장 유용한 기술 중 하나는 좋은 질문을 하는 것이다. 이 기술은 매우 쉬워 보일 수 있으나 실제로는 그렇지 않다. 이 연습은 세 개의 탐색 기술을 결합하여, "당신이 보는 것처럼 저도 그것을 볼 수 있게 도와주세요." "당신이 이해하는 것과 같이 저도 이해할 수 있도록 도와주세요." "당신이 그것의 의미를 보는 방식처럼 저도 그 의미를 볼 수 있게 도와주세요."라는 질문을 던지는 방법을 배우도록 한다.

기술 2. 역전이 반응 인식하기

이 기술은 PDT 수행에서 기초적인 기술이다. 내담자가 치료자를 강하게 감정적·대인관계적으로 밀고 당길 수 있지만, 치료자는 반응적인 평정심을 유지해야 하기 때문이다. 치료자는 내담자의 사고, 감정, 행동뿐만 아니라, 내담자가 촉발했을 수도 있는 치료자 자신의 사고, 감정, 행동도 추적해야 한다. PDT에서는 치료자의 내·외적 반응이 내담자에 대한 정보를 제공할 수 있다. 치료자의 자각을 이 책에서 두 번째 기술로 배치하였지만, 수련생은 이 기술이 복잡한 것임을 인식해야 한다. 내담자의 경험을 경청하는 동시에 치료자 자신의 경험에도 주의를 기울여야 하기 때문이다. 현대 관계 심리치료 분야의 분석가이자 연구자이며 리더인 Safran(2012)은 다음과 같이 말했다.

> "시간이 지나면서, 나는 치료자가 개발해야 할 가장 중요한 기술 중 하나는 **외현적인 기법**(technical)이 아니라, **내면적인 기술**(internal skill)임을 믿게 되었다. 이 내면적인 기술은 내담자와 작업할 때 우리 자신의 정서를 주의 깊게 살피고, 방어적이지 않은 자세로 고통스럽거나 불편한 감정을 견디고 처리하는 능력을 함양하는 것이다"(p. 111).

Safran은 내담자가 치료자에게 불러일으킨 강력한 감정들을 처리하고 관리함으로써(담아내기), 부모가 압도된 아이를 대하듯이 내담자를 조절하는 데 도움을 줄 수 있다고 생각했다. 연습활동 11은 수련생이 역전이 경험을 수퍼바이저와 공유하는 방법을 연습함으로써 이 기술을 익히게 한다.

기술 3. 정서 경험 심화하기

정신역동 치료자는 정서를 불러일으키고 심화시킬 수 있는 정서의 탐정/산파/촉매제가 되어야 한다. 그리하여 내담자의 초기 정서가 인식되고, 명명되고, 처리될 수 있게 한다. 내담자의 가장 고통스러운 감정들을 심화시킬 수 있는 몇 가지 전략들이 존재하는데, 수련생은 이 중 네 가지를 정서 경험 심화하기 기술을 통해 연습할 것이다.

기술 4. 과정 언급하기

초심자들은 종종 내담자가 말하는 '내용'에 사로잡힌다. 그러나 대인관계 PDT에서 치료자는 치료자와 내담자 사이에 무슨 일이 일어나고 있는지 그 과정에 주의를 기울이는 것을 중요하게 여긴다. 이와 같은 교류 과정에 주의를 기울이는 것은 내담자의 암묵적인 내적 작동 모델을 들여다볼 수 있는 창문이다. 지금 여기에서 '지금-여기'에 대해 언급하는 것은 치료자에게 매우 중요한 기술이며, 활동 5와 7과 같이 보다 복잡한 기술에서 다루게 될 것이다.

기술 5. 방어에 초점 맞추기, 기저의 불안 탐색하기

방어기제는 자기 보호를 위한 행동으로, 초기 발달 단계에서 위험과 관련되었던 경험을 회피하는 데 사용된다. 불행히도, 이러한 독특한 회피 과정은 시간이 지나면서 자기 성격의 일부처럼 느껴지기 시작한다. 이로 인해 사람들은 진정성을 희생하더라도 변화를 이루기가 어렵게 된다. 이러한 방어를 인식하고 언급하는 것은 치료자가 갖춰야 할 기본적인 기술 중 하나이다.

기술 6. 치료의 근거 소개하기

치료자는 이 기술을 내담자가 PDT가 어떻게 작동하는지 또는 회기에서 무엇을 하게 될지 질문할 때 사용할 수 있고, 내담자가 별도로 요청하지 않아도 사용할 수 있다. 치료의 근거를 설명하는 것이 왜 기술 1이 아니라 기술 6에 제시되는지 궁금해할 수도 있겠다. 그 이유는 다음과 같다. 내담자들은 다양한 이유로 치료를 시작하며, 대부분은 불안하고 자신이 무엇에 뛰어들고 있는지 확신하지 못한다. 치료를 시작하는 데는 용기가 필요하며, 많은 사람에게 치료는 여전히 (불행하게도) 낙인, 실패, 또는 자신이 미친 것이라고 밝혀지는 것에 대한 극심한 두려움과 연관되어 있다. PDT처럼 복잡한 개념을 몇 문장으로 설명하는 것만으로도 충분히 어렵지만, 강렬한 감정을 경험하고 그 감정을 방어적으로 처리하고 있는(예: 회유적이거나, 도전적이거나, 자기비난적인) 사람에게 설명하는 것은 더욱 어려운 과제이다. 물론 치료의 근거를 설명하는 것은 단 한 번으로 끝나는 일이 아니다. 필요에 따라 반복적으로 설명해야 하고, 특히 내담자가 PDT의 어떤 부분에 대해 혼란을 느끼거나 의문을 표현할 때마다 시행해야 한다. 이 기술은 책의 중반부에서 배우기를 권장하지만, 12개 기술 기반 연습을 모두 완료한 후에도 반복해서 연습해야 한다. 이 기술은 관계에서의 균열을 회복하는 데 도움을 주는 등 여러 목적을 달성하는 데 도움이 되는 중요한 기술 중 하나이다.

고급 기술

기술 7. 전이 해석하기

전이 과정은 보편적이다. 사람들은 주로 자신이 이전에 경험했던, 중요한 타인 표상에 의해 형성된 렌즈를 통해 사람들을 본다. 그러나 치료자가 전이를 의심할 때 이를 해석하는 것에 대한 많은 논란이 있어 왔다. 현재 연구에 따르면, 낮거나 중간 수준의 전이 해석이 매우 효과적이라는 증거가 있다. 그럼에도 불구하고 이 기술을 배우는 것은 회기 중에 발생하는 전이 역동을 인식하는 데 도움이 될 것이다. 이러한 지식은 치료자가 전이 해석 실시 여부와 상관없이, 특정 시점에서 내담자가 치료자를 어떤 존재로 인식하고 있는지를 이해하는 데 귀중한 자료가 된다.

기술 8. 은유 사용하기

은유는 겉보기에 단순해 보이지만 사실 그 안에 많은 것을 담고 있다. 은유에는 종종 감정이 스며들어 있으며 은유는 화자가 느끼는 감정을 본능적으로 포착하는 강력한 도구가 되기 때문에 PDT에서 은유를 탐구하는 것은 매우 중요하다. 더 나아가, 은유는 일반적인 단어 표현으로는 충분히 전달하기 어려운 상황, 희망, 두려움을 효과적으로 생생하게 표현할 수 있다. 치료에서 내담자와 치료자가 사용하는 은유는 의사소통의 깊이를 크게 향상시킨다. 활동 8에서는 은유를 사용하는 세 가지 방법으로, 내담자의 은유에 머무르기, 은유 이면에 숨겨진 암묵적인 메시지 진술하기, 그리고 내담자를 효과적으로 관여시키기 위해 강력한 은유 창조하기를 제시한다.

기술 9. 환상 탐색하기

환상은 꿈처럼 무의식의 활동을 이해할 수 있는 '왕도'(Freud, 1900/1997)를 제공한다. 일부 정신분석 치료자들은 환상을 내담자의 욕구, 바람, 그리고 이성적인 대화에서 종종 표현되지 않는 필요를 비교적 검열되지 않은 방식으로 들여다볼 수 있는 창으로 본다. 환상(소망과 꿈을 포함)은 Blagys와 Hilsenroth(2000)가 정신역동 치료자와 다른 치료 모델을 사용하는 임상가를 구별한 일곱 가지 기준 중 하나이다. 치료에서 환상은 표면적으로 드러난 내용(명시적 내용)과 잠재적인 내용(숨겨진 내용)에서 다양한 수준으로 작업할 수 있다. 활동 9에서는 회기에서 나타나는 공상을 활용하는 한 가지 방법을 제시한다.

기술 10. 사례 공식화: 순환적 부적응 패턴에 대한 자료 수집하기

시간이 지나면서 PDT는 인간의 행동을 이해하기 위한 다양한 이론들을 발전시켜 왔으며, 각각은 본능적 충동, 공감적 반응의 실패, 자기-대상 표상 등 다양한 현상에 초점을 맞추고 있다. PDT는 다중 모델 이론 체계이기 때문에, 사례를 공식화하는 여러 방법이 있고, 이러한 다양한 사례 공식화 방법에 대한 방대한 문헌이 존재하며 각각 고유한 자료 출처를 가지고 있다. 예를 들어, Pine(1990)은 추동, 자아, 대상 관계, 자기 경험 각각이 마음에 대한 "복잡하고 깊이 있는 관점을 제공한다."라고 설명했다(p. 3). Messer와 Warren(1995)은 갈등에 초점을 맞춘 모델과 관계에 초점을 맞추는 모델을 구분했다. 이 모든 이론에서 공통적인 점은 내담자의 현재, 과거, 그리고 현재 관계, 특히 치료자와의 관계에서 반복적으로 나타나는 주제를 찾는 과정이다. 이는 이 책에서 공식화 연습의 기반으로 삼은 핵심 과정이기도 하다.

기술 11. 재연 인식에 수퍼비전 활용하기

활동 2는 수련생들이 자신의 역전이를 인식하는 내적 기술을 개발하도록 돕는 데 초점을 맞추고 있다. 활동 11은 그 기술을 기반으로 발전시킨 것이다. 여기에서는 회기 중 유발되는 압도적이거나 방해가 되는 감정에 대해 수퍼바이저와 논의하는 방식을 사용한다. 안타깝게도 많은 수련생이 자신의 어려운 감정에 대해 수퍼바이저에게 이야기하지 않는다. 이 연습은 세 가지 목표를 달성하도록 설계되었다. ① 내담자가 유발하거나 자극하는 감정을 수련생이 더 잘 인식하도록 돕고, ② 이러한 감정을 처리하고 소화하는 방법으로 수퍼비전을 바라보게 하고, ③ 어려운 감정에 대한 논의가 어렵지만 이를 보람 있는 대화로 여기고 수퍼바이저에게 다가가도록 장려하는 것이다.

기술 12. 교정적 정서 경험 제공하기

기술 시리즈의 마지막 연습은 심리치료에서 주요 치유적 변화 요인 중 하나를 다룬다. PDT에서 통찰의 중요성에 대해 많은 글이 쓰였고 논의되었지만, 여기에서는 교정적 정서 체험에 주목한다. Alexander와 French(1946)는 교정적 정서 체험을 '과거에 해결되지 않은 오래된 갈등을 다시 경험하되 새로운 결말을 가지는 것'이라고 시적으로 정의했다. Bowlby(1985)가 이에 대해 가장 잘 설명했는데, 다음과 같이 말했다.

> 우리[치료자]의 역할은 내담자가 부모가 생각하지 말라고 하거나 금지한 것을 생각하도록 하고, 부

모가 느끼지 못하게 하거나 금지한 감정을 경험하도록 하고, 부모가 하지 말라고 금지한 행동을 고려해 보도록 허용하는 것이다(p. 198).

수년에 걸쳐 다양한 이론적 관점에서 이루어진 연구들(예: Castonguay & Hill, 2012)은 회기 중에 일어나는 이러한 '새로운 결말'의 중요성을 뒷받침해 왔다. 이제 우리는 그러한 변화가 발생하는 데 기여할 수 있는 신경 과정(즉, 기억 재응고화)에 대해 이해하기 시작했다(Levenson et al., 2020).

목소리 톤, 얼굴 표정, 신체 자세에 대한 주의 사항

PDT 치료자들은 내담자와 치료자가 표현한 비언어적 단서와 준언어적 단서에 면밀하게 주의를 기울인다. 침묵 또한 가치 있게 여겨지며 전략적으로 사용된다. 이 책의 중요한 목표 중 하나는 학습자들이 다양한 임상 상황에서 기술을 적용할 수 있는 능력을 개발하고, 이를 자신에게 맞는 스타일과 언어를 사용하여 기술을 연습하는 기회로 사용하게 하는 것이다. 이 책에서는 내담자 역할을 연기하는 사람들에게 자극의 난이도(예: 어조와 정서의 강도)를 조정하도록 권장하는데, 이와 마찬가지로 치료자 역할을 맡은 사람들도 목소리 톤, 얼굴 표정 및 신체 자세를 조정하고 실험해 보기를 권한다. 시간이 지남에 따라 PDT에서 달라진 방식 중 하나는 중립적인 어조와 자세를 유지하는 것에 중점을 덜 두게 되었다는 점이다. 특히 관계 중심 PDT에서는 치료자의 정서 표현과 목소리 톤이 많은 것을 전달하는 데 사용될 수 있다. 연구에 따르면, 치료자의 정서 표현은 치료 결과와 긍정적인 연관이 있다(예: Peluso & Freund, 2018). 또한 PDT에 정서 초점적인 개입을 통합하는 방법을 보여 주는 내담자-치료자의 완전 녹취록이 포함된 유용한 논문도 있다(예: Levenson, 2020). 글로는 표현할 수 없는 것이 너무 많기 때문에 PDT 학습자는 전문가가 치료를 수행하는 사례 녹화본(예: APA의 임상 훈련 비디오 시리즈)을 시청하여 이러한 핵심 원칙들이 실제로 어떻게 적용되는지 관찰하는 것이 유용할 것이다. 또한 자신의 상담 회기를 녹화하여 개인적으로 시청하거나 수퍼비전에서 이를 활용하는 것도 권장한다.

이 책의 구조에 대한 개관

이 책은 3부로 구성된다. 1부는 1장과 2장이며 연습을 수행하는 방법에 대한 기본 지침이 수록되어 있다. 테스트 결과, 너무 많은 지침을 앞서서 제공하면 교육자와 수련생이 압도된다는 것을 발견했다. 따라서 이 지침을 가능한 한 간단한 형식으로 구성했다. 3장에는 의도적 연습을 최대한 활용하기 위한 추가 지침이 제시되며, 부록 A에는 연습의 난이도를 모니터링하고 조정하기 위한 추가 지침을 제시한다. **2장의 지침을 건너뛰지 말고, 기본 지침에 익숙해지면 3장과 부록 A의 추가 지침을 반드시 읽도록 하라.**

2부에는 중급 및 고급 기술에 초점을 맞춘 12개의 연습 활동이 포함되어 있다(〈표 1-1〉 참조). 각각은 연습 활동에 대한 개관, 수련생을 안내하는 데 도움이 되는 내담자와 치료자의 상호작용 예시, 해당 연습 활동을 수행하기 위한 단계별 지침, 해당 기술을 숙달하기 위한 기준 목록이 포함되어 있다. 난이도(초급, 중급, 고급)별로 정리된 내담자 진술과 치료자 반응 예시를 제시하였다. 내담자 진술과 치료자 반응은 별도로 제시되었는데, 이는 치료자를 연기하는 수련생이 치료자 반응 예시에 영향을 받지 않고 즉흥적으로 응답하게 하기 위함이다. 활동 4, 9, 10 및 12에서는 반복적으로 등장하는 내담자들(Mr. Hiram Johnson, Ms. Ann Lee, Dr. Nevell Ingram[2])을 제시하여 수련생들이 PDT에서 시간이 지남에 따라 사례가 어떻게 발전하는지를 확인할 수 있도록 한다. Johnson 사례는 4개의 장에 걸쳐 제시되어 있으며(Levenson, 1995), Johnson을 연기하는 배우가 등장하는 상업용 비디오도 이용 가능하다(Levenson, 1999). Ann Lee의 6회기 치료와 사례 공식화는 이전에 논의된 바 있으며(Levenson, 2017), 실제 내담자와 진행된 전체 치료 과정을 담은 상업용 비디오가 APA에서 제공된다(Levenson, 2010). 또한 Ann 사례는 여러 실증적 연구에서 다뤄진 바 있다(Friedlander et al., 2018, 2020; Levenson, 2020; Levenson et al., 2020; Luo et al., 2022). 이 책의 연습 활동을 보완하기 위한 추가 자료로, 첫 번째 저자(Hanna Levenson)가 기술 기반 접근법을 논의하고 동영상 예시를 보여 주는 APA 비디오(Levenson & Friedlander, 제작 중)를 함께 참고할 수 있다. 2부 마지막 두 연습에서는 모의 심리치료 회기에서 12개 기술을 연습할 수 있도록 구성하였다. 활동 13은 Ann Lee의 사례를 기반으로 한 두 개의 축어록을 실었고, 여기에는 PDT 기술이 사용된 부분을 명확하게 표시하여 실제 치료 회기에서

2) 비밀 보장을 위해 내담자의 신원을 가상으로 제시한다.

기술이 어떻게 함께 작동할 수 있는지 보여 준다. 이 축어록을 활용하여 한 명은 치료자 역할을, 다른 한 명은 내담자 역할을 맡아 회기가 어떻게 진행될 수 있는지 체험해 보길 권한다. 활동 14는 모의 회기를 진행하기 위한 지침과 함께 난이도(초급, 중급, 고급)별로 정리된 내담자 프로필을 제시하였으며, 이를 활용하여 즉흥적인 역할연기를 진행할 수 있다.

3부는 교육자와 수련생을 위한 추가 지침을 수록한 3장으로 구성되어 있다. 2장은 주로 절차적인 내용을 담고 있는 반면, 3장은 큰 그림을 다루며 의도적 연습에서 최대의 효과를 얻을 수 있는 일곱 가지 방법을 다룬다. 여기에서는 적절한 반응성의 중요성, 수련생의 복지에 대한 관심과 사생활 존중, 교육자의 자기 평가의 중요성 등 다양한 주제를 논의한다.

이 책의 마지막에는 세 가지 부록을 제시하였다. 부록 A에는 필요에 따라 각 연습의 난이도를 모니터링하고 조정하는 지침을 제공한다. 이 지침에는 치료자 역할을 연기하는 수련생이 연습의 난이도를 표시할 수 있는 의도적 연습 반응 양식이 포함되어 있다. 부록 B는 각 연습 활동의 최종 평가 시 수련생의 경험을 정리하는 데 사용할 수 있는 의도적 연습 일지 양식이다. 그러나 이 양식의 주요 목적은 수련생들이 회기 사이에 추가적으로 의도적 연습 활동을 하면서 자신의 경험을 탐구하고 기록할 수 있는 형식을 제공하는 것이다. 이는 감독자 없이도 활용할 수 있다. 부록 C는 12개의 의도적 연습 활동과 보조 자료들을 여러 PDT 교육 과정에 통합할 수 있는 방법을 보여 주는 강의 계획서 견본이다. 강사들은 강의 계획서를 수정하거나 강의 계획서의 일부 요소를 선택하여 자신의 교육 과정에 통합할 수 있다.

제2장

정신역동치료 의도적 연습에 대한 설명

이 장에서는 이 책의 모든 연습 활동에 공통적으로 적용되는 기본적인 지침을 제시한다. 보다 구체적인 지침은 각 활동에서 제시한다. 또한 제3장에서는 교육자와 수련생이 의도적 연습을 최대한 활용하는 데 도움이 될 수 있는 중요한 지침을 제시한다. 부록 A에서는 모든 난이도 단계에서 내담자 진술을 완료한 후, 연습의 난이도를 필요에 따라 모니터링하고 조정하는 추가 지침을 제공한다. 여기에는 치료자 역할을 맡은 수련생이 내담자 진술을 너무 쉽거나 너무 어렵다고 느꼈는지 여부를 표시할 수 있는 의도적 연습 반응 양식도 포함되어 있다. **난이도 평가는 의도적 연습 과정에서 중요한 부분이므로 생략해서는 안 된다.**

개관

이 책의 정신역동치료의 의도적 연습은 가상적인 치료 상황을 다루는 역할연기를 포함한다. 역할연기는 세 명이 참여하는데, 한 수련생은 치료자 역할을, 다른 한 명은 내담자 역할을 연기하며, 교육자(교수 또는 수퍼바이저)는 이를 관찰하고 피드백을 제공한다. 대안적인 방법으로 한 명의 동료(예: 내담자를 연기한 수련생)가 관찰하고 피드백을 제공할 수 있다.

이 책에서는 각 역할연기에 대한 대본이 제시되며, 내담자의 진술과 치료자 반응의 예시가 포함되어 있다. 내담자 진술은 초급에서 고급까지의 난이도로 등급이 나뉘어 있는데, 이 난이도 등급은 단지 대략적인 추정치에 불과하다. 실제로 지각된 내담자 진술의 난이도는 수련생마다 주관적이고 아주 다양할 수 있다. 예를 들어, 어떤 수련생은 내담자가 화를 내는 자극에 대해 쉽게 반응할 수 있으나, 다른 수련생은 이를 매우 어렵다고 느낄 수 있다. 따라서 수련생이 난이도를 평가하고 조정하는 것이 중요하며, 이를 통해 적절한 난이도에서 연습을 진행할 수 있도록 해야 한다. 연습은 너무 쉽지도, 너무 어렵지도 않은 수준에서 진행해야 한다.

시간 분배

(다르게 시간 분배하는 것도 가능하지만) 매 연습에 70분을 할애하는 것을 권장하며, 대략 다음과 같이 구성한다.

1) 첫 20분: 오리엔테이션—교육자가 PDT 기술을 설명하고, 각 연습 활동에 제시된 대본 예시를 사용하여 자원한 수련생과 연습 활동 절차를 시연한다.
2) 중간 30분: 수련생들이 짝을 지어 연습을 수행한다. 교육자나 한 명의 동료가 이 과정 전반에 걸쳐 피드백을 주고, 각 진술 세트 후에 필요에 따라 연습의 난이도를 모니터링하거나 조정한다(난이도 평가에 대한 자세한 내용은 부록 A 참조).
3) 마지막 20분: 검토, 피드백, 토론

준비

1) 모든 수련생이 각자 이 책을 준비해야 한다.
2) 각 연습에서 교육자는 단일한 난이도 수준의 모든 진술을 마친 후에 의도적 연습 반응 양식(부록 A)을 기록한다.
3) 수련생은 짝을 지어 모인다. 한 명은 치료자 역할을 맡고, 한 명은 내담자 역할을 맡는다(15분 실습한 뒤에 역할을 바꾸도록 한다). 앞서 언급했듯이, 교육자 또는 동료 수련생이 관찰자가 된다.

교육자의 역할

교육자의 주요 책임은 다음과 같다.

1) 치료자 역할을 한 수련생의 반응이 기대되는 기준을 얼마나 잘 충족했는지, 그리고 반응을 개선하기 위해 어떻게 하면 되는지 교정적 피드백을 제공한다.
2) 각 단계의 내담자 진술(초급, 중급, 고급)을 완료한 후 난이도 평가 및 조정을 수행하도록 수련생들에게 상기시킨다.

연습 방법

각 연습에는 단계별 지침이 포함되어 있다. 각 단계가 중요하므로 수련생은 이 지침을 주의 깊게 따라야 한다.

기술 기준

초반 12개의 연습 활동에는 각각 하나의 필수 PDT 기술에 초점을 맞추어 해당 기술의 중요한 구성 요소나 원칙을 설명하는 2~5개의 기술 기준이 제시되어 있다.

역할연기의 목표는, 수련생이 ① 내담자에게 조율되고, ② 기술 기준을 가능한 한 충족하며, ③ 수련생에게 진정성 있게 느껴지도록 하면서 내담자 진술에 대해 즉흥적인 반응을 연습하는 것이다. 수련생이 기술 기준을 반응에 통합하는 방법을 익히게 하기 위해 치료자 반응 예시가 포함되어 있다. 그러나 수련생들은 역할연기를 할 때 이 반응 예시를 그대로 읽지 말아야 한다! 치료는 고도로 개인적이고 즉흥적인 과정이다. 의도적 연습의 목표는 일관된 틀 안에서 수련생들이 즉흥적으로 반응하는 능력을 개발하는 것이다. 대본에 쓰인 답변을 암기하는 것은 개별 내담자에게 조율되고 진정성 있으며 적절하게 반응하는 치료 수행 능력을 배우는 데 방해가 될 것이다.

이 책의 세 번째 저자(Jeff Binder)가 반응 예시의 각본을 작성했다. 그러나 수련생의 개인적인 치료 스타일은 예시와는 약간, 혹은 많이 다를 수 있다. 시간이 지남에 따라 수련생들은 모델의 원칙과 전략에 따라 개입할 수 있고, 이와 동시에 자신만의 스타일과 목소리를 개발하는 것이 필수적이다. 이를 촉진하기 위해, 이 책의 연습 활동들은 기술 기준과 지속적인 피드백을 기반으로 즉흥적인 반응을 최대한 연습할 수 있도록 설계되었다. 수련생들은 대본의 일부 반응들이 모든 기술 기준을 충족하지 못한다는 것을 알게 될 것이다. 이러한 반응들은 내담자와의 조율을 우선시하면서 PDT 기술을 유연하게 적용하는 하나의 예시로 제시한 것이다.

검토, 피드백, 토론

각 역할연기 후, 검토와 피드백은 두 가지 요소를 포함하도록 한다.

첫째, 내담자를 연기한 수련생은 치료자 반응을 보고 어떤 느낌이 들었는지를 간단하게 공유한다. 이는 수련생이 내담자와 얼마나 잘 조율하였는지를 평가하는 데 도움이 된다.

둘째, 교육자가 각 연습의 기술 기준을 기반으로 간단히(1분 이내) 피드백을 제공한다. 피드백은 구체적이고, 행동 중심적이며, 간결하게 유지하여 기술 연습 시간을 확보해야 한다. 만일 한 교육자가 여러 쌍의 수련생들을 가르치는 경우, 교육자는 강의실을 돌아다니며 각 쌍을 관찰하고 간단한 피드백을 제공한다. 교육자가 없는 경우에는, 내담자 역할을 맡은 수련생이 기술 기준과 개입을 받는 입장에서 느낀 경험을 바탕으로 치료자 역할을 한 동료에게 피드백을 준다. 또는 제3의 수련생이 상호작용을 관찰하고 피드백을 제공할 수도 있다.

교육자(또는 동료)는 모든 피드백이 구체적이고 간단해야 하며, 피드백 시간이 이론에 대한 토론으로 바뀌지 않아야 함을 기억해야 한다. PDT 이론 및 연구에 대한 심도 있는 논의를 할 수 있는 다른 많은 장면이 존재한다. 의도적 연습에서는 역할연기를 통한 지속적인 연습 시간을 최대화하는 것이 가장 중요하다.

최종 평가

두 수련생이 내담자와 치료자 역할연기를 모두 마친 후에는 교육자가 평가를 제공한다. 참가자들은 이 평가를 바탕으로 짧은 집단 토론을 진행해야 한다. 이 토론을 통해 숙제와 향후 의도적 연습 시간에 어디에 중점을 둘지에 대한 아이디어를 제공할 수 있다. 이를 위해 부록 B '의도적 연습 일지 양식'을 사용한다. 이 양식은 최종 평가 과정의 일부로 활용 가능하며, 수련생들이 수퍼바이저와 함께 해당 회기에서의 경험을 정리하는 데 도움을 준다. 그러나 이것의 주된 목적은 수련생이 실습 회기 사이에 자신의 생각과 경험을 탐색하고 기록하기 위한 양식으로 사용하도록 설계되었다. 특히 수퍼바이저 없이 추가로 의도적 연습 활동을 하려고 할 때(예: 혼자 반응을 연습하거나 두 명 이상의 수련생이 함께 연습하는 경우) 사용할 수 있다. 이런 경우 다른 수련생이 수퍼바이저 역할을 맡을 수 있다. 그런 다음, 수련생이 원할 경우 다음 연습 시간을 시작할 때 수퍼바이저와 자신의 경험에 대해 논의할 수 있다.

제2부

정신역동치료 기술의 의도적 연습 활동

제2부에서는 정신역동치료(PDT) 필수 기술의 12개 의도적 연습 활동을 제시한다. 이 연습 활동들은 발달 순서에 따라 구성되어, 처음으로 PDT 훈련을 시작하는 사람들에게 더 적합한 활동부터, 보다 고급 수준의 전문가들을 위한 활동까지 포함되어 있다. 대부분의 교육자는 우리가 제안한 순서로 연습 활동을 진행하겠지만, 때로는 순서를 변경하는 것이 훈련 환경에 보다 적합할 수도 있다. 이와 더불어 주석이 추가된 PDT 축어록과 모의 회기를 통해 PDT 기술들을 결합하는 두 개의 종합 연습 활동도 제시한다.

〈중급 정신역동치료 기술 연습〉

활동 1: 치료적 탐색하기

활동 2: 역전이 반응 인식하기

활동 3: 정서 경험 심화하기

활동 4: 과정 언급하기

활동 5: 방어에 초점 맞추기, 기저의 불안 탐색하기

활동 6: 치료의 근거 소개하기

〈고급 정신역동치료 기술 연습〉

활동 7: 전이 해석하기

활동 8: 은유 사용하기

활동 9: 환상 탐색하기

활동 10: 사례 공식화 – 순환적 부적응 패턴에 대한 자료 수집하기

활동 11: 재연 인식에 수퍼비전 활용하기

활동 12: 교정적 정서 체험 제공하기

〈종합 연습〉

활동 13: 대인관계 정신역동치료 회기 축어록

활동 14: 정신역동치료 모의 회기

활동 1

치료적 탐색하기

준비

1. 2장의 지침을 읽는다.
2. 부록의 '의도적 연습 반응 양식'과 '의도적 연습 일지 양식'을 준비한다.

기술 설명

기술 난이도 수준: 중급

정신역동적 대인관계 치료에서, 탐색은 내담자가 자신의 사적인 이야기를 말하도록 독려하는 것이다. 이 이야기는 내담자의 어려움에 대한 타당해 보이는 이유, 어려움의 기원, 그리고 내담자가 자신의 어려움을 야기시킨다고 믿고 있는 현재 요인들을 포함할 것이다. 정신역동 치료자는 이러한 믿음 중 일부가 고통을 야기시키며 내담자는 어떻게 고통이 발생하는지 이해할 수 없다고 가정한다. 이러한 안타까운 상황이 발생하는 이유 중 하나는, 내담자가 이 특정한 이야기 속에 자신이 왜 하필 갇혀 있는지 이해하기에 충분한 세부사항을 자각하지 못하기 때문이다. 또는 내담자가 자신이 어떤 이야기에 갇혀 있다는 사실조차 인식하지 못한 채 계속해서 그 이야기 속에 참여하기 때문이다. 세부 사항에 대한 탐색을 통해 내담자가 그들의 서사를 채우도록 도울 뿐 아니라, 상담자가 내담자의 경험을 온전히 이해할 수 있게 되고 내담자는 이러한 치료자의 진지한 노력을 고맙게 여기게 된다. 이는 결과적으로 내담자와 치료자 간의 동맹을 강화한다.

이러한 세부 사항을 수집하기 위해서 치료자는 내담자가 자신의 다듬어지지 않은 사적인 이야기를 하나의 서사로 정교화할 수 있게 도와야 한다. 이러한 서사는 두 사람이 함께 내담자의 시각에서 풍부하고 생생한 삶의 모습을 그릴 수 있게 해 준다. 이 과정에서 내담자가 구체적으로 무엇을 언급하고 있는지, 그리고 그들의 말이 무엇을 의미하는지에 대한 치료자의 가정을 최소화하는 것이 필요하다. 또한 치료자는 강하게 호기심 어린 태도를 유지해야 하며, 내담자 관점의 이야기를 치료자의 상식적인 이해와 비교하는 것이 필요하다. 마지막으로, 가장 유용한 도구는 좋은 질문을 하는 것이다. 이것은 흔히 과소평가되는 기술인데, 좋은 질문을 하는 데는 상당한 노하우가 필요하기 때문이다. 되돌아보면 질문들이 매우 당연해 보이는 경우가 많지만, 실제로는 숙련된 기술을 요구한다. 이러한 기술들을 갖추었을 때, 내담자의 서사를 보다 면밀하게 탐색할 준비가 된 것이다.

우리는 내담자의 사적인, 종종 명확하지 않은 이야기를 정교화하는 데 도움이 되는 세 가지 탐색 전략에 초점을 둘 것이다. 수련생은 다음의 기술 기준을 사용하여 내담자의 각 진술에 대해 즉흥적으로 반응해야 한다.

1. **초급 수준**: 서사에서 **누락된 세부 사항**에 대해 묻거나, 서사의 모호한 부분 또는 혼동되는 부분을 명료화한다. 내담자가 이야기 중인 서사에서 당신이 떠올린 정신적 그림의 일부가 누락되었거나 너무 모호해서 명확하게 보이지 않을 때 이 탐색 전략을 사용하라. 내담자에게 누락된 세부 사항을 채워 달라고 요청하거나 특정 세부 사항을 더 명확하게 설명하거나 묘사해 달라고 부탁하는 것이다. "당신이 보는 것처럼 제가 볼 수 있도록 도와주세요."
2. **중급 수준**: 내담자가 서사의 특정 부분을 어떻게 **이해하는지**에 대해 묻는다. 서사의 일부가 내담자에게 의미하는 바가 무엇인지 보다 명확하게 또는 풍성하게 이해하고자 할 때 이 탐색 전략을 사용한다. "당신이 그것을 이해하는 것처럼 제가 이해할 수 있게 도와주세요(당신에게 그것이 어떤 의미인지 궁금해요)."
3. **고급 수준**: 그 서사가 미래에 어떤 **함의**를 갖는지 묻는다. 이 전략은 내담자가 서사의 일부가 앞으로 어떻게 전개될 거라 상상하는지 알고 싶을 때 사용한다. 사람들은 흔히 어떤 상황이 앞으로 어떤 결과나 영향을 가져올지 인식하지 못하는 경우가 많다. "당신이 예상하는 대로 제가 볼 수 있도록 도와주세요."

활동 1의 기술 기준
1. 초급 수준: 서사에서 누락된 세부 사항에 대해 질문하거나, 모호하거나 혼란스러운 부분을 명료화한다.
2. 중급 수준: 내담자가 서사의 일부를 어떻게 이해하는지 묻는다.
3. 고급 수준: 그 서사가 미래에 어떤 함의를 갖는지 묻는다.

치료적 탐색하기의 예시

〈예시 1: 세부 사항에 대한 질문 또는 명료화〉

내담자: [슬픈 표정으로] 제 인생에는 제가 의지할 수 있는 사람이 아무도 없어요.

치료자: 그 말을 할 때 누구를 떠올리셨나요?

〈예시 2: 이해에 대해 묻기〉

내담자: [짜증스러운 말투로] 우리 집에서 운동선수는 제 여동생이었죠.

치료자: 가족의 또 다른 자녀인 ○○○님에게는 그것이 어떤 의미가 있나요?

〈예시 3: 함의에 대해 묻기〉

내담자: [의심스러운 말투로] 저는 상담을 싫어하지는 않아요. 단지 상담자들이 별로 도움이 되지 않았어요.

치료자: 저도 별로 도움이 되지 않을 것이라 예상하시나요?

활동 1의 연습 지침
1단계: 역할연기와 피드백
– 내담자는 초급 내담자 진술을 말한다. 치료자는 기술 기준을 기반으로 즉흥적인 반응을 한다. – 교육자(교육자가 없는 경우에는 내담자)는 기술 기준에 따라 간단히 피드백한다. – 그런 다음, 내담자는 동일한 진술을 반복하고, 치료자는 다시 즉흥적인 반응을 한다. 교육자(또는 내담자)는 그에 대해 다시 간단히 피드백한다.
2단계: 반복
– 현재 난이도 수준(초급, 중급, 고급)의 모든 진술에 대해 1단계를 반복한다.
3단계: 평가와 난이도 조정
– 치료자는 의도적 연습 반응 양식(부록 A)을 작성하고, 연습의 난이도를 조정할지 아니면 동일한 난이도를 반복할지 결정한다.
4단계: 약 15분 동안 반복
– 1~3단계를 최소 15분간 반복한다. – 그런 다음, 치료자와 내담자 역할을 바꾸어 처음부터 다시 한다.

→ 이제 여러분의 차례이다! 지침 1~2단계를 따르시오.

기억할 점: 역할연기의 목표는 수련생이, ① 기술 기준을 사용하여, ② 수련생 자신에게 진정성 있게 느껴지는 방식으로 내담자의 진술에 즉흥적인 반응을 해 보는 것이다. 각 내담자 진술에 대한 치료자 반응의 예시는 이 연습 활동의 후반부에 제시되어 있다. 수련생은 예시 반응을 읽기 전에 즉흥적으로 반응을 시도해야 한다.

활동 1의 초급 수준 내담자 진술: 세부 사항 질문하기 또는 명료화
초급 내담자 진술 1
[불안해하며] 저에게 중요한 사람들은 자기는 '집착하는' 파트너를 원하지 않았다고 말했어요. 그래서 저는 그 사람들에게 저와 보내는 시간이 왜 이렇게 적은지 불만을 말하는 게 두려워요.
초급 내담자 진술 2
[슬픈 표정으로] 제 배우자가 술을 많이 마셨었는데, 그 사람이 저를 떠나겠다고 위협했을 때 저는 처음으로 우울증으로 입원하게 되었어요.
초급 내담자 진술 3
[자신감 없는 목소리로] 가족과 저녁식사를 할 때면 저는 아버지가 무서워서 거의 아무런 말도 할 수 없었어요. 아버지는 술을 마시면 폭력을 휘두를 수도 있거든요.
초급 내담자 진술 4
[좌절스럽게] 저는 저희 대학 학과(직장) 동료들이 때때로 견디기 힘들게 느껴져요.
초급 내담자 진술 5
[슬픈 표정으로] 저는 제 가족 중에서 두 언니(형)를 제일 좋아했어요. 제가 생각하기에 저희 부모님은 제가 태어났을 때 지쳐 있었던 것 같아요.

※ 다음 난이도로 이동하기 전에 난이도를 평가하고 조정하시오(연습 지침의 3단계 참조).

활동 1의 중급 수준 내담자 진술: 내담자의 이해에 대해 질문하기
중급 내담자 진술 1
[슬퍼하며] 전 기분이 가라앉을 때 헬스장에서 운동해요.
중급 내담자 진술 2
[짜증스럽게] 저희 부모님은 제가 우리 집의 "책벌레"라고 말씀하세요.
중급 내담자 진술 3
[부끄러워하며] 아시다시피, 저는 우리 가족 중에 대학을 졸업하지 않은 유일한 사람이에요.
중급 내담자 진술 4
[자랑스럽게] 제 아버지는 훌륭한 치과의사예요. 아버지는 다른 누구보다 환자에게 헌신하시지요.
중급 내담자 진술 5
[우쭐해하며] 저는 우리 학과 역사상 최연소 종신교수가 될 거예요.

※ 다음 난이도로 이동하기 전에 난이도를 평가하고 조정하시오(연습 지침의 3단계 참조).

활동 1의 고급 수준 내담자 진술: 함의에 대해 질문하기
고급 내담자 진술 1
[불안해하며] 저에게 중요한 사람들은 자기는 '집착하는' 파트너를 원하지 않았다고 말했어요. 그래서 저는 그 사람들에게 저와 보내는 시간이 왜 이렇게 적은지 불만을 말하는 게 두려워요.
고급 내담자 진술 2
[부끄러워하며] 제가 무엇을 해야 할지 모를 때는 제 딸이 나서서 제가 무엇을 해야 할지 알려 줘요.
고급 내담자 진술 3
[냉담하게] 솔직히 말해서 저는 선생님이 진정한 정신분석가가 아니라는 점이 실망스럽네요.
고급 내담자 진술 4
[초조해하며] 상담이 20회기만 가능하다고 알고 있는데요. 20회기가 끝나면 저에게 무슨 일이 벌어질지 걱정돼요.
고급 내담자 진술 5
[짜증 섞인 한숨] 정말 답답하네요! 선생님은 저에 대해 제가 이미 알고 있는 것 외에는 아무것도 말해 주지 않았어요.

※ 난이도를 평가하고 조정하시오(연습 지침의 3단계 참조). 난이도가 적절하다면 지침에 따라 실습을 보다 도전적으로 진행해 보시오(부록 A 참조).

치료자 반응의 예시: 치료적 탐색하기

기억할 점: 수련생은 예시 반응을 읽기 전에 자기 방식대로 즉흥적인 반응을 시도해야 한다. 자기 방식대로 반응을 하는 것이 너무 힘든 것이 아니면 다음 반응을 그대로 읽지 마시오.

활동 1의 초급 수준 내담자 진술에 대한 반응 예시: 세부 사항 질문하기 또는 명료화
초급 내담자 진술 1에 대한 반응 예시
'두렵다'는 것이 무슨 뜻인지 좀 더 이야기해 주실 수 있나요?
초급 내담자 진술 2에 대한 반응 예시
'우울증'을 경험할 때 어떠했는지 말씀해 주시겠어요?
초급 내담자 진술 3에 대한 반응 예시
아버지가 술을 마시고 폭력적이 되면 어떻게 하셨나요?
초급 내담자 진술 4에 대한 반응 예시
동료들을 견딜 수 없는 점에 대해 좀 더 이야기해 보시겠어요?
초급 내담자 진술 5에 대한 반응 예시
부모님이 어떻게 하셨기에 ○○○님은 부모님이 지쳤다고 생각하게 된 걸까요?

활동 1의 중급 수준 내담자 진술에 대한 반응 예시: 내담자의 이해에 대해 질문하기
중급 내담자 진술 1에 대한 반응 예시
기분이 가라앉을 때 운동이 어떻게 도움이 되는지 설명해 주시겠어요?
중급 내담자 진술 2에 대한 반응 예시
○○○님을 "책벌레"라고 부르는 것이 ○○○님에게는 무엇을 의미하나요?
중급 내담자 진술 3에 대한 반응 예시
대학을 졸업하지 않는 유일한 사람이 된 것이 ○○○님에게 어떤 의미인지 궁금해요.
중급 내담자 진술 4에 대한 반응 예시
아버지에게 환자가 최우선이라는 생각이 들면 ○○○님은 어떤 기분이 드나요?
중급 내담자 진술 5에 대한 반응 예시
학과 역사상 최연소 종신 교수가 되는 것이 ○○○님께 어떤 의미인지 궁금해요.

활동 1의 고급 수준 내담자 진술에 대한 반응 예시: 함의에 대해 질문하기
고급 내담자 진술 1에 대한 반응 예시
만일 상대방에게 ○○○님과 보내는 시간이 적다는 것에 대해 불만을 이야기하게 되면 어떤 일이 벌어질 거라 생각하시나요?
고급 내담자 진술 2에 대한 반응 예시
만일 딸이 ○○○님에게 무엇을 해야 할지 말해 주지 않았다면 어떤 일이 일어났을 거라 생각하세요?
고급 내담자 진술 3에 대한 반응 예시
만일 제가 정신분석가라면 우리가 함께하는 이 작업이 어떻게 달라졌을 거라 생각하시나요?
고급 내담자 진술 4에 대한 반응 예시
20회기를 다 마치고 나면 어떤 기분이 들 것 같아요?
고급 내담자 진술 5에 대한 반응 예시
저에게 정말 실망감을 느끼시는 걸로 보이네요. ○○○님이 느낀 감정이나 방금 저에게 말씀하신 것에 대해 제가 어떤 반응을 보일 것이라고 상상하시나요?

활동 2

역전이 반응 인식하기

준비

1. 2장의 지침을 읽는다.
2. 부록의 '의도적 연습 반응 양식'과 '의도적 연습 일지 양식'을 준비한다.

기술 설명

기술 난이도 수준: 중급

여러 면에서 이 연습은 정신역동치료의 가장 기본적이고 필수적인 핵심 기술이다. 이 기술은 치료를 진행하거나 되돌아볼 때 자신의 신체 감각, 감정, 생각, 그리고 행동적 충동을 인식하는 것을 포함한다. 처음에는 이 기술이 겉보기에 단순해 보일 수 있지만, 실제로는 매우 복잡하다. 이는 여러 수준에서 자신의 경험을 주의 깊게 자각하면서 동시에 내담자의 경험을 경청해야 하기 때문이다.

이 연습은 수련생이 내담자에 대한 자신의 반응, 즉 역전이를 인식하게 하는 데 도움이 된다. 역전이라는 용어는 원래 Freud(1910/1957)가 사용하였으며, 치료자가 자신의 과거에서 기인한 해결되지 않은 문제들로 인해 내담자에게 무의식적으로 반응하는 것을 의미한다. 이러한 개인적 또는 **고전적 역전이**(classical countertransference)는 인식되지 않을 경우 치료에 도움이 되지 않으며, 심지어 해가 될 수도 있다. 예를 들어, 치료자가 무의식적으로 내담자를 이용해 자신의 개인적인 욕구를 충족하려는 경우가 이에 해당한다. 그러나 치료자의 **역전이 인식**은 치료 과정을 촉진할 수 있다(Hill, 2020). 그러므로 이러한 취약성에 대해 배우기 위해서 치료자 자신이 치료와 수퍼비전을 받는 것이 매우 중요하다(MacDevitt, 1987).

또 다른 유형의 역전이가 있는데, 이는 "심리치료의 불가피한 측면으로 간주되며, 치료자가 어떻게 다루느냐에 따라 긍정적이거나 부정적인 영향을 미칠 수 있는 것"으로 간주된다(Hayes et al., 2018, p. 497). 이러한 유형을 **상보적 역전이**(complementary countertransference)라고 부른다. 관계적 정신역동 치료자는 회기 중에 내담자가 보이는 행동에 대해 치료자가 어떻게 반응하는지를 중요하게 여기는데, 그 반응이 내담자의 대인관계 양식에 상보적인 방식인지에 주목한다(Kiesler et al., 1997). 예를 들어, 내담자의 공격적인 행동은 대개 치료자가 공격적이거나 복종적이게 되는 상보적 충동을 불러일으키는 반면, 내담자의 친근한 태도는 대체로 우호적인 반응을 이끌어 낸다. 이런 방식으로 치료자는 내담자에게 '끌려 들어가게' 되어 내담자에게 상보적으로 반응하게 되며, 이는 다른 사람들이 내담자와 상호작용할 때 느끼는 반응과 유사하다(Kiesler, 1988). 그러므로 치료자는 내담자와 상호작용하는 다른 사람들이 어떤 느낌을 받는지를 직접적이고 직관적인 수준에서 경험하게 되며, 이는 잠재적으로 유용한 정보를 제공할 수 있다. 이런 방식으로 치료자 개인의 반응들을 통해 내담자의 역기능적인 대인관계 패턴의 유형과 영향을 이해하고, 무엇을 변화시켜야 하는지(즉, 치료 목표)에 대한 아이디어를 얻기 시작하며, 정보를 기반으로 개입을 고안할 수 있다. 이러한 관점에서 역전이를 만일 적절하게 사용한다면 역전이는 치료를 저해하기보다는 오히려 치료를 촉진할 수 있다.

불행하게도, 수련생들은 종종 '좋은 치료자'에 대한 이상화된 모델을 가지고 있는데, 이는 모든 내담자에 대해 긍정적인 감정만을 느끼는 사람이어야 한다는 것이다. 이러한 이미지는 치료자로 하여금 불쾌하지만 잠재적으로 유용한 정보를 지닌 감정 모두에 대한 인식을 차단하게 하기 때문에 무의미하다. 치료자는 이러한 감정을 '부정적'이라고 낙인찍기 쉬우며, 내담자가 대인관계에서 어려움을 겪는 이유를 이해할 수 있는 유용한 정보로 보지 않게 된다. 따라서 치료자가 내담자에 대한 자신의 반응을 고전적인 관점과 상보적인 관점 모두에서 인식하는 것이 매우 중요하다.

이 연습 활동은 수련생들이 실제 치료 회기에서 내담자에게 어떤 말을 할지를 실습하는 것이 아니기 때문에 다른 연습과는 다르다. 수련생들은 자신의 내적 과정을 관찰하고 명명하는 연습(신체적 반응, 감정, 생각, 행동 경향)을 통해 실제 내담자와 함께 있을 때 숙련된 내적 목소리를 개발하게 된다. 이 책의 후반부 연습 활동 11에서는 수퍼비전에서 수련생이 자신의 역전이에 대해 이야기하는 연습을 할 것이다. 이를 수퍼비전에서 다루면 수퍼바이저가 정신역동적 공식화 및 개입에서 자기인식을 복합적으로 활용하는 방법을 찾는 데 도움이 될 것이다.

특별 지침

수련생 한 명이 내담자 역할을 맡아서 정서적인 각성이 일어날 가능성이 있는 주제에 대해 이야기한다. 다른 수련생은 역할연기를 하지는 않고, 그 대신에 내담자의 이야기를 들으면서 자기 내면의 생각, 감정, 그리고 신체적으로 느껴지는 반응을 모니터하고, 편안함을 느끼는 수준에서 자기 내면의 경험들을 개방한다. 교육자(교수 또는 '내담자' 역할을 연기하는 동료)는 이를 관찰하고 피드백을 한다. 이 과제에서, 치료자는 내담자에 대한 반응을 하는 것이 아니라, 자신의 경험을 설명하도록 한다. 치료자는 적절한 개입이 무엇인지에 대해 생각하려고 하거나 내담자의 말에 반응하려고 애쓰지 말아야 한다. 여기에서 초점은 전적으로 치료자가 자신의 내적인 과정에 대한 인식을 높이는 것이다.

내담자는 치료자에게 첫 번째 내담자 진술을 읽어 준다. 치료자는 내담자의 이야기를 경청하면서 자신의 내적 경험과 반응(생각, 감정, 신체 감각, 충동)을 모니터한다. 내담자가 진술을 다 읽고 나면, 치료자는 편안하게 개방할 수 있는 정도로 자신의 감정이나 신체적으로 느껴진 경험을 어떠한 것이든 말한다. 예를 들어, 치료자는 "그 말을 들으면서 저는 혐오감이 느껴지고, 치료에서 이 내담자를 보고 싶지 않아 한다는 것을 자각했어요." "제 가슴에서 따뜻함이 느껴집니다." "이 사람과 작업한다는 생각에 설레는 감정이 느껴집니다." "내담자가 말하는 방식을 들으면서 위축되는 느낌이 들어요." "이 내담자에게 굉장히 연민이 느껴지고 안아 주고 싶다는 충동이 느껴집니다."와 같이 말할 수 있다.

의도적 연습 반응 양식(부록 A)에 일반적인 반응이 제시되어 있지만, 수련생은 그 양식에는 제시되어 있지 않은 신체 감각을 알아차릴 수도 있다. 자신이 경험한 것 중에서 최소 한 가지를 알아차리고 묘사하려고 노력하라. 그것은 슬픔 또는 분노와 같은 감정, 혹은 생각이나 기억, 어떤 행동을 취하거나 반응하려는 추동일 수도 있다. 배에 구멍이 뚫리거나 목이 막히는 것과 같이 감각일 수도 있다. 또한 얼굴이 붉어지거나 입가에 미소가 떠오르는 것과 같이 외현적으로 드러나는 경험일 수도 있다. 이것의 목표는 처음에는 어떠한 경험인지 식별하기 어렵게 느껴지더라도 지속적으로 자기 내면의 반응을 스캔하는 것이다. 수련생은 자신이 개방하기에 편안함을 느낄 정도로만 자신의 내적 반응을 표현한다. 이때 수련생은 사생활을 보호하기 위해 자신의 경험을 말하지 않을 권리를 가지고 있다는 것이 중요하다.

수련생은 다음의 기술 기준에 따라 각 내담자 진술에 대해 즉흥적으로 반응해야 한다.

1. 내담자의 말을 경청함과 동시에, 자신의 생각, 감정, 소망, 신체 감각, 충동을 관찰하고 추적한다. 이 연습 활동에서 아마도 두 종류의 역전이 모두에 의해 영향을 받을 것이다. 고전적 역전이는 수련 중인 치료자로서의 현재 상황이나 자신의 과거 경험에 의해 영향을 받은 개인의 역동이 내담자에 대한 감정에 영향을 미칠 것이다. 또한 상보적 역전이는 내담자의 역동이 수련생을 끌어당겨 이 내담자와 상호작용하는 다른 사람들과 유사한 방식으로 반응하도록 만든다. 이 시점에서는 어떤 유형의 역전이가 자신의 내면에서 일어나고 있는지에 대해서 고민할 필요는 없다. 그저 역전이를 그대로 추적하려고 노력하라.
2. 자신이 느끼기에 편안한 만큼 내면의 반응을 개방한다. 너무 사적인 것으로 느껴지는 내적 반응은 공개하지 않도록 하여 자신의 사생활과 경계를 보호하라. (교육자는 치료자 역할을 맡은 수련생이 이를 수행할 수 있는지 물어봐야 한다.) 여기서 기억할 것은 내적인 반응을 내담자에게 말하는 것이 아니라 그저 수련생이 자신의 내적 반응을 더 잘 인식하기 위해서 소리 내어 말하는 것이라는 점이다. (자기개방 또는 내담자에 대한 개인의 역전이를 드러내는 것은 수퍼바이저의 지도에 따라 신중하게, 특정한 상황에서만 사용되어야 하는 강력한 기법이 될 수 있다.)
3. 만일 반응하기에 너무 어렵게 느껴진다면, 교육자에게 좀 더 쉬운 난이도로 역할연기를 진행하도록 요청한다. 의도적 연습은 너무 쉽지도, 너무 어렵지도 않은 최적의 수준에서 진행할 때 가장 효과적이다.

활동 2의 기술 기준

1. 내담자의 이야기를 경청하면서, 그와 동시에 자신의 생각, 감정, 소망, 신체 감각, 충동을 관찰하고 추적한다.
2. 공유하기 편안한 만큼 자신의 내적 반응을 개방하라.
3. 어렵다고 느껴진다면 교육자에게 역할연기를 좀 더 쉽게 조정해 달라고 요청한다.

활동 2의 연습 지침
1단계: 역할연기와 피드백
– 내담자는 초급 내담자 진술을 말하거나, 즉흥적인 대사로 변형하여 사용할 수 있다(즉, 주어진 진술의 모든 단어를 그대로 할 필요는 없지만 진술의 전반적인 내용과 어조를 전달해야 한다). – 치료자는 내담자에게 반응하는 것이 아니며, 그 대신 자신의 경험을 소리 내어 말하고, 자신이 편안하게 공유할 수 있는 만큼 생각, 감정, 또는 신체 감각을 나눈다. – 교육자(교육자가 없는 경우에는 내담자)는 간단히 피드백한다.
2단계: 반복
– 현재 난이도 수준(초급, 중급, 고급)의 모든 진술에 대해 1단계를 반복한다.
3단계: 평가와 난이도 조정
– 치료자는 의도적 연습 반응 양식(부록 A)을 작성하고, 연습의 난이도를 조정할지 아니면 동일한 난이도를 반복할지 결정한다.
4단계: 약 15분 동안 반복
– 1~3단계를 최소 15분간 반복한다. – 그런 다음, 치료자와 내담자 역할을 바꾸어 처음부터 다시 한다.

→ 이제 여러분의 차례이다! 지침 1~2단계를 따르시오.

기억할 점: 여기에서는 치료자 반응 예시를 제공하지 않는다. 다른 연습과는 달리, 이 연습은 내담자에게 가장 적절한 반응을 개발하는 것에 초점을 맞추지 않기 때문이다. 그 대신, 이 연습의 주요 목표는 수련생들이 자신의 진정한 내면의 반응을 탐색하고 이를 표현하는 데 있다.

활동 2의 초급 수준 내담자 진술

초급 내담자 진술 1

[쾌활하게] 저는 선생님처럼 상담자가 되기 위해서 대학원에 다니고 있어요. 그리고 저는 파트타임으로 일하고 있고 제 애인과 장거리연애를 하고 있지요. 저는 상담이 어떤 것인지 경험해 보려고 치료를 시작해 봐야겠다고 생각했어요. 저는 좀 적극적인 사람이에요. 저는 헌신적인 가정에서 자랐지요. 제 여동생은 정말 멋진 배구 선수인데 아주 좋은 대학에서 운동선수 장학금을 받았어요. 저는 지금은 어머니를 돌보기 위해서 본가에 살고 있어요. 어머니가 술을 좀 많이 드시는 편이라 제가 지켜보고 싶기도 했어요. 아버지는 여동생을 코치하느라 바쁘시기 때문이기도 해요. 내년에는 여동생이 대학에 진학하게 될 거예요. 저는 치료를 받는 게 너무 기대돼요.

초급 내담자 진술 2

[희망적으로] 제가 이전에 만났던 상담 선생님이 수련 과정이 끝나서 이번에 선생님께 의뢰됐어요. 제가 만났던 선생님들은 정말 훌륭했어요. 그분들은 처음부터 제가 어떤 사람인지, 그리고 무엇이 필요한지 알고 있는 것 같았어요. 제 상담 선생님들은 통찰력이 아주 좋으셨고, 제가 치료에서 이야기한 문제들을 어떻게 해결할지 좋은 조언을 해 주었어요. 저는 비슷한 분을 요청했지요. 선생님도 저를 도와주실 수 있길 바랍니다.

초급 내담자 진술 3

[생각에 잠긴 듯] 저는 작년에 배우자를 잃었어요. 사실, 다음 주면 1주년이 되네요. 요즘 들어 뭔가 기념일 반응 같은 것을 겪고 있는 것 같아요. 지난 6개월보다 요즘 더 많이 배우자가 그리워지는 것 같아요. 그 사람에 대한 꿈도 꾸기 시작했어요. 제 친구가 아닌 사람에게 저의 슬픔에 대해 이야기하는 게 도움이 될 것 같아요. 전 친구들이 많고, 친구들은 저에게 잘해 주려고 하지만, 시간이 지나면 괜찮아질 거라고 하는 게 저에게는 정말 도움이 되지 않아요. 전 그냥 저의 이야기를 들어 줄 사람과 대화할 수 있으면 좋겠어요. 그래도 괜찮을까요?

초급 내담자 진술 4

[비꼬는 말투로] 그래서 선생님이 새로운 상담자인가요? 음, 제가 상담센터에 오는 수년 동안 많은 상담자를 만나 왔다는 것을 알고 계셔야 해요. 몇몇은 도움이 되었죠. 하지만 그 사람들은 다들 떠납니다. 제가 만났던 상담자들에게 궁금한 게 있었어요. 그 사람들에게 제가 중요한 존재였을까요? 선생님께는 제가 중요한 사람이 될까요? 선생님도 떠날 건가요?

초급 내담자 진술 5

[친근하게] 지난 몇 년간 정말 힘들었어요. 마음에 드는 직장을 갖기 어려웠고 좋은 사람을 만나기 힘들었어요. 아마 제가 충분히 노력하지 않아서 그런 걸지도 몰라요. 하지만 아시다시피 제 능력에 맞는 직업을 찾는 것은 쉽지 않은 일이고, 파트너로서 저를 흥분시키는 사람을 찾는 것 역시 쉽지 않잖아요. 그런데 마침내 제 상담자로 선생님을 만난 것이 행운인 것 같아요.

※ 다음 난이도로 이동하기 전에 난이도를 평가하고 조정하시오(연습 지침의 3단계 참조).

활동 2의 중급 수준 내담자 진술

중급 내담자 진술 1

[심각하게] 상담을 시작하기 전에 선생님에 대해서 몇 가지 묻고 싶어요. 선생님이 동성애자거나 양성애자거나 또는 젠더 플루이드(gender fluid)라면 저에게 알려 주시면 감사하겠어요. 선생님은 동성애자와 일해 본 경험이 있으신가요? 동성애자 내담자를 만나 본 적이 있나요? 제가 이렇게 묻는 이유는 제가 만났던 상담자들이 때로는 저를 전혀 이해하지 못했기 때문이에요. 마지막에 만난 상담자는 성정체성에 대해 이야기할 때 지나치게 조심하고 불편해하는 것 같았어요. 제가 정말 솔직하게 누군가와 이야기하려면 상대가 저를 이해할 수 있다는 확신이 필요해요. 그리고 상대방도 저에게 솔직하게 대해 주길 원해요. 그래야 제가 상대방을 이해할 수 있으니까요. 선생님이 그런 상담자가 되어 주실 수 있을까요?

중급 내담자 진술 2

[허세 부리듯이] 저희 부모님은 제가 태어난 뒤부터 계속 저를 고치려 노력하셨어요. 제 치아가 약간 삐뚤어져 있어서 교정을 시켰죠. 부모님은 제 체중에 대해서 걱정하셨어요. 저희 아빠가 다이어트 전문 의사이고, 어머니가 체구가 작다고 제가 말씀드렸었나요? 그래서 부모님은 제 입에 들어가는 모든 것들을 기록하게 했어요. 그건 정말 마음에 들지 않았어요. 제가 그냥 내버려두었으면 부모님이 지금까지도 저를 고치려고 했을 거예요. 나는 좀 복잡한 사람이에요. 선생님은 저를 마치 달에서 온 사람처럼 쳐다보고 계시네요. 선생님, 우리 일주일에 두세 번씩 만나서 저를 파악하시고, 제 인생이 좀 나아지기 위해서 제가 무엇을 해야 할지 알려 주시면 어떨까요?

중급 내담자 진술 3

[떨리는 목소리로] 음, 그건 우리가 아파트에서 쫓겨났을 때 시작되었어요. 제가 우리 가족이 다 함께 지낼 수 있는 곳을 찾아야 했는데, 저는 너무 긴장되고 혼란스러웠어요. 그러다가 술을 마시기 시작했어요. 어, 저 지금은 뭔가 먹어야 할 것 같아요. 제가 당뇨가 있어서 좀 어지러워요. 쓰러질 것 같아요. 오늘 아침에 급하게 오느라 아침을 거르고 왔거든요. 혹시 토마토 주스 같은 걸 얻을 만한 곳이 있나요?

중급 내담자 진술 4

[태평하게] 어떤 사람들은 저한테 분노 문제가 있다고 생각해요. 전 그렇게 생각하지 않아요. 저는 한 번도 누구를 때린 적이 없어요. 저를 짜증 나게 한 사람에게 물컵을 던진 적은 있지만요. 그리고 가끔 운전이 엉망인 사람들을 욕할 때가 있지만 누구나 그러지 않겠어요? 그 외에, 저는 성격이 꽤 둥글둥글한 편이에요. 제 친구는 제 분노가 언젠가 문제를 일으킬까 봐 걱정해서 치료를 받아 보라고 했어요. 그래서 여기에 오게 되었죠. 선생님은 어떻게 생각하세요?

중급 내담자 진술 5

[단조롭게] 저는 대개 사람들과 거리를 두고 지내요. 사람들을 싫어하거나 그런 건 아닌데, 사람들이 믿을 만하지 않은 경우가 많더라고요. 제가 저를 보호하지 않으면 누가 해 주겠어요? 제 성인 자녀들은 서로가 있으니까 저를 그렇게 필요로 하지는 않아요. 그리고 친척들은 험담을 하는데 전 그런 건 별로 좋아하지 않아요. 그래서 저는 혼자 있는 경우가 많아요. 아마도 이렇게 누군가와 많이 대화한 건 처음일 거예요. 선생님의 심리학 학위든 심리치료 훈련이든 뭐 그런 것들을 위해서 필요한 부분을 제가 도와드릴 수 있길 바랍니다.

※ 다음 난이도로 이동하기 전에 난이도를 평가하고 조정하시오(연습 지침의 3단계 참조).

활동 2의 고급 수준 내담자 진술

고급 내담자 진술 1

[짜증스러운 말투로] 선생님은 제 어린 시절에 대해 질문하느라 너무 많은 시간을 쓰시네요. 그게 당신네 치료자들이 일하는 방식이란 건 알지만, 저는 그게 그냥 프로이트식 헛소리라고 생각해요. 선생님은 저를 알아야 하고 제가 지금 현재 어떤 사람인지 이해해야 되죠. 제 문제는 과거가 아니라 지금이라고요. 저는 여기 오는 것도 힘들고 제 상황은 진짜 복잡해요. 제 형편이 어려우니 과거 이야기하느라 시간 낭비할 수 없어요. 저는 지금 도움이 필요하다고요!

고급 내담자 진술 2

[권위적으로] 제 의사가 저에게 여기 가라고 한 이유는 이게 제 고혈압에 도움이 될 거라고 생각해서예요. 하지만 저는 정말 이유가 있어서 스트레스를 받는 거예요. 주로 자기 일을 잘 못하는 사람들 밑에서 일해야 하는 것 때문이죠. 그런 사람들은 똑똑하지 못하거나 일에 전념하지 않아요. 사람들은 제 성과 때문에 저를 부담스러워하는 경향이 있지요. 저는 SAT에서 거의 만점을 받았고 대학을 3년 만에 우등 졸업했어요. 솔직히 제가 수련생에게 상담받는 것에 대해 좀 의구심이 드네요. 저에게 도움이 될 만큼 충분한 경험이 있으신가요?

고급 내담자 진술 3

[유혹하듯이] 제 전 애인은 정말 좋은 사람인데 저와 깊이 교감하지는 못했어요. 선생님은 제가 정말 깊은 대화를 나눌 수 있는 그런 사람인 것 같아요. 선생님의 얼굴을 가까이서 보고 선생님의 목소리를 들으면 선생님이 정말 따뜻하고 매력적인 사람이라는 걸 직감할 수 있어요. 그리고 선생님의 눈을 보니 선생님도 제가 그런 면이 있다는 걸 알아보시는 것 같네요. 선생님은 제가 정말 의미 있는 관계를 맺을 수 있는 사람인 것 같아요. 선생님이 저에게 끌린다고 말할 수는 없겠지만, 저는 어쩐지 선생님도 저에게 끌리고 있다는 느낌이 들어요.

고급 내담자 진술 4

[단조롭고 느린 어조로] 제 기억에 저는 아주 오랫동안 우울했어요. 저는 두 번 입원했었고 전기충격요법을 두 번 받았었어요. 그리고 세상에 알려진 모든 항우울제는 모두 먹었었는데, (잠시 멈춤) 처음에는 도움이 되었지만 전 항상 제 삶의 목적이 무엇인지에 대한 고민으로 되돌아가요. 저는 즐길 만한 일이 없고, 진정한 친구가 없어요. 전 치료를 계속 옮겨 다녔고, 매번 달라질 거라고 기대하지만 그런 일은 일어나지 않았어요. 이제는 더 이상 이렇게 살아갈 자신이 없네요.[1]

1) '더 이상 이렇게 살아갈 자신이 없다.'와 같은 표현은 자신을 해치려는 의도가 아니라 일종의 감정 표현일 수도 있다. 그럼에도 불구하고, 치료자는 자살 의도를 판단하기 위해 다양한 상황에 맞는 지표를 사용해야 한다. 수련생은 자해 또는 자살의 위험이 있을 수 있는 내담자에 대해 면밀한 수퍼비전을 받아야 한다.

고급 내담자 진술 5

[짜증스러워하며] 그래요. 선생님이 무슨 말을 하는지 알아요. 제가 술을 마시고 운전해서는 안 되죠. 그런데 저는 단지 저녁에 와인 몇 잔 마신 것뿐이라고요. 저는 외출을 많이 안 해요. 그래서 그냥 기분을 좀 해소하려고 했던 거예요. 전 그럴 만한 권리가 있어요. 술 마시고 거리로 나가면 위험하다는 것에 대해 선생님이 저에게 설교를 할 거란 확신이 드네요. 그렇지만 진짜로 전 와인 몇 잔밖에 안 마셨다고요. 사람들은 제가 얼마나 압박감을 느끼는지, 술을 마시는 게 저의 불안함을 얼마나 줄여 주는지 이해를 못 해요. 게다가 전 운전을 엉망으로 한 것 같지도 않아요. 차선을 이리저리 넘나드는 그런 것도 전혀 없었어요. 정말 어이가 없죠. 그런데 경찰이 저한테 음주 운전 딱지를 끊더라고요.

※ 난이도를 평가하고 조정하시오(연습 지침의 3단계 참조). 난이도가 적절하다면 지침에 따라 실습을 보다 도전적으로 진행해 보시오(부록 A 참조).

활동 3

정서 경험 심화하기

준비

1. 2장의 지침을 읽는다.
2. 부록의 '의도적 연습 반응 양식'과 '의도적 연습 일지 양식'을 준비한다.

기술 설명

기술 난이도 수준: 중급

매뉴얼화된 정신역동치료는 매뉴얼화된 인지행동치료와는 구분되는 일곱 가지 전략이 있는데, 그중 첫 번째로 꼽힌 것은 분석가가 정동과 정서 표현에 초점을 둔다는 것이다(Blagys & Hilsenroth, 2000). 연구 결과, 내담자가 치료에서 자신의 정서를 더 많이 인식하고 경험할수록 치료 결과가 더 좋아진다(Furrow et al., 2012; Lane et al., 2015). 최근 연구 결과는 특히 정신역동 치료에서 내담자가 감정을 경험하도록 돕는 것이 기능을 더 나아지게 한다는 것을 보여 준다(H. Fisher et al., 2016). 따라서 정신역동 치료자는 정서를 일깨우고 심화시키는 정서의 탐정/산파/촉매제가 되어 내담자가 정서를 인식하고, 명명하고, 이해하도록 돕고, 이것이 변화를 시작하는 관문이 되게 하는 역량을 지녀야 한다.

공감적인 환기는 "생생한 심상, 정교한 묘사, 비유 또는 은유를 통해 경험에 생동감을 불어넣기"(Goldman et al., 2021, p. 83) 위해 사용된다. 이 기법은 내담자에게 자신의 정서 경험, 특히 내담자가 회피하고 있는 감정과 내담자의 갈등의 근원이 될 수 있는 정서에 깊이 접촉하도록 돕는다. 이를 통해 내담자는 감정이 자기인식, 동기, 가치 그리고 관계 맺기 능력에 미치는 거대한 영향을 깨닫기 시작할 수 있다. 치료자들은 종종 내담자의 감정이 막 의식되거나 표현되려는 순간에 정서에 일치하는 목소리나 어조(예: 슬픔을 이끌어 내기 위해 부드럽고 느리게 말하기)를 사용하곤 한다. 또 다른 기법은 치료자가 마치 내담자가 된 것처럼 이야기하는 것(예: '나는'이라는 1인칭 표현 사용)이다. 치료자는 내담자의 말, 표정, 몸짓 또는 자세 등을 통해 전달되는 메시지에서 가장 가슴에 와닿는 부분이 무엇인지에 따라 어떤 방향으로 진행할지를 결정하도록 한다.

수련생은 다음 선택지 중 하나 이상에 따라 각 내담자 진술에 대해 즉흥적인 반응을 해야 한다.

1. **생생한 언어를 사용하고 내담자의 내재된 정서에 맞춰 목소리 톤과 태도를 일치시킨다.** 이는 내담자의 희미한 감정의 불씨를 내담자와 치료자가 선명하게 볼 수 있게 하는 데 도움이 된다.
2. **내담자의 관점에서 말하듯이 '나는~'이라는 1인칭 진술로 이야기한다.** 이는 내담자의 입장에서 서려는 치료자의 의지를 보여 주며, 정서적 톤을 극적으로 조성하는 역할을 한다.
3. **은유 또는 비유를 사용한다.** 시적이고 극적인 말처럼, 은유와 비유는 즉각적으로 감정을 전달한다.

활동 3의 기술 선택지

다음 중 하나 이상을 사용하여 내담자의 진술에 내재된 가장 강렬한 감정과 의미를 강화하시오.

- 선택지 1. 생생한 언어를 사용하고 내담자의 내재된 정서에 목소리 톤과 태도를 일치시킨다.
- 선택지 2. 내담자 관점에서 말하듯이 '나는~'이라는 1인칭 진술로 이야기한다.
- 선택지 3. 은유 또는 비유를 사용한다.

정서 경험 심화하기의 예시

〈예시 1〉

내담자: [화내며] 어머니가 제 말을 들어 주셨으면 좋겠어요.

치료자: 어머니 어깨를 붙잡고 ○○○님의 말을 듣게 만들고 싶군요! (선택지 1)

〈예시 2〉

내담자: **[화내며]** 어머니가 제 말을 들어 주셨으면 좋겠어요.

치료자: (내담자의 단호한 어조에 힘을 실어서) 어머니! 지금 당장 제 말 좀 들어 보세요! (선택지 1과 2)

〈예시 3〉

내담자: **[화내며]** 어머니가 제 말을 들어 주셨으면 좋겠어요.

치료자: 어머니가 ○○○님의 말을 들어 준다면 가슴을 짓누르는 돌덩이가 떨어져 나갈 텐데요. (선택지 3)

활동 3의 연습 지침
1단계: 역할연기와 피드백
– 내담자는 초급 내담자 진술을 말한다. 치료자는 기술 선택지를 기반으로 **즉흥적인** 반응을 한다. – 교육자(교육자가 없는 경우에는 내담자)는 기술 선택지에 따라 **간단히** 피드백한다. – 그런 다음, 내담자는 동일한 진술을 반복하고, 치료자는 다시 즉흥적인 반응을 한다. 교육자(또는 내담자)는 그에 대해 다시 간단히 피드백한다.
2단계: 반복
– 현재 난이도 수준(초급, 중급, 고급)의 모든 진술에 대해 1단계를 반복한다.
3단계: 평가와 난이도 조정
– 치료자는 의도적 연습 반응 양식(부록 A)을 작성하고, 연습의 난이도를 조정할지 아니면 동일한 난이도를 반복할지 결정한다.
4단계: 약 15분 동안 반복
– 1~3단계를 최소 15분간 반복한다. – 그런 다음, 치료자와 내담자 역할을 바꾸어 처음부터 다시 한다.

→ 이제 여러분의 차례이다! 지침 1~2단계를 따르시오.

기억할 점: 역할연기의 목표는 수련생이, ① 기술 선택지를 사용하여, ② 수련생 자신에게 진정성 있게 느껴지는 방식으로 내담자의 진술에 즉흥적인 반응을 해 보는 것이다. 각 내담자 진술에 대한 치료자 반응의 예시는 이 연습 활동의 후반부에 제시되어 있다. 수련생은 예시 반응을 읽기 전에 즉흥적으로 반응을 시도해야 한다.

활동 3의 초급 수준 내담자 진술
초급 내담자 진술 1
[불안해하며] 저희 사장님이 회의 중간에 저를 호출하셔서 전 너무 불안해져서 아무 말도 못 했고 모든 사람이 저를 쳐다보기만 했어요.
초급 내담자 진술 2
[무미건조하게] 제 아이들은 다 자라서 모두 떠나고 저만 혼자 남았어요. 저는 주말마다 혼자 있죠. 그냥 그게 다예요.
초급 내담자 진술 3
[슬픔에 잠겨서] 그리고 학교 다닐 때는, 여자애들이 저를 좋아하는 것 같지 않았어요. 왜 그런지 모르겠어요.
초급 내담자 진술 4
[화나서, 이를 꽉 물고] 그리고 회의에서 아무도 제 의견을 인정하지 않았어요.
초급 내담자 진술 5
[짜증스럽게] 다른 사람이 지루하게 계속 말해서 제가 말할 시간이 부족했어요.

※ 다음 난이도로 이동하기 전에 난이도를 평가하고 조정하시오(연습 지침의 3단계 참조).

활동 3의 중급 수준 내담자 진술
중급 내담자 진술 1
[부끄러워하며] 제가 어렸을 때 저희 어머니는 슬픈 감정에 연연하지 말라고 하셨어요. 저는 제가 가진 것에 감사해야 해요.
중급 내담자 진술 2
[슬픈] 제 아이들은 이제 다 커서 이제는 제가 필요하지 않은 것처럼 행동해요. 제 주변에는 다른 사람들이 많이 있으니까 저는 괜찮아요.
중급 내담자 진술 3
[혼란스러운] 저는 애인을 만나러 매주 주말에 2시간을 운전해서 가요. 어쩌다 한 번쯤은 그 사람이 저를 보러 와 주면 좋겠어요.
중급 내담자 진술 4
[떨리는 목소리로] 만약 제 딸이 이사를 가게 된다면, 저는 어떻게 해야 할지 모르겠어요.
중급 내담자 진술 5
[눈물을 흘리며] 너무 속상해요. 울음을 멈출 수가 없어요!

※ 다음 난이도로 이동하기 전에 난이도를 평가하고 조정하시오(연습 지침의 3단계 참조).

활동 3의 고급 수준 내담자 진술
고급 내담자 진술 1
[무미건조하게] 주치의가 제가 우울하다고 생각해서 여기 가 보라고 한 건데요, 왜 그렇게 생각하는지 모르겠네요. 제 인생의 모든 것이 아주 잘 돌아가고 있는데 말이죠.
고급 내담자 진술 2
[정서적으로 단조로운] 제 양아버지가 저에게 성관계를 강요했다고 말하기는 힘들지만, 결국 그렇게 되었어요.
고급 내담자 진술 3
[화내면서] 사람들은 저보고 "누구씨"라고 안 하고 "교수님"이라고 부릅니다! 선생님이 괜찮으시다면 말이죠.
고급 내담자 진술 4
[눈물을 흘리며] 제가 오늘 여기 티슈를 너무 많이 사용하네요. 그래서 죄송해요.
고급 내담자 진술 5
[짜증 내며] 오늘 제가 일하는 학교에 애인이 저를 데리러 왔어요. 제 학생들하고 이야기 중인데 애인이 차를 세우더니 빨리 서두르라고 소리를 질렀어요.

※ 난이도를 평가하고 조정하시오(연습 지침의 3단계 참조). 난이도가 적절하다면 지침에 따라 실습을 보다 도전적으로 진행해 보시오(부록 A 참조).

치료자 반응의 예시: 정서 경험 심화하기

기억할 점: 수련생은 예시 반응을 읽기 전에 자기 방식대로 즉흥적인 반응을 시도해야 한다. 자기 방식대로 반응을 하는 것이 너무 힘든 것이 아니면 다음 반응을 그대로 읽지 마시오.

활동 3의 초급 수준 내담자 진술에 대한 반응 예시
초급 내담자 진술 1에 대한 반응 예시
갑자기 모두가 나를 쳐다봤고, 나는 그저 구멍 속으로 기어들어 가고 싶었네요. (선택지 2와 3)
초급 내담자 진술 2에 대한 반응 예시
아이들이 그냥 떠나버리고, ○○○님을 혼자 남겨 두었군요. ○○○님이 중요하지 않은 사람인 것처럼 말이에요. 정말 마음 아팠겠어요. (선택지 1)
초급 내담자 진술 3에 대한 반응 예시
세월이 지난 지금도 그 일을 생각하면 여전히 슬픈 일인 것 같아요. (선택지 2)
초급 내담자 진술 4에 대한 반응 예시
지금 ○○○님의 표정을 보니 금방이라도 불을 내뿜을 것 같아요. (선택지 3)
초급 내담자 진술 5에 대한 반응 예시
말할 차례를 기다리는 것이 고문처럼 느껴졌겠어요. (선택지 1과 3)

활동 3의 중급 수준 내담자 진술에 대한 반응 예시

중급 내담자 진술 1에 대한 반응 예시

그래서 성인이 된 지금도 어머니의 목소리가 귓가에 들리는군요. "감정을 느끼지 마라! 주어진 것에 감사해라!" (선택지 1과 3)

중급 내담자 진술 2에 대한 반응 예시

아이들이 ○○○님 삶의 일부가 되지 않아도 괜찮다고 말씀하시는 것 같지만, 그 말씀을 하실 때 목소리가 꽤 슬프게 들려요. (선택지 1)

중급 내담자 진술 3에 대한 반응 예시

나는 매 주말마다 애인을 보러 운전해서 가는데, 단 한 번이라도 그 사람이 나를 보러 와 주면 좋겠다! (선택지 1과 2)

중급 내담자 진술 4에 대한 반응 예시

그것은 마치 바다 한가운데서 작은 배를 타고 표류하는 것과 같아 보여요. (선택지 3)

중급 내담자 진술 5에 대한 반응 예시

그 눈물이 말을 할 수 있다면, 무슨 말을 할까요? (선택지 1과 3)

활동 3의 고급 수준 내담자 진술에 대한 반응 예시
고급 내담자 진술 1에 대한 반응 예시
내가 왜 여기 있는지 정말 모르겠네요. 내 삶은 정말 괜찮은데 말이죠. (선택지 2)
고급 내담자 진술 2에 대한 반응 예시
이런…… 어떤 감정을 느끼는 건 고사하고, 그에 대해 말하는 것조차 힘든 일이에요. (선택지 1)
고급 내담자 진술 3에 대한 반응 예시
난 무시당하는 게 정말 싫어요. 그런 식으로 날 대하는 건 못 참겠어요. (선택지 2)
고급 내담자 진술 4에 대한 반응 예시
○○○님의 진정한 감정을 보여 준 것에 대해 ○○○님의 치료자인 저에게 사과를 해야겠다고 느끼신 거예요? (선택지 1)
고급 내담자 진술 5에 대한 반응 예시
그 순간 ○○○님이 사라져 버리거나, 애인이 사라져 버리길 원했을까요? (선택지 3)

활동 4

과정 언급하기

준비

1. 2장의 지침을 읽는다.
2. 부록의 '의도적 연습 반응 양식'과 '의도적 연습 일지 양식'을 준비한다.

기술 설명

기술 난이도 수준: 중급

초보 치료자들은 종종 내담자가 말하는 내용(content)에 지나치게 몰두하곤 하는데, 그 내용이 상담 작업과 관련되어 있을 수 있고 흥미로울 수 있기 때문이다. 그러나 대인관계 정신역동치료에서 치료자는 치료자와 내담자의 상호작용 과정(process)에 우선적으로 주의를 기울인다(Kiesler, 1988). 그것이 관계적으로 무엇이 일어나고 있는지, 그리고 어떻게 생산적으로 개입할 수 있는지에 대한 귀중한 정보를 제공하기 때문이다. 더 나아가, 과정에 주의를 기울임으로써 실제 치료 회기 중에 무엇이 일어나고 있는지를 내담자가 인식하도록 도울 수 있다.

관계적 정신역동 치료자는 변화의 메커니즘으로서 치료적 관계에 초점을 둔다. 여기서 말하는 치료적 관계는 단순한 치료적 동맹 이상을 의미한다. 치료자는 내담자와의 상호작용 경험을 바탕으로 이 사람과 관계를 맺는 것이 어떤 것인지, 치료자와 내담자가 반복적으로 재현할 가능성이 있는 순환적 부적응 패턴이 무엇인지, 그리고 어떤 교정적 정서 체험과 통찰이 치유에 도움이 될 수 있는지에 대한 정보를 얻는다.

Irving Yalom(1995/2002)은 과정에 초점을 두는 것을 지금 여기에서 지금 여기에 대해 이야기하는 것(talking about the here and now in the here and now)이라 언급했고, Greenson(1967)은

50여 년 전에 이를 '이 순간에 작업하는 것(working in the moment)'이라 언급했다. 가장 표면적인 수준에서, 과정 언급은 "제가 X를 했을 때, 당신이 Y를 했다는 것을 알아차렸습니다."와 같이, 내담자와 치료자 간의 행동적인 상호작용을 언급하는 것에 초점을 둔다. 또 다른 유형의 과정 언급은 치료자가 "내담자에 대한 치료자의 즉각적인 감정이나 내담자와의 관계에서 치료자 자신에 대한 즉각적인 감정 또는 치료적 관계에 대한 감정을 탐색하거나 개방하는 것"이다(Hill et al., 2014, p. 299). 이런 유형의 나눔을 **즉시성(immediacy;** Hill et al., 2014), **메타커뮤니케이션(metacommunication;** Kiesler, 1988), 또는 **역전이 개방(countertransference disclosures;** Gabbard & Wilkinson, 2000)이라고 부르기도 한다. 이 개념들의 공통점은 내담자가 자신의 대인관계 패턴과 그것이 회기 중 촉발되는 방식을 인식하도록 돕는다는 점이다.

우선은 가장 일반적인 수준에서 과정 언급을 해 보는 연습으로 시작한다. 이후 연습에서는 지금 여기에서 내담자의 방어에 대해 언급하는 연습을 하게 되며(활동 5), 내담자가 상담 장면과 외부에서 관계 맺는 방식의 유사성을 인식하도록 돕는 것을 연습할 것이다(활동 7: 전이 해석하기).

모든 내담자의 신원은 비밀 유지를 위해 가상으로 제시하였다. Ann의 사례는 이전에 발표된 바 있는 실제 내담자 사례(Levenson, 2017)를 기반으로 구성되었다. 또한 Ann의 6회기 영상은 상업적으로 이용 가능하며(Levenson & Carlson, 2010), 치료자(Hanna Levenson)와의 인터뷰가 포함된 2회기 버전 영상도 있다. 이 영상은 〈정신역동치료 기술(Psychodynamic Therapy Skills)(Levenson & Friendlander, 2023)〉이라는 제목으로 기술 기반 관점에서 사례를 논의하는 내용을 담고 있다. 2회 축어록은 활동 13에서 확인할 수 있다. 또한 Ann 사례 영상을 사용한 4개의 연구를 참고문헌 목록에서 확인 가능하다(Friedlander et al., 2018, 2020; Levenson, 2020; Levenson et al., 2020). Johnson(가명) 사례는 이전에 발표되었던 사례(Levenson, 1995)의 실제 내담자를 기반으로 하며, 이 사례도 영상으로 제작되어 있다(배우가 연기함; Levenson, 1999 참조).

치료자 역할을 맡은 수련생은 다음 기술 기준에 따라 각 내담자 묘사와 진술에 대해 즉흥적인 반응을 연습해야 한다.

1. 지금 치료자와 내담자 사이에 일어난 일을 살펴봐도 될지 내담자에게 허락을 구한다.
   현재 순간에 이루어진 과정 언급은 과거의 대인관계 행동에 대해 이야기하는 것만으로는 드러나지 않는 대인관계 문제를 더 구체적이고 정서적으로 드러낼 수 있다.
2. 치료자와 내담자 사이에 방금 일어난 일을 말한다.

3. 선택지 1: 내담자가 방금 일어난 일에 대한 자신의 감정을 탐색하도록 초대한다. 또는
   선택지 2: 방금 일어난 일에 대한 내담자의 감정에 대해 치료자가 (최선의) 추측을 제시한다. 이 방식을 통해 과정 언급은 치료자가 내담자와의 관계 균열을 회복하게 도울 수 있다(예: "제가 그 말을 했을 때, 그 말에 당신이 상처받았을 수도 있겠다는 생각이 들어요. 그렇다면 정말 미안해요.")

활동 4의 기술 기준

1. 지금 치료자와 내담자 사이에 일어난 일을 살펴봐도 될지 내담자에게 허락을 구한다.
2. 치료자와 내담자 사이에 방금 일어난 일을 말한다.
3. 선택지 1: 내담자가 방금 일어난 일에 대한 자신의 감정을 탐색하도록 초대한다. 또는
   선택지 2: 방금 일어난 일에 대한 내담자의 감정에 대해 치료자의 추측을 제시한다.

과정 언급하기의 예시

참고: 상황을 이해할 수 있도록 각 내담자 진술 전에 밑줄 친 글을 소리 내어 읽어야 한다. 천천히 읽고, 필요하다면 반복하여 읽는다.

〈예시 1〉

내담자가 "저희 가족들은 제가 스스로 나아져야 한다고 말해요."라고 말하자, 그에 대해 치료자가 "그래서 ○○○님이 여기에 치료를 받으러 오고 있잖아요."라고 반응했다.

내담자: **[지친 한숨을 쉬며]** 어우 …… 기운이 빠지네요.

치료자: 우리 잠시 멈춰서 방금 일어난 일에 대해 살펴볼 수 있을까요? (기준 1)
제가 방금 ○○○님이 스스로 나아지기 위해서 치료에 오고 있다고 말했고, 그러자 ○○○님이 기운이 없다고 이야기했어요. (기준 2)
제가 ○○님에 대해 긍정적인 말을 한 것에 대해 ○○님이 어떤 감정을 느꼈는지 궁금해요. (기준 3, 선택지 1)
또는

제가 ○○○님에 대해 긍정적인 말을 해서 ○○○님이 불편해진 것 같아요 (기준 3, 선택지 2)

〈예시 2〉

치료자가 내담자에게 상담에서 불편한 이야기를 나누는 동안 무엇을 느꼈는지에 대해 도전적인 질문을 하였다.

내담자: **[단조로운 소리로]** 선생님은 다음 주에도 여기 계실 건가요?

치료자: 우리 함께 방금 일어난 일에 대해 살펴볼 수 있을까요? (기준 1)
제가 ○○○님께 어떤 감정을 느끼는지에 대해 묻고 난 후에, ○○○님이 저에게 다음 주에도 여기에 있을 건지 물어보셨어요. (기준 2)
방금 그 순간에 ○○○님 마음에서 무슨 일이 일어났던 건지 궁금해요. (기준 3, 선택지 1)

〈예시 3〉

내담자가 새로운 책 프로젝트에 대해 홍이 나서 이야기를 하고 있다. 치료자가 내담자의 뒤편에 벽에 걸린 시계를 힐끗 보았다.

내담자: **[혼란스럽게]** 음, 어, 제가 뭐라고 말하고 있었는지 잊어버렸네요. 이상해요. 어쨌든, 지금은 좀 기분이 가라앉네요.

치료자: 우리 함께 방금 일어난 일에 대해 살펴볼 수 있을까요? (기준 1)
○○○님이 새로운 책 프로젝트에 대해 이야기를 하고 계셨는데, 제가 시계를 쳐다 본 순간 ○○○님께서 말을 멈추셨어요. (기준 2)
제가 시계를 본 것이 ○○○님에게 어떤 의미로 느껴졌는지 궁금해요. (기준 3, 선택지 1)

또는

혹시 제가 시계를 본 것이 ○○○님의 이야기에 관심이 없다는 뜻이라고 생각하셨나요? (기준 3, 선택지 2)

활동 4의 연습 지침
1단계: 역할연기와 피드백
– 내담자는 밑줄 친 글을 소리 내어 읽은 뒤, 초급 내담자 진술을 말한다. 치료자는 기술 선택지를 기반으로 즉흥적인 반응을 한다. – 교육자(교육자가 없는 경우에는 내담자)는 기술 선택지에 따라 간단히 피드백한다. – 그런 다음, 내담자는 동일한 진술을 반복하고, 치료자는 다시 즉흥적인 반응을 한다. 교육자(또는 내담자)는 그에 대해 다시 간단히 피드백한다.
2단계: 반복
– 현재 난이도 수준(초급, 중급, 고급)의 모든 진술에 대해 1단계를 반복한다.
3단계: 평가와 난이도 조정
– 치료자는 의도적 연습 반응 양식(부록 A)을 작성하고, 연습의 난이도를 조정할지 아니면 동일한 난이도를 반복할지 결정한다.
4단계: 약 15분 동안 반복
– 1~3단계를 최소 15분간 반복한다. – 그런 다음, 치료자와 내담자 역할을 바꾸어 처음부터 다시 한다.

→ 이제 여러분의 차례이다! 지침 1~2단계를 따르시오.

기억할 점: 역할연기의 목표는 수련생이, ① 기술 선택지를 사용하여, ② 수련생 자신에게 진정성 있게 느껴지는 방식으로 내담자의 진술에 즉흥적인 반응을 해 보는 것이다. 각 내담자 진술에 대한 치료자 반응의 예시는 이 연습 활동의 후반부에 제시되어 있다. 수련생은 예시 반응을 읽기 전에 즉흥적으로 반응을 시도해야 한다.

참고: 상황을 이해할 수 있도록 각 내담자 진술 전에 밑줄 친 글을 소리 내어 읽어야 한다. 천천히 읽고, 필요한 경우 반복하여 읽는다.

활동 4의 초급 수준 내담자 진술

초급 내담자 진술 1

Johnson 씨는 자신이 패배자로 느껴진다며 낙담한 목소리로 이야기하고 있다. "저는 제대로 할 수 있는 게 하나도 없어요." 치료자가 지지적으로 반응하며 말했다. "Johnson 씨는 치료를 받아 보기로 결심했고, 시간에 잘 맞춰 오셨어요."

내담자: [슬프게] 네. 하지만 겨우 제시간에 온 걸요.

초급 내담자 진술 2

치료자가 Johnson 씨에게 딸이 친구들과 짧은 여행을 가기 위해 주말 동안에 그를 혼자 두고 간 것에 대해 어떻게 느꼈는지 물었다. 그는 슬프고 떨리는 목소리로 이렇게 대답했다. "뭐라고 하셨죠, 선생님?" 치료자가 딸이 그를 혼자 두고 간 것이 어떤지 다시 물었다.

내담자: [슬프고 혼란스러워하며] 죄송해요, 선생님. 이번에도 잘 못 들었어요.

초급 내담자 진술 3

Ann이 웃으며 상담실에 들어왔다. 치료자가 주말에 남자친구를 만난 일은 어땠는지 물었다. Ann의 표정이 그 즉시 어두워지면서 눈에는 눈물이 맺힌다.

초급 내담자 진술 4

치료자가 상담실에 5분 늦게 도착했고, Johnson 씨에게 미안하다는 말을 간단히 건넸다. Johnson 씨는 평소와는 다르게 조용히 침묵하며 앉아 있다.

초급 내담자 진술 5

치료자가 Johnson 씨에게 묻는다. "딸이 독립하려고 Johnson 씨에게 돈을 빌려 달라고 부탁했을 때 어떻게 느껴지셨는지 궁금해요."

내담자: [좌절하며] 지금 당장은 배가 고파요. 선생님 말씀에 집중이 잘 안되네요. 뭔가를 먹어야 할 것 같아요.

※ 다음 난이도로 이동하기 전에 난이도를 평가하고 조정하시오(연습 지침의 3단계 참조).

활동 4의 중급 수준 내담자 진술

중급 내담자 진술 1

Ingram 박사는 대학에서 정년 보장을 얻기 위해 얼마나 열심히 노력하고 있는지에 대해 이야기하고 있다. 최근 그의 연구 논문이 학술지에서 수정 판정을 받았다. 치료자가 그에게 논문이 통과되지 않은 것에 대해 어떻게 느꼈는지 물었다.

내담자: [혼란스러워하며] 아, 죄송합니다. 뭐라고 말씀하셨나요?

중급 내담자 진술 2

치료자가 Johnson 씨에게 상담에서 불편한 이야기를 나누는 동안 무엇을 느꼈는지에 대해 도전적인 질문을 하였다.

내담자: [단조로운 목소리로] 선생님은 다음 주에도 여기 계시나요?

중급 내담자 진술 3

Ann이 평소와 달리 매우 빠르게 이야기하여 말하는 내용을 이해하기 어려울 정도이다.

중급 내담자 진술 4

Johonson 씨는 대기실에서 치료자가 실수로 같은 시간에 예약을 잡은 다른 내담자와 함께 앉아 있다. 치료자가 자신의 실수를 알아차리고 Johnson 씨를 상담실로 먼저 안내한 뒤, 다시 대기실로 돌아가 다른 내담자의 일정을 조정하였다. 치료자가 상담실로 돌아와 Johnson 씨에게 "혼란을 드려 죄송합니다."라고 말했다.

내담자: [미안한 듯이] 음, 저기, 제가 뭘 잘못했나요? 아마 제 잘못일 거예요.

중급 내담자 진술 5

Ingram 박사는 센터의 다른 치료자들을 만나기 위해 온 여러 내담자와 함께 대기실에 앉아 있었다.

내담자: [화가 난 채로 상담실에 들어오면서] 저는 저런, 음, 저급한 사람들과 함께 기다리는 게 아주 힘들다고요.

※ 다음 난이도로 이동하기 전에 난이도를 평가하고 조정하시오(연습 지침의 3단계 참조).

활동 4의 고급 수준 내담자 진술

고급 내담자 진술 1

치료자가 Ann에게 자신을 자주 무시하고 불행하게 만드는 애인과 왜 계속 관계를 유지하는지를 질문했다.

내담자: [강하게] 있잖아요, 제가 심리학 수업을 듣고 있는데, 강사가 우리에게 권위 있는 학회지에 실린 논문을 보여 줬어요. 거기 보면 심리치료를 받는 사람들 중 약 70%는 치료 효과가 오래가지 않는다고 하더라고요.

고급 내담자 진술 2

치료자가 Johnson 씨에게 오늘 상담 회기를 끝낼 시간이라고 알린 직후.

내담자: [낙담하며] 있잖아요, 요즘 좀 희망이 없는 기분이에요. 가끔은 계속 살아가는 게 무슨 의미가 있나 싶어요.

고급 내담자 진술 3

Ingram 박사가 고개를 떨어뜨린 채 방에 들어왔다. 치료자가 활기차게 "어서 오세요."라고 인사했다.

내담자: [짜증스럽게] 있잖아요, 여기 오는 게 좀 모욕적으로 느껴지네요. 마치 패배한 강아지 같달까요. [갑자기 목소리를 단조롭게 바꾸며] 뭐, 어쨌든 여기 왔네요.

고급 내담자 진술 4

Ingram 박사가 자신의 새로운 책 프로젝트에 대해 홍이 나서 이야기하고 있다. 치료자가 책상 위의 시계를 힐끗 쳐다봤다.

내담자: [혼란스러워하며] 음, 음, 제가 뭐라고 말하고 있었는지 잊어버렸네요. 이상하네요. 뭐 어쨌든, 지금은 좀 혼란스러운 기분이 들어요.

고급 내담자 진술 5

치료자가 상담 회기를 시작하며 Ingram 박사에게 다음과 같이 말했다. "지난 상담 시간 끝날 무렵에 성(姓)에 관한 이야기를 말씀하셨는데, 오늘은 그 얘기부터 시작해 볼까요?"

내담자: [짜증스럽게] 글쎄요, 제가 성적인 이야기를 말했다는 확신이 안 드네요. 제 생각에는 선생님이 먼저 언급하신 것 같은데요. 오늘도 그렇잖아요!

※ 난이도를 평가하고 조정하시오(연습 지침의 3단계 참조). 난이도가 적절하다면 지침에 따라 실습을 보다 도전적으로 진행해 보시오(부록 A 참조).

치료자 반응의 예시: 과정 언급하기

기억할 점: 수련생은 예시 반응을 읽기 전에 자기 방식대로 즉흥적인 반응을 시도해야 한다. 자기 방식대로 반응을 하는 것이 너무 힘든 게 아니라면 다음 반응을 그대로 읽지 마시오.

활동 4의 초급 수준 내담자 진술에 대한 반응 예시
초급 내담자 진술 1에 대한 반응 예시
우리 잠시 멈추고 방금 일어난 일을 함께 살펴볼 수 있을까요? (기준 1) 제가 방금 ○○○님이 치료에 정시에 온 것이 스스로를 위한 좋은 행동이라고 말씀드렸는데, 그럼에도 불구하고 계속해서 스스로를 비난하고 계셨어요. (기준 2) 제가 ○○○님의 긍정적인 행동을 말씀드린 것에 대해 어떤 감정을 느끼셨는지 궁금해요. (기준 3, 선택지 1) 또는 제가 ○○○님의 행동에서 긍정적인 면을 본 것에 대해 불편함을 느끼신 것 같아요. (기준 3, 선택지 2)
초급 내담자 진술 2에 대한 반응 예시
방금 일어난 일을 함께 살펴볼 수 있을까요? (기준 1) 제가 딸이 ○○○님을 혼자 두고 간 것에 대해 어떻게 느끼셨는지 물었을 때, 제 말을 듣기 어려워하시는 것 같았어요. (기준 2) 그 순간 마음속에서 어떤 일이 일어나고 있었는지 궁금해요.(기준 3, 선택지 1) 또는 제 질문이 불편하게 느껴져서 듣고 싶지 않으셨던 걸 수도 있을 것 같아요. (기준 3, 선택지 2)
초급 내담자 진술 3에 대한 반응 예시
음. 지금 여기서 뭔가가 일어났네요. (기준 1) 제가 주말에 애인과 어떻게 지내셨는지 물었을 때, ○○○님의 표정이 갑자기 변하고 눈물을 흘리기 시작하셨어요. (기준 2) 제 질문이 ○○○님에게 강한 슬픔을 불러일으킨 걸까요? (기준 3, 선택지 2)

초급 내담자 진술 4에 대한 반응 예시
방금 일어난 일을 함께 살펴볼 수 있을까요? (기준 1) 제가 늦은 것에 대해 사과했을 때 ○○○님이 침묵하셨는데 평소 모습과는 달라 보여요. (기준 2) 그래서 ○○○님의 침묵에 대해 궁금합니다. 제가 이해할 수 있게 도와주시겠어요? (기준 3, 선택지 1) 또는 혹시 그 침묵은 제가 늦은 것에 대해 화가 났다는 걸 나타내는 걸까요? (기준 3, 선택지 2)

초급 내담자 진술 5에 대한 반응 예시
방금 일어난 일을 함께 살펴볼 수 있을까요? (기준 1) 제가 딸이 돈을 빌려 달라고 부탁했을 때 어떻게 느끼셨는지 물었을 때, 갑자기 배가 고프고 음식을 먹어야겠다고 하셨죠. (기준 2) 제가 딸에 대해 물어봤을 때 어떤 감정을 느끼셨나요? (기준 3, 선택지 1)

활동 4의 중급 수준 내담자 진술에 대한 반응 예시
중급 내담자 진술 1에 대한 반응 예시
방금 일어난 일을 함께 살펴볼 수 있을까요? (기준 1) 우리는 방금 ○○○님에게 매우 중요한 일, 즉 논문이 통과되지 않은 것에 대해 이야기하고 있었어요. 제가 그에 대해 어떻게 느끼셨는지 물었을 때, 갑자기 그 주제를 잊으셨죠. (기준 2) 그에 대해 어떻게 생각하시나요? (기준 3, 선택지 1)
중급 내담자 진술 2에 대한 반응 예시
방금 일어난 일을 함께 살펴볼 수 있을까요? (기준 1) 제가 ○○○님의 감정을 물어본 후, ○○○님이 주제를 바꾸어 다음 주에 제가 여기에 있을 건지 물으셨어요. (기준 2) 그 순간 ○○○님의 마음속에서 무엇이 일어난 걸까요? (기준 3, 선택지 1)
중급 내담자 진술 3에 대한 반응 예시
말을 중간에 끊어 죄송하지만, 방금 일어난 일을 함께 살펴볼 수 있을까요? (기준 1) ○○○님이 상담이 시작되자마자 매우 빠르게 이야기하기 시작하셨죠. 이야기가 너무 빠르게 지나가고 있다고 느껴졌어요. 사실 제가 말씀을 따라가는 게 어려웠어요.(기준 2) 오늘 이렇게 빠르게 말씀하고 계신 이유가 무엇일까요? (기준 3, 선택지 1)
중급 내담자 진술 4에 대한 반응 예시
방금 일어난 일을 함께 살펴볼 수 있을까요? (기준 1) 제가 실수를 해서 두 분의 예약을 같은 시간에 잡았어요. 그런데도 ○○○님은 스스로를 탓하셨어요. (기준 2) 제가 잘못했는데도 스스로를 탓하게 되신 이유가 궁금해요. (기준 3, 선택지 1)
중급 내담자 진술 5에 대한 반응 예시
오늘 시작하기 전에, ○○○님이 대기실에서 겪은 경험에 대해 말씀하신 것을 잠시 살펴볼 수 있을까요? (기준 1) ○○○님이 저런 저급한 사람들과 함께 기다리는 것이 힘들다고 말씀하셨죠. (기준 2) 그것이 그렇게 힘들게 느껴지셨던 이유를 듣고 싶어요. (기준 3, 선택 1)

활동 4의 고급 수준 내담자 진술에 대한 반응 예시

고급 내담자 진술 1에 대한 반응 예시

방금 일어난 일을 함께 살펴볼 수 있을까요? (기준 1)
제가 ○○○님께 애인의 행동을 왜 참아내고 계신지에 대해 물었을 때, ○○○님은 심리치료가 모든 사람에게 효과적이지는 않다는 연구에 대해 말씀하셨어요. (기준 2)
제 질문에 대해 어떻게 느끼셨는지 궁금해요. (기준 3, 선택지 1)

고급 내담자 진술 2에 대한 반응 예시

방금 일어난 일을 함께 살펴볼 수 있을까요? (기준 1)
제가 오늘 상담 시간이 끝났다고 말씀드렸을 때, ○○○님은 희망이 없다는 말씀을 하시면서 자신을 해칠 수도 있다는 뜻을 내비치셨죠. (기준 2)
제가 오늘 시간이 끝났다고 말한 것이 불편한 생각이나 감정을 불러일으켰나요? (기준 3, 선택지 2)

고급 내담자 진술 3에 대한 반응 예시

제가 "어서오세요."라고 인사했을 때, ○○○님이 모욕감을 느꼈다고 말씀하신 것에 대해 이야기해 볼 수 있을까요? (기준 1과 2)
제가 했던 말이나 말하는 방식이 ○○○님에게 짜증스럽게 느껴졌을 수도 있을까요? (기준 3, 선택지 2)

고급 내담자 진술 4에 대한 반응 예시

방금 일어난 일을 함께 살펴볼 수 있을까요? (기준 1)
○○○님이 새 책 프로젝트에 대해 이야기하다가 갑자기 멈추셨죠. 그 직전에 제가 시계를 힐끗 쳐다봤어요. (기준 2)
제가 시계를 본 것이 ○○○님에게 어떤 의미로 다가왔는지 궁금해요. (기준 3, 선택지 1)

고급 내담자 진술 5에 대한 반응 예시

우리 사이에 방금 일어난 일을 함께 살펴볼 수 있을까요? (기준 1)
제가 성에 대한 주제를 꺼낸 이유는 우리가 지난 상담 시간에 그 주제에서 끝냈다고 기억했기 때문인데 ○○○님께서 그에 대해 강하게 반응하시는 것처럼 보였어요. (기준 2)
오늘 제가 성적 이야기에 대해 질문한 것이 부적절하게 느껴졌을 수도 있을까요? (기준 3, 선택지 2)

활동 5

방어에 초점 맞추기, 기저의 불안 탐색하기

준비

1. 2장의 지침을 읽는다.
2. 부록의 '의도적 연습 반응 양식'과 '의도적 연습 일지 양식'을 준비한다.

기술 설명

기술 난이도 수준: 중급

우리는 일상 대화에서 **방어(defense)**나 **방어적(defensive)**이라는 용어를 자주 사용한다. 이러한 용어들은 실제로 적절한 표현인데, 왜냐하면 일상적인 맥락에서 방어의 기능은 무언가로부터 자신을 보호하거나 회피하는 것이기 때문이다. 예를 들어, 스포츠에서의 방어 공작은 상대팀이 득점하는 것을 막기 위한 방법을 의미한다. 변호사(defense attorney)는 의뢰인이 유죄 판결을 받지 않도록 보호하려고 한다. 그리고 국방부(defense department)는 외부 침략으로부터 국가를 보호하는 목적을 가진다.

Freud는 **방어기제(defense mechanism)**라는 용어를 만들어 냈는데, 이는 (종종 어린 시절 양육자와의 경험을 통해 학습되는) 감정, 행동 또는 사고로 이루어진 **무의식적 전략**을 의미한다. 이 방어기제는 개인이 어떤 감정을 경험하거나 인식하고 표현하는 것을 차단하는데, 그 감정들이 개인에게 위험하거나 바람직하지 않다고 여겨지기 때문이다. 이런 관점에서 방어기제는 자기 보호적인 행동이다. 그러나 진정한 감정이나 생각을 회피하게 되면 대가를 치르게 된다. 그 순간에는 안전하다고 느낄 수는 있지만, 이러한 회피는 자기 인식, 탄력성, 친밀감 그리고 진정성을 가로막는 습관적인 방식들을 만들어 낸다.

Freud의 딸인 Anna Freud는 투사(projection), 억압(repression), 합리화(rationalization)와 같은 방어의 유형들을 열거했다. 사실, "눈송이나 지문이 모두 다르듯 방어하는 방식도 그만큼 다양하다."(McCullough & Carlson, 2005)라고 할 수 있는데, 생각과 감정을 회피하기 위해 무엇이든지 방어기제로 사용될 수 있기 때문이다. 따라서 치료에서 내담자가 자신의 독특한 회피 과정(idiosyncratic avoidant processes)을 발견하도록 돕는 것이 생산적인 접근이다. 이는 내담자가 자신의 고통과 현재의 어려움을 지속시키는 요인이 무엇인지 이해하는 것으로 이어질 수 있다.

이 연습에서는 수련생은 내담자의 방어적 전략을 알아차리고 그것을 내담자에게 언급하는 연습을 하게 될 것이다. 이러한 방어 패턴은 대개 아주 어린 시절에 학습되었고, 매우 일관되게 사용되었으며, 개인의 상호작용 레퍼토리에 깊이 통합되어 있어서 마치 성격의 일부처럼 느껴지기도 한다. 이런 경우 우리는 이러한 패턴을 **자아 동질적**(ego-syntonic)이라고 말할 수 있는데, 내담자에게는 그것이 받아들여질 뿐만 아니라 심지어 이상적인 것으로 여겨질 수도 있다는 뜻이다. 그리고 물론 대부분의 무의식적 습관이 그러하듯이, 그것을 드러내기 전까지는 그것을 바꿀 수 있는 방법을 알 수 없다.

자신의 방어 패턴에 대한 내담자의 인식이 향상되면, 방어를 자신의 바람직한 일부로 여기던 견고한 관점이 서서히 약화되기 시작할 수 있다. 내담자는 자신의 방어가 초래한 부정적인 결과를 보기 시작하게 되며, 그동안 무의식적으로 받아들였던 방어 전략이 **자아 이질적**(ego-dystonic), 즉 수용하기 어려운 것으로 보기 시작할 수 있다. 이러한 과정이 일어나면 내담자는 치료자와 협력하여 공동의 목표(막힌 상태에서 벗어나는 것)를 달성하기가 훨씬 쉬워진다. 나중에 수련생은 활동 12를 진행하게 될 텐데, 그때는 내담자가 관습적인 방어를 사용하지 않을 때 새로운(교정적) 정서 체험을 하도록 돕는 데 초점을 맞춘다. 그렇게 함으로써 내담자는 상담 회기 내에서 중요한 생각과 감정을 회피하지 않을 수 있게 된다. 그러나 지금 단계에서는 방어를 지적하는 것에 집중하게 될 것이다. 이것은 중요한 첫 단계이다. 여기서 유용한 팁을 제시한다면, 방어에 도전하기 전에 방어를 먼저 타당화하고, 당신이 내담자의 입장에서 방어의 필요성을 이해하고 있다는 것을 전달하는 것이다. 방어는 원래 자기 보호적 행위로 시작된 것임을 기억하자.

수련생은 다음 기술 기준에 따라 각 내담자 진술에 대해 즉흥적으로 반응을 해야 한다.

1. **공감적이고 타당화하는 태도로 내담자의 방어 전략을 언급한다.** 치료자의 관점에서 방어 전략을 나타내는 일반적인 요소는 과거의 경험을 통해 타인에게 원치 않는 것으로 평가되었거나 위험하다고 학습된 감정을 느끼는 것을 회피하기 위해 무의식적으로 사용되는 어떤 생

각, 감정 또는 행동이다.

2. 내담자가 방어 전략을 사용하지 않는다면 어떤 일이 벌어질까 봐 불안해하는지를 탐색한다. 내담자에게 그들이 적극적으로 회피하고 있는 것이 무엇인지 상상해 보도록 요청한다.

활동 5의 기술 기준

1. 공감적이고 타당화하는 태도로 내담자의 방어 전략을 언급한다.
2. 내담자가 방어 전략을 사용하지 않는다면 어떤 일이 벌어질까 봐 불안해하는지를 탐색한다.

방어에 초점 맞추기의 예시

〈예시 1〉

내담자: **[차분하게]** 저는 매주 주말에 애인을 만나러 2시간 동안 운전해 가요. 하지만 그 사람은 저를 보러 오지 않지요. 그래도 괜찮아요. 전 운전하는 게 정말 즐겁거든요.

치료자: 운전하는 것을 그렇게 즐긴다니 좋네요. (기준 1)
만약 운전하고 싶지 않다는 생각이 든다면 어떤 일이 일어날 거라 생각하시는지 궁금해요. (기준 2)

〈예시 2〉

내담자: **[밝게]** 저는 집착하는 애인이 되고 싶지 않아요. 그래서 애인과 함께 있을 때는 항상 웃는 얼굴을 하고 있어요.

치료자: 애인과 함께 있을 때 웃는 얼굴을 계속 보여야 할 필요가 있나 봐요. (기준 1)
만일 당신이 행복하지 않은 모습을 보여 준다면 혹시 뭔가 걱정되는 점이 있을까요? (기준 2)

〈예시 3〉

내담자: **[사실적으로]** 처음에는 문자로 헤어진 것에 대해 죄책감을 느꼈어요. 그러다 생각해 보니 그게 오히려 더 친절한 이별 방식이라는 생각이 들더라고요.

치료자: 문자로 이별했을 때 죄책감을 느꼈고, 그러다 문자로 헤어지는 것이 상대에게 오히려 더 나은 방식일지 모른다고 생각했군요. 그러면서 죄책감이 덜해졌겠어요. (기준 1)
문자로 이별한 것에 대한 죄책감을 우리가 함께 들여다본다면 혹시 우려되는 점이 있을까요? (기준 2)

활동 5의 연습 지침
1단계: 역할연기와 피드백
– 내담자는 초급 내담자 진술을 말한다. 치료자는 기술 기준을 기반으로 **즉흥적인** 반응을 한다. – 교육자(교육자가 없는 경우에는 내담자)는 기술 기준에 따라 **간단히** 피드백한다. – 그런 다음, 내담자는 동일한 진술을 반복하고, 치료자는 다시 즉흥적인 반응을 한다. 교육자(또는 내담자)는 기술 기준에 따라 그에 대해 다시 간단히 피드백한다.
2단계: 반복
– **현재 난이도 수준**(초급, 중급, 고급)의 모든 진술에 대해 1단계를 반복한다.
3단계: 평가와 난이도 조정
– 치료자는 의도적 연습 반응 양식(부록 A)을 작성하고, 연습의 난이도를 조정할지 아니면 동일한 난이도를 반복할지 결정한다.
4단계: 약 15분 동안 반복
– 1~3단계를 최소 15분간 반복한다. – 그런 다음, 치료자와 내담자 역할을 바꾸어 처음부터 다시 한다.

→ 이제 여러분의 차례이다! 지침 1~2단계를 따르시오.

기억할 점: 역할연기의 목표는 수련생이, ① 기술 기준을 사용하여, ② 수련생 자신에게 진정성 있게 느껴지는 방식으로 내담자의 진술에 즉흥적인 반응을 해 보는 것이다. 각 내담자 진술에 대한 치료자 반응의 예시는 이 연습 활동의 후반부에 제시되어 있다. 수련생은 예시 반응을 읽기 전에 즉흥적으로 반응을 시도해야 한다.

활동 5의 초급 수준 내담자 진술
초급 내담자 진술 1
[무심하게] 이번 한 주는 그럭저럭 괜찮았어요. 좀 스트레스받긴 했지만요. 그런데 요즘 정치적인 상황에 대해선 어떻게 생각하세요?
초급 내담자 진술 2
[민망해하면서] 집주인이 우리가 이사해야 한다고 했어요. 그날 밤에 술을 진짜 많이 마셨죠.
초급 내담자 진술 3
[짜증스럽게] 제 문제는 전부 제 애인 때문이에요. 제 문제는 바로 그 사람이라고요!
초급 내담자 진술 4
[밝게] 저는 집착하는 애인이 되고 싶지 않아요. 그래서 제 애인과 함께 있을 땐 항상 웃는 얼굴을 해요.
초급 내담자 진술 5
[단호하게] 오늘 상담 시간에는 제 과거에 대해 이야기하는 게 아니라 미래에 집중하고 싶어요.

※ 다음 난이도로 이동하기 전에 난이도를 평가하고 조정하시오(연습 지침의 3단계 참조).

활동 5의 중급 수준 내담자 진술
중급 내담자 진술 1
[놀란 듯이] 선생님이 저에게 학교에 대해 물어보셨을 때 전 그냥 얼어 버렸어요. 전 학교에 대해서는 아무런 감정도 없는 것 같아요.
중급 내담자 진술 2
[짜증스럽게] 부모님을 뵈러 갔는데 그냥 내내 하고 싶은 말을 참았어요.
중급 내담자 진술 3
[허세 부리듯이] 대학 지원할 때 명문대에 지원할까 생각했었죠. 하지만 우리나라 명문대들은 명성에 비해 별로인 경우가 많아서 지원하지 않기로 했어요.
중급 내담자 진술 4
[확신이 서지 않는] 처음에는 문자로 헤어진 것에 대해 죄책감이 들었어요. 그러다 문자가 사실 더 친절한 이별 방식이라고 생각했죠.
중급 내담자 진술 5
[무심하게] 지난주 상담에서 우리가 무슨 이야기를 했는지 기억이 안 나네요. 다시 알려 주실 수 있나요?

※ 다음 난이도로 이동하기 전에 난이도를 평가하고 조정하시오(연습 지침의 3단계 참조).

활동 5의 고급 수준 내담자 진술
고급 내담자 진술 1
[비판적으로] 치료자가 되려는 사람들은 대체로 꽤 문제가 많은 사람들이라고 들었어요.
고급 내담자 진술 2
[당황하며] 늦어서 죄송해요. 여기 오는 길에 갑자기 건물이 어디 있는지 잊어버렸어요.
고급 내담자 진술 3
[만족스러워하며, 경멸적으로] 지난주 상담에서 제 직장 상사에 대해 이야기했잖아요. 그러고 나서 바로 그 사람한테 전화를 걸어서 한마디 했어요! 직장 상사가 놀란 것 같더라고요. 상상이 가세요?
고급 내담자 진술 4
[화내면서, 오만하게] 학술지에 논문을 보냈는데 수정하라는 답변이 돌아왔어요. 그 답변을 받았을 때 정말 화가 났습니다. 편집장에게 심사위원들의 무능함에 대해 항의하는 이메일을 보낼 생각이에요.
고급 내담자 진술 5
[무심하게] 제 문제에 대해 생각을 나눠 주셔서 감사합니다. 좋은 관찰이네요. 그 부분에 대해 좀 생각해 봐야겠어요.

※ 난이도를 평가하고 조정하시오(연습 지침의 3단계 참조). 난이도가 적절하다면 지침에 따라 실습을 보다 도전적으로 진행해 보시오(부록 A 참조).

치료자 반응의 예시: 방어에 초점 맞추기

기억할 점: 수련생은 예시 반응을 읽기 전에 자기 방식대로 즉흥적인 반응을 시도해야 한다. 자기 방식대로 반응을 하는 것이 너무 힘든 것이 아니면 다음 반응을 그대로 읽지 마시오.

활동 5의 초급 수준 내담자 진술에 대한 반응 예시
초급 내담자 진술 1에 대한 반응 예시
정치는 중요한 주제지만, 그것에 대해 이야기할수록 우리 대화의 초점이 ○○○님에게서 멀어지는 것 같아요. (기준 1) 혹시 ○○○님에게 집중하게 되면 뭔가 불편한 일이 생길까 염려되시나요? (기준 2)
초급 내담자 진술 2에 대한 반응 예시
집주인이 이사를 가야 한다고 말한 후, 술을 마시면서 좀 위로를 찾으려고 하셨던 것 같네요. (기준 1) 만약 술을 마시지 않았다면 어떤 감정을 느꼈을 것 같나요? (기준 2)
초급 내담자 진술 3에 대한 반응 예시
애인으로 인한 어려움에 초점을 맞추고 싶어 하는 마음이 이해가 돼요. (기준 1) 만약 우리가 대화의 초점을 ○○○님에게 맞춘다면, 혹시 걱정되는 점이 있을까요? (기준 2)
초급 내담자 진술 4에 대한 반응 예시
애인과 함께 있을 때 웃는 얼굴을 많이 보여야 할 필요가 있나 봐요. (기준 1) 만약 행복하지 않은 모습을 보인다면, 어떤 일이 생길까 염려되시나요? (기준 2)
초급 내담자 진술 5에 대한 반응 예시
물론 미래에 대해 생각하는 건 중요해요. (기준 1) 그런데 혹시 우리가 과거에 대해서도 이야기하게 되면 불편해질 것 같아서 신경 쓰이는 부분이 있나요? (기준 2)

활동 5의 중급 수준 내담자 진술에 대한 반응 예시
중급 내담자 진술 1에 대한 반응 예시
제가 학교에 대해 물었을 때, ○○○님이 '그냥 얼어붙은 것'처럼, 모든 감정이 멈췄던 것 같아요. (기준 1) 만약 감정을 얼어붙게 하지 않고 그대로 느껴 본다면, 뭔가 불편한 일이 생길 거라 생각하시는지 궁금해요. (기준 2)
중급 내담자 진술 2에 대한 반응 예시
○○○님이 말을 삼켜서 부모님께 직접 이야기하는 것을 막았네요. (기준 1) 부모님께 진짜 감정을 이야기하면 뭔가 안 좋은 일이 생길 거라고 생각하신 것 같아요. 맞나요? (기준 2)
중급 내담자 진술 3에 대한 반응 예시
대학을 지원할 때 많은 고민을 한 것처럼 들려요. (기준 1) 명문대에 지원하면 어떤 일이 생길지 염려되는 부분이 있었나요? (기준 2)
중급 내담자 진술 4에 대한 반응 예시
문자로 이별했을 때 죄책감을 느끼셨는데, 이후에는 문자로 헤어지는 게 상대방에게 더 나은 방식일지도 모른다고 생각하시면서 죄책감이 덜해진 것 같아요. (기준 1) 문자로 이별한 것에 대한 죄책감을 우리가 함께 들여다본다면 혹시 걱정되는 점이 있을까요? (기준 2)
중급 내담자 진술 5에 대한 반응 예시
물론 지난주 이야기했던 주제를 다시 알려 드릴 수 있어요. 그런데 혹시 ○○○님이 잊어버림으로써 이번 주에 불편한 생각이나 감정을 피할 수도 있었던 걸까요? (기준 1과 2)

활동 5의 고급 수준 내담자 진술에 대한 반응 예시
고급 내담자 진술 1에 대한 반응 예시
아마도 저를 포함해서 치료자들도 도움을 필요로 하는 사람들이라는 말이 뭔가 기분 좋게 들리셨던 것 같아요. (기준 1) 반대로, 제가 만일 ○○○님을 도울 능력이 있다고 믿는다면, 혹시 염려되는 게 있을까요? (기준 2)
고급 내담자 진술 2에 대한 반응 예시
저를 만나러 오는 길에 갑자기 어떻게 오는지 잊어버리셨다고 했죠. 우리가 만나지 못하게 되었을 수도 있겠네요. (기준 1) 혹시 오늘 상담에서 무언가 불편한 일이 생길까 걱정되셨던 걸까요? (기준 2)
고급 내담자 진술 3에 대한 반응 예시
우리가 상사에 대해 ○○○님이 느끼는 분노를 얘기했던 것이 행동으로 이어진 것 같네요. 바로 상사에게 전화를 걸어 '한마디 했다'고 표현하셨죠. (기준 1) 만약에 그렇게 바로 행동으로 옮기지 않고 ○○○님이 얼마나 화가 났는지 살펴봤다면, 어떤 일이 생길지 염려되는 게 있었을까요? (기준 2)
고급 내담자 진술 4에 대한 반응 예시
논문 심사 결과가 수정 판정되었을 때, 심사위원들의 무능함에 초점을 맞추셨네요. (기준 1) 만약 그 사람들의 무능함에만 집중하지 않았다면, ○○○님은 어디에 초점을 맞추었을까요? (기준 2)
고급 내담자 진술 5에 대한 반응 예시
제 의견이 괜찮은 의견이라고 생각하셨고, 그에 대해 좀 더 생각해 보고 싶으셨다니 다행이에요. (기준 1) 그런데 혹시 제 말을 듣고 바로 느껴진 것이 무엇인지에 대해 이야기한다면 무언가 말하기 꺼려지는 부분이 있을까요? (기준 2)

활동 6

치료의 근거 소개하기

준비

1. 2장의 지침을 읽는다.
2. 부록의 '의도적 연습 반응 양식'과 '의도적 연습 일지 양식'을 준비한다.

기술 설명

기술 난이도 수준: 중급

사람들이 심리치료를 받으러 올 때는 그것이 첫 치료 경험인 경우가 종종 있다. 사람들은 심리치료가 어떻게 이루어지는지 모를 수 있다. 특히 관계적 정신역동 치료자가 어떻게 작업하는지에 대해 전혀 모를 가능성이 크다. 일반적으로 사람들이 가지고 있는 심리치료에 대한 이미지는 영화나 드라마, 책에서 묘사된 극적인 치료 장면에 기반한 경우가 많다. 이 연습 활동은 수련생들이 심리치료 및 정신역동 개념을 내담자에게 보다 편안하고 명확하게 설명할 수 있도록 돕는 데 목적이 있다. 치료자들은 치료를 어떻게 개념화하는지, 치료 회기 시간 동안 어떻게 작업을 하는지, 또는 치료의 목표가 무엇이라고 생각하는지를 평범한 언어로 간결하게 설명해야 할 필요가 있다. 이 모든 주제는 우리가 **현대 정신역동치료의 핵심 요소**라고 부르는 내용으로 구성된다. 다음은 이러한 핵심 요소들을 세 항목으로 정리한 것이다.

1. **개념화:** 이는 갈등과 행동 및 사고의 패턴(타인과의 관계뿐만 아니라 자기 자신 안에서 발생하는 패턴), 그리고 이에 수반된 감정의 역할을 포함한다. 특히 과거의 관계 패턴이 현재 중요한 타인(치료자를 포함하여)의 행동과 의도를 인식하는 데 어떻게 영향을 미치는지를 이해

하는 것이 중요하다. 또한 현재의 기능 수준에 영향을 미치는 과거의 학습/발달 및 트라우마의 중요성과 무의식적 과정, 그리고 저항의 역할을 다룬다.

2. **치료자 개입**: 여기에는 경청, 지지, 공감, 타당화, 협력, 도전, 질문, 자기개방, 그리고 해석이 포함되며, 이는 충분히 안전한 관계를 바탕으로 이루어진다. 치료자는 내담자의 환상과 공상에 대해 탐구하며, 보통 조언을 제공하는 것을 자제한다.
3. **치료 목표**: 이는 오래된 패턴에 대한 통찰을 얻고 자유로워지는 것, 내적 갈등을 줄이는 것, 정서 인식을 증진하는 것, 무의식적 과정을 의식적으로 인식하는 것, 정신화 능력을 향상시키는 것, 그리고 보다 진정성 있고 만족스러운 삶을 살아가는 것을 포함한다.

수련생은 다음의 기술 기준을 사용하여 내담자의 각 진술에 대해 즉흥적으로 반응해야 한다.

1. **내담자의 우려, 질문, 또는 진술에 대해 타당화하거나 인정을 표현한다.** 이러한 반응은 종종 초기 몇 회기 동안, 즉 치료적 동맹이 형성되기 시작하는 시점에 하게 된다. 따라서 치료 관계의 초기 단계에서는 내담자에게 존중하고 협력하는 태도를 전달하는 것이 특히 중요하다. 이러한 태도를 전달할 기회는 내담자가 치료가 어떻게 진행되는지에 대해 우려하거나 질문할 때 나타날 수 있다. 또한 이 기술은 치료 초기에만 사용되는 것이 아니라, 작업 과정의 다양한 시점에서도 필요하다. 이는 특정 개입(예: 다음 연습 활동에서 다루게 될 전이 해석)에 대한 내담자의 의심, 치료 목표 자체에 대해서나 치료자와의 치료적 유대에 대한 의문을 다루는 데에도 사용될 것이다.
2. **내담자의 우려 이면에 있는 핵심 요소를 반영한다.** 내담자의 근본적인 우려를 명확히 파악해야 한다. 만약 내담자의 의사소통에 모호함이 있다면, 그들이 무엇을 묻고 있는지 단정하지 말고, 대신 더 구체적이거나 명확한 설명을 요청하라(예: 활동 1 참조). 또한 내담자가 의식적이든 무의식적이든 전달하려는 암묵적인 메시지를 찾아내고 이를 다루는 것이 중요하다. 예를 들어, 내담자가 "정신분석치료에서는 모든 것이 오이디푸스적인 것이라고 하던데, 그게 사실인가요?"라고 말한다고 가정해 보자. 먼저, 내담자가 '모든 것'과 '오이디푸스적인 것'이라는 용어를 사용하여 무엇을 의미하는지 명확히 이해하려고 노력해야 한다. 그다음, 치료자가 내담자의 성생활에 대해 당황스러운 질문을 할지도 모른다는 내담자의 우려와 같은 암묵적인 메시지에 주의를 기울여야 한다.
3. **그 요소의 중요성에 대해 설명한다.** 첫 내담자를 만나기 전에, 정신역동 치료자가 성격 발

달, 기능 및 역기능을 어떻게 이해하는지, 그리고 이러한 이해가 치료 목표에 어떻게 반영되고 치료 작업에 적용되는지를 설명하는, 명확하고 간결한 이론적 틀을 준비하라. 이 틀은 내담자가 정신역동치료에 대해 표현할 수 있는 많은 특정한 우려나 질문을 다룰 수 있는 개념적 맥락을 제공한다. 정신역동치료에서 무엇이 중요하며 어떻게 작용하는지에 대한 어떤 틀을 가지고 있을 수는 있지만, 그 정보에 기반을 두되 거기에 지나치게 얽매이지 말고 내담자의 특정한 우려(암묵적이든 명시적이든)를 다룰 수 있도록 해야 한다. '정형화된 답변'을 사용하는 것은 내담자의 역동, 문화, 맥락(예: 치료적 동맹의 균열이 있었는가?)에 따라 반응을 조정하는 정신역동 접근에 맞지 않다.

4. **내담자가 여러분이 말한 것에 대해 어떻게 느끼는지, 또는 자신과 어떤 관련이 있다고 생각하는지 물어본다.** 내담자가 정신역동치료에 참여하는 것에 대해 표현한 우려나 질문은 내담자가 표현하는 다른 모든 것과 마찬가지로, 치료적 대화의 중요한 부분이다. 따라서 어떤 개입에서든 내담자가 해당 개입에 대해 어떻게 반응하는지 묻는 것이 대개 유용하다. 이러한 질문의 두 가지 즉각적인 이점은, ① 내담자의 대답은 치료적 동맹이 어떤 방향으로 나아가고 있는지에 대한 단서를 제공한다는 것이다. 또한 ② 임박한 치료적 균열을 발견하게 되어 이를 회복할 가능성이 높아지게 된다.

이 책의 1장에서 언급했듯이, 정신역동치료의 치료 근거를 설명하는 것은 복잡할 수 있다. 따라서 이 연습 활동을 두 번 연습하는 것을 권장한다. 한 번은 훈련 과정 중에, 그리고 두 번째는 나머지 기술 중심 연습 활동을 모두 완료한 후 연습하는 것이다.

활동 6의 기술 기준

1. 내담자의 우려, 질문, 또는 진술에 대해 타당화하거나 인정을 표현한다.
2. 내담자의 우려 이면에 있는 핵심 요소를 반영한다.
3. 그 요소의 중요성에 대해 설명한다.
4. 내담자가 여러분이 말한 것에 대해 어떻게 느끼는지, 또는 자신과 어떤 관련이 있다고 생각하는지 물어본다.

치료의 근거 소개하기의 예시

〈예시 1〉

내담자: **[긴장하며]** 선생님께서 그냥 제가 뭘 해야 하는지 말해 주실 수는 없나요?

치료자: 그러한 질문을 하시는 것이 이해됩니다. (기준 1)

○○○님은 조금 길을 잃은 것처럼 보이고, 현재 상황을 살펴보고 앞으로 갈 수 있는 길들을 보여 주는 일종의 지도가 필요해 보이네요. (기준 2)

제가 그러한 지도를 볼 수 있게 도와드릴 수 있어요. ○○○님이 지금 어디에 있는지 인식하게 되면 몇 가지 가능성을 떠올려 보고 ○○○님이 원하는 방향을 결정할 수 있을 것입니다. (기준 3)

제 말이 어떻게 들리시나요? (기준 4)

〈예시 2〉

내담자: **[짜증 내며]** 여기 오고 싶지 않았어요. 하지만 부모님이 가라고 했어요. 저는 아무런 발언권도 없었다고요!

치료자: 솔직하게 말해 줘서 고마워요. ○○○님은 저를 보러 오는 데 아무런 선택권이 없었네요. (기준 1)

부모님이 치료에 가라고 한 것, 여기에 오는 것, 그리고 어쩌면 저에 대해서도 강한 감정을 가지고 있는 것처럼 보여요. (기준 2)

만일 우리가 함께 작업할 수 있다면 ○○○님의 모든 감정과 생각, 특히 분노에 대해서 듣고 싶어요. 그리고 부모님이 ○○○님의 이야기를 들을 수 있게 하는 것도 중요할 거예요. (기준 3)

그런 것들을 저와 함께 작업하고 싶으신가요? (기준 4)

〈예시 3〉

내담자: **[쾌활하게]** 이 치료라는 게 어떻게 하는 건지 정말 궁금했어요. 저는 꽤 괜찮은 삶을 살고 있어요. 은행에서 시간제로 일하고 있고, 대학원에 다니고 있고요, 애인하고 5년째 장거리 연애를 하고 있어요.

치료자: 이렇게 기꺼이 현재 상황과 치료의 동기를 이야기해 줘서 고마워요. (기준 1)

○○○님은 치료를 어떻게 하는 건지, 그리고 치료가 어떤 느낌일지에 대해 궁금하신가 봐요. 치료에 대해서 어떤 것을 들어 보셨는지, 그리고 왜 지금 치료에 대해 호기심이 생기게 되었는

지 궁금해요. (기준 2와 3)

이런 주제로 시작하는 것이 괜찮으신가요? (기준 4)

활동 6의 연습 지침

1단계: 역할연기와 피드백

- 내담자는 초급 내담자 진술을 말한다. 치료자는 기술 기준을 기반으로 즉흥적인 반응을 한다.
- 교육자(교육자가 없는 경우에는 내담자)는 기술 기준에 따라 간단히 피드백한다.
- 그런 다음, 내담자는 동일한 진술을 반복하고, 치료자는 다시 즉흥적인 반응을 한다. 교육자(또는 내담자)는 그에 대해 다시 간단히 피드백한다.

2단계: 반복

- 현재 난이도 수준(초급, 중급, 고급)의 모든 진술에 대해 1단계를 반복한다.

3단계: 평가와 난이도 조정

- 치료자는 의도적 연습 반응 양식(부록 A)을 작성하고, 연습의 난이도를 조정할지 아니면 동일한 난이도를 반복할지 결정한다.

4단계: 약 15분 동안 반복

- 1~3단계를 최소 15분간 반복한다.
- 그런 다음, 치료자와 내담자 역할을 바꾸어 처음부터 다시 한다.

→ 이제 여러분의 차례이다! 지침 1~2단계를 따르시오.

기억할 점: 역할연기의 목표는 수련생이, ① 기술 기준을 사용하여, ② 수련생 자신에게 진정성 있게 느껴지는 방식으로 내담자의 진술에 즉흥적인 반응을 해 보는 것이다. 각 내담자 진술에 대한 치료자 반응의 예시는 이 연습 활동의 후반부에 제시되어 있다. 수련생은 예시 반응을 읽기 전에 즉흥적으로 반응을 시도해야 한다.

활동 6의 초급 수준 내담자 진술
초급 내담자 진술 1
[호기심 어려서] 저는 한 번도 상담을 받아 본 적이 없어요. 사람들은 보통 어떤 이야기를 하나요?
초급 내담자 진술 2
[슬프게] 요즘 힘들어요. 새 직장에 나가기 시작했는데, 꽤 많이 스트레스를 받네요. 그냥 누군가에게 이야기하고 싶어요. 그래도 괜찮을까요?
초급 내담자 진술 3
[사무적으로] 저는 딱 몇 번만 상담을 받고 싶어요. 1년 동안 사귀었던 사람과 어떻게 헤어져야 할지 팁이 필요하거든요.
초급 내담자 진술 4
[불편해하며] 이게 제 어머니 이야기나 어린 시절을 파고드는 그런 치료인가요?
초급 내담자 진술 5
[열정적으로] 저는 꿈을 많이 꿔요. 그동안 꿈에 대해서 별로 생각해 보진 않았는데요. 선생님이 제 꿈에 대해 이야기 나누는 데 관심이 있으신지 궁금하네요.

※ 다음 난이도로 이동하기 전에 난이도를 평가하고 조정하시오(연습 지침의 3단계 참조).

활동 6의 중급 수준 내담자 진술

중급 내담자 진술 1

[불안해하며] 요즘은 마치 갑옷이 다 벗겨진 것 같아요. 모든 게 저를 너무 불안하게 만들어요. 예전에는 이런 기분이 아니었는데, 그래서 뭐가 잘못됐는지 모르겠어요. 절 도와주실 수 있나요?

중급 내담자 진술 2

[짜증스럽게] 여기 오고 싶지 않았어요. 부모님이 가라고 해서 온 거예요. 전 이 일에 대해 아무런 발언권도 없었다고요!

중급 내담자 진술 3

[부끄러워하며] 우리 멍청한 개가 도망갔어요. 그리고 제가 왜 그런지 모르겠는데 울음을 멈추지 못하고 있어요. 그래서 슬픔을 멈추는 방법을 배우고 싶어요. 너무 유치해요. 게다가 이 일로 다른 여러 가지 기억들도 떠올라서 다 잊어버리고 싶어요.

중급 내담자 진술 4

[무관심하게] 여기 온 건 순전히 배우자가 저보고 나아지지 않으면 저를 떠나버리겠다고 해서예요. 저는 평생 우울하게 살아왔어요. 대화를 나눈다고 해서 무슨 도움이 될지 모르겠어요.

중급 내담자 진술 5

[쾌활하게] 이 치료라는 게 어떻게 하는 건지 정말 궁금했어요. 저는 꽤 괜찮은 삶을 살고 있어요. 은행에서 시간제로 일하고 있고, 대학원에 다니고 있고요, 애인과 5년째 장거리 연애를 하고 있어요.

※ 다음 난이도로 이동하기 전에 난이도를 평가하고 조정하시오(연습 지침의 3단계 참조).

활동 6의 고급 수준 내담자 진술
고급 내담자 진술 1
[주저하며] 내담자들이 치료자와 사랑에 빠진다고 들었어요. 그런 일이 정말로 있나요?
고급 내담자 진술 2
[의심하며] 이상하네요. 선생님이 계속 '우리 관계'에 대해 이야기하시는데, 우리에게 무슨 관계라는 게 있겠어요? 이건 그냥 비즈니스 거래 같은 거잖아요.
고급 내담자 진술 3
[비판적으로] 들어 보세요. 저는 완전히 정상적인 어린 시절을 보냈어요. 그런 프로이트식 헛소리는 필요 없어요.
고급 내담자 진술 4
[짜증 내며] 제가 만나는 의사들은 저를 계속 중독자로 취급해서 옥시코돈을 다시 처방해 주지 않아요. 제가 중독된 게 아니라는 걸 계속 말했는데도요. 그냥 더 편안해지기 위해 필요한 건데요. 이 문제로 도움을 받고 싶지만, 선생님도 저를 중독자로 생각할까 봐 걱정돼요.
고급 내담자 진술 5
[경계하며] 머릿속에서 떨쳐 낼 수 없는 어두운 생각들이 있어요. 하지만 그걸 이야기하면 선생님이 저를 미쳤다고 생각할까 봐 걱정돼요. 제가 선생님을 믿어도 될까요?

※ 난이도를 평가하고 조정하시오(연습 지침의 3단계 참조). 난이도가 적절하다면 지침에 따라 실습을 보다 도전적으로 진행해 보시오(부록 A 참조).

치료자 반응의 예시: 치료의 근거 소개하기

기억할 점: 수련생은 예시 반응을 읽기 전에 자기 방식대로 즉흥적인 반응을 시도해야 한다. 자기 방식대로 반응을 하는 것이 너무 힘든 것이 아니면 다음 반응을 그대로 읽지 마시오.

활동 6의 초급 수준 내담자 진술에 대한 반응 예시

초급 내담자 진술 1에 대한 반응 예시

좋은 질문입니다. (기준 1)

치료를 이제 막 시작하는 사람들은 치료가 어떤 것인지 궁금해하는 경우가 많아요. (기준 2)

사람들은 정말 다양한 주제를 이야기해요. 어떤 사람들은 자신에게 어려움으로 느껴지거나 삶에서 힘든 부분들에 대해 이야기하는 것으로 시작해요. 또 어떤 사람들은 자신에게 기쁨과 행복을 주는 것에 집중하지요. 우리가 함께 ○○○님의 마음속에 있는 것들을 탐구할 수 있는 시간을 가지는 것이 정말 중요합니다. (기준 3)

이렇게 해 보는 것에 대해 어떻게 느껴지시나요? (기준 4)

초급 내담자 진술 2에 대한 반응 예시

○○○님은 자신을 위해 도움을 구하려는 주도적인 태도를 가지고 계시네요. 이는 치료를 시작하기에 아주 좋은 이유라고 생각해요. (기준 1)

현재 직장에서 스트레스를 받았고, 누군가와 이야기하는 것이 도움이 될 것이라고 느끼신 것 같아요. (기준 2)

우리는 ○○○님의 새 직장에서의 경험에 대해 이야기할 수 있어요. 저는 ○○○님의 이야기를 듣고, 호기심을 가지고, 관점을 제시하며, 스트레스를 줄이는 데 도움이 될 만한 질문을 할 거예요. (기준 3)

이게 ○○○님이 생각했던 것과 비슷한가요? (기준 4)

초급 내담자 진술 3에 대한 반응 예시

○○○님이 원하시는 치료의 초점과 시간을 알려 주셨네요. (기준 1)

정신역동치료에서는 상황을 바라보는 다양한 관점과 그에 관한 감정과 생각을 탐구하는 것이 유용하다고 생각해요. 예를 들어, ○○○님은 이미 이 문제를 아주 빨리 해결할 계획이 있고 몇 번의 상담만 필요하다고 생각합니다. ○○○님이 오랫동안 만나 온 사람과의 이별에 초점을 맞추는 것은 제가 하는 일과 확실히 부합하지만, ○○○님은 몇 번의 상담만 원한다고 들었어요. (기준 2)

때로는 단기간에 문제를 해결할 수 있지만, 그것을 보장할 수 있다고 잘못된 인상을 드리고 싶지는 않아요. (기준 3)

지금 그 관계를 끝내고 싶은 이유를 살펴보고, 이것이 어디로 이어질지 알아보는 건 어떠세요? (기준 4)

초급 내담자 진술 4에 대한 반응 예시

좋은 질문입니다. (기준 1)
○○○님의 삶에서 중요한 사람들, 그리고 어린 시절의 중요성에 대한 질문이네요. (기준 2)
여기에서는 우리가 어떤 이야기를 할지 ○○○님이 결정해요. 정신역동치료에서는 과거와 현재의 중요한 사람들과의 관계를 매우 중점적으로 다룹니다. 종종 어린 시절이 치료에서 언급되는데, 이는 우리가 다른 사람들과 자신에 대해 기대하는 많은 것들을 그 시기에 배우기 때문이에요. 때로는 언어로 생각하기 전에 그런 기대를 배우기도 해요. (기준 3)
제가 말씀드린 내용이 어떻게 들리셨나요? 이해가 되시나요? (기준 4)

초급 내담자 진술 5에 대한 반응 예시

좋은 질문입니다. (기준 1)
여기에서 중요한 것은 우리가 무엇을 이야기하고 무엇을 이야기하지 않을지를 ○○○님이 결정한다는 점이에요. 제가 어떤 것에 대해 특히 호기심을 보인다면, 그것은 그 주제를 논의하는 것이 도움이 될 것이라고 생각하기 때문이에요. (기준 2)
정신역동치료에서 치료자들은 종종 꿈에 관심을 갖는데, ○○○님의 마음이 삶의 어떤 부분을 이해하려할 때 그것이 꿈에 반영되기 때문이에요. (기준 3)
아마도 꿈에 대해 이야기하면 그것이 치료 목표와 관련이 있는지 알 수 있을 것입니다. (기준 4)

활동 6의 중급 수준 내담자 진술에 대한 반응 예시

중급 내담자 진술 1에 대한 반응 예시

○○○님이 얼마나 취약해진 느낌이 드는지 저와 공유해 주셔서 감사해요. (기준 1과 2)
제가 하는 많은 작업은 사람들이 다양한 위협으로부터 자신을 보호하는 방법을 배우는 방식에 초점을 맞춥니다. ○○○님께서 아주 생생하게 "갑옷"이라고 표현해 주셨지요. 우리가 시간을 내어 그 갑옷이 어떤 느낌이었는지, 왜 갑옷이 필요하게 되었는지에 대해 이야기할 수 있어요. (기준 3)
어떻게 생각하세요? (기준 4)

중급 내담자 진술 2에 대한 반응 예시

솔직하게 말씀해 주셔서 감사해요. 저를 보러 오는 데 선택권이 없었을 것 같아요. (기준 1)
부모님, 여기 오는 것, 그리고 저에 대해 어떤 강한 감정을 가지고 있을 거예요. (기준 2)
우리가 함께 작업한다면, 저는 ○○○님의 모든 감정과 생각, 특히 분노에 대해 듣고 싶어요. 그리고 그런 이야기들은 부모님이 ○○○님의 이야기를 들을 수 있는 방법을 찾는 데 중요한 정보가 될 거예요. (기준 3)
그런 작업을 저와 함께해 보고 싶으신가요? (기준 4)

중급 내담자 진술 3에 대한 반응 예시

○○○님의 개가 ○○○님에게 정말 중요한 존재였던 것 같아요. 개를 잃은 것에 대해 ○○○님이 느끼는 슬픔은 너무나도 자연스러운 감정이에요. 저는 ○○○님의 슬픔이 유치하다고 보지 않지만, ○○○님은 그렇게 느끼시는 것 같네요. (기준 1)
제가 사용하는 치료 접근은 모든 감정이, 특히 우리가 피하려고 하는 감정들이 중요하다고 봐요. (기준 2)
저는 우리의 감정이 진정으로 우리에게 중요한 것이 무엇인지에 대한 귀중한 정보를 제공한다고 생각해요. 예를 들어, ○○○님의 눈물은 매우 소중한 무언가를 잃었다는 것을 보여 줍니다. 그리고 ○○○님의 슬픔은 또 다른 중요한 생각과 감정을 불러일으킨 것 같기도 하네요. (기준 3)
이것이 ○○○님이 저에게 요청했던 것과 정확히 일치하지 않는다는 것을 알고 있어요. 하지만 우리가 이런 접근 방식으로 작업을 진행하는 것에 대해 어떻게 생각하시는지 이야기해 볼 수 있을까요? (기준 4)

중급 내담자 진술 4에 대한 반응 예시

제가 ○○○님을 정말 도울 수 있을지에 대한 의구심을 말씀해 주셔서 감사합니다. (기준 1과 2)
순간순간 느낀 어떤 감정이나 우리 사이의 상호작용에 대해 느낀 감정은 어떤 것이든 함께 이야기를 나눠 볼 수 있다면 아주 가치 있는 일이 될 거예요. 제 임상 경험과 여러 연구 결과를 보면, 문제에 대해 이야기하고 그와 관련된 감정을 이해하는 것이 정말로 도움이 돼요. (기준 3)
이 모든 것이 추상적으로 들릴 수도 있어요. 한번 시도해 보고 어떤 일이 일어나는지 살펴보면 어떨까요? (기준 4)

중급 내담자 진술 5에 대한 반응 예시

이렇게 기꺼이 ○○○님의 상황과 치료 동기를 알려 주셔서 감사해요. (기준 1)
제가 듣기로는 치료가 어떻게 작동하는지, 그리고 어떤 느낌인지 궁금해하시는 것 같아요. 치료에 대해 무엇을 들어 보셨고, 지금 치료에 대해 궁금해진 이유를 알고 싶어요. (기준 2와 3)
이런 주제로 시작하는 것이 괜찮으신가요? (기준 4)

활동 6의 고급 수준 내담자 진술에 대한 반응 예시

고급 내담자 진술 1에 대한 반응 예시

중요한 질문이에요. (기준 1)
사람들의 감정을 깊이 탐구하는 치료 과정에서 내담자가 치료자에 대해 다양한 강한 감정을 느끼는 것은 드문 일이 아니에요. 때로는 사랑의 감정도 포함되지요. (기준 2)
도움을 주는 사람이 시간이 지나면서 얼마나 중요한 존재가 될 수 있는지를 생각해 보면 놀라운 일이 아니지요. 저와 다른 사람들에 대한 ○○○님의 감정을 살펴보는 것은 ○○○님의 삶에서 더 의미 있는 관계를 맺는 방법에 대해 중요한 단서를 얻을 수 있게 해 줄 거예요. (기준 3)
이런 접근 방식이 ○○○님에게 도움이 될 것 같나요? (기준 4)

고급 내담자 진술 2에 대한 반응 예시

아주 좋은 질문이에요. (기준 1)
제가 '관계'라는 용어를 사용하는 이유에 대해 ○○○님께서 의문을 가지고 계시다는걸 이해해요. (기준 2)
그리고 어떤 면에서는, ○○○님께서 비용을 지불하는 비즈니스 관계라고 볼 수도 있지요. 우리가 친구가 되지는 않겠지만, 제가 생각하기로는 우리 작업 과정에서 의미 있는 관계를 발전시킬 가능성이 있어요. 오늘 상담 시간에 우리에게 일어나는 일과 ○○○님께서 다른 사람들과 관계 맺는 방식을 함께 살펴보면 많은 것을 배울 수 있어요 (기준 3)
이렇게 저와 함께 시도해 보는 건 어떨까요? (기준 4)

고급 내담자 진술 3에 대한 반응 예시

솔직하게 말씀해 주셔서 감사해요. (기준 1)
○○○님은 어린 시절이 정상적이었다는 점을 미리 말씀하고 싶으신 것 같아요. (기준 2)
치료에서 어린 시절에 초점을 맞추는 이유는 우리가 인생과 자기 자신에 대해 많은 중요한 것들을 처음 배우는 시기이기 때문이에요. 하지만 정신역동치료는 프로이트 시대 이후 많이 변화했어요. ○○○님이 피하고 싶은 '헛소리'가 무엇인지 조금 더 이야기해 주실 수 있다면, 제가 제 접근 방식을 솔직하게 말씀드리겠습니다. 무엇이 ○○○님에게 효과적이고, 무엇이 그렇지 않은지를 이해하는 것은 좋은 치료를 진행하는 데 중요한 부분이에요. (기준 3)
이런 방식으로 진행하는 것에 대해 어떻게 생각하세요? (기준 4)

고급 내담자 진술 4에 대한 반응 예시

○○○님이 자신의 고통을 관리하는 방식과 제가 이에 대해 어떻게 생각할지에 대한 염려를 나눠 주셔서 감사해요. (기준 1과 2)
○○○님의 염려는 다른 의료진과도 연관되어 있는 것 같네요. 그래서 저는 우리가 치료를 통해 사람들이 ○○○님을 중독자로 대할 때, 그에 대해 ○○○님이 어떻게 생각하고 느끼며 행동하는지를 더 잘 이해할 수 있을 것이라고 생각해요. 우리 사이에서 이런 상황이 어떻게 나타나는지를 살펴봄으로써 다른 의료진과

상호작용을 더 성공적으로 하는 방법을 찾을 수 있을 거예요. 그렇게 하면 아마도 ○○○님의 삶에서 다른 관계들에도 도움이 될 수 있습니다. (기준 3)
이런 방식으로 진행하는 것이 어떨까요? (기준 4)

고급 내담자 진술 5에 대한 반응 예시

저를 신뢰하는 것에 대한 망설임을 말씀해 주셔서 감사해요. ○○○님의 신뢰는 앞으로 제가 얻어야 할 것입니다. (기준 1)
우리 사이에 신뢰를 쌓는 것은 ○○○님이 경험하고 있는 '어두운 생각'을 이해하는 데 필요한 단계예요. (기준 2)
제가 요청 드리고 싶은 것은, 준비가 되셨을 때 ○○○님의 어두운 생각들과 제가 그것들을 어떻게 다룰 것인지에 대한 우려를 솔직히 저와 이야기하는 거예요. 저는 ○○○님에게 투명하게 제 생각을 알려 드리고, ○○○님이 말씀하시는 모든 것에 대해 정직하게 반응할게요. (기준 3)
이렇게 진행하는 것이 어떻게 들리시나요? (기준 4)

활동 7

전이 해석하기

준비

1. 2장의 지침을 읽는다.
2. 부록의 '의도적 연습 반응 양식'과 '의도적 연습 일지 양식'을 준비한다.

기술 설명

기술 난이도 수준: 고급

Freud(1888)는 한 사람에 대한 강한 감정, 즉 '이동 가능한 에너지(displaceable energies)'를 다른 사람(무관한 사람)에게 무의식적으로 전가하는 현상을 언급했다. Freud는 생애 말년(1937)에 이러한 전이가 심리치료가 작동하는 방식을 이해하는 데 중심적 역할을 한다고 말했다. 그는 전이를 해석하여 내담자의 의식으로 가져오는 것이 변화의 중요한 요인이라고 보았다. 오늘날 정신역동 치료자들은 현대적 정의로 전이 개념을 사용한다. 전이의 현대적 정의는 "(부모나 형제자매와 같은) 중요한 초기 관계의 표상적 측면이 의식적으로 경험되거나 무의식적으로 다른 관계에 부여되는 경향"을 의미한다(Levy, 2009, p. 183). 일부 학자들(예: Levy et al., 2019)은 **일반적 전이(general transference)**와 **역동적 전이(dynamic transference)**를 구별하는데, 역동적 전이는 일반적 전이와 동일하지만, 자기에 대한 갈등적 또는 방어적 요소를 포함한다. 전이 해석의 현대적 정의는 "치료실 밖에서 내담자가 타인과 겪는 경험을 치료 안에서 치료자와의 경험, 그리고 과거 양육자와의 관계 경험과 연결 지어 명확히 해 주는 신중한 언급[2)]"이다(Levy, 2009, p. 183).

---

2) Issac Newton은 '신중한 언급(tactful comment)'을 적을 만들지 않고 요점을 전달하는 것이라고 정의했다. 이는 심리치료 용어로, 치료적 동맹을 손상시키지 않고 요점을 전달하는 것을 의미한다.

전이가 현실 세계에서 풍부하게 존재한다는 훌륭한 실증적 증거(심리치료 과정 · 결과 연구에서부터 사회심리학 연구까지)가 많이 있다. 사람들은 과거 중요한 타인 표상을 통해 형성된 렌즈로 현재의 타인을 바라보는 경향이 있다. Sharpless 등(2022)은 다음과 같이 말했다.

> "이 용어는 상당히 추상적으로 보이고, 수년에 걸쳐 정의가 여러 번 변화해 왔지만…… 직관적인 현실을 포착한다. 즉, 과거 관계의 영향을 의식적으로든 무의식적으로든 받지 않고 새로운 관계에 들어가는 사람은 아무도 없다"(p. 81).

또한 역동적 전이 과정(동기, 갈등, 방어를 다루는 과정)이 존재한다는 풍부한 연구 증거가 있다(Brumbaugh & Fraley, 2006).

전이가 치료에서 존재한다는 점이 확립된 후, 전이가 발생할 때 내담자에게 이를 알리는 것(즉, 전이 해석을 실시하는 것)이 좋은 생각인지에 대한 질문이 제기되었다. Freud는 이를 옹호했지만, 이에 대한 답변은 때때로 논쟁의 여지가 있었다. 과거 연구에 따르면, 전이 해석은 내담자가 그러한 해석을 치료자의 적대적이거나 비난적인 태도로 받아들이는 경우가 많아 부정적인 결과를 초래할 수 있다(Henry et al., 1990). 또 다른 연구에서는 치료자가 여러 요소(예: 내담자의 특성, 시기, 정확성, 치료적 동맹)를 고려한 후에는 전이 해석이 긍정적인 결과를 가져올 수 있다고 제안한다.

최근의 실증적 연구에 따르면, 낮은 수준에서 중간 수준의 전이 해석은 "매우 효과적"인 것으로 나타났다(Levy & Scala, 2012, p. 400). 이는 특히 성격장애(만성적이고 고착된 순환적 부적응 패턴; Clarkin et al., 2007; Fonagy & Bateman, 2006; Høglend et al., 2006; Levy & Scala, 2012)를 가진 사람들에게 해당되는 것 같다. 우리는 전이를 명시적으로 해석할지 여부와 상관없이 회기에서 전이 역동을 인식할 것을 권한다. 연습 활동 7은 전이 역동을 인식하는 데 도움을 주기 위해 설계되었다.

이 연습 활동에서 각 내담자 진술 앞에 밑줄로 표시된 맥락이 제시되어 있으며, 역할 연습을 할 때는 내담자 역할을 맡은 수련생이 이 맥락을 소리 내어 읽은 후 내담자 진술을 읽어야 한다. 치료자 역할을 맡은 수련생은 다음의 기술 기준에 따라 각 내담자 설명과 진술에 대해 즉흥적으로 반응해야 한다.

1. 먼저, 내담자가 다른 사람들과 관련하여 말한 것, 느낀 것 또는 행동한 것이 지금 이 순간 상담관계에서 일어나고 있는 일과 유사한지 내면으로(조용히) 생각해 본다. 준비가 되면, 다음 세 가지 기술 기준을 내담자에게 소리 내어 이야기한다.
2. 내담자가 다른 사람들과의 경험에 대해 전달한 내용을 당신이 들은 대로 반영한다. 내담자가 이야기한 것 중에서 당신과의 경험과 유사해 보이는 점에 초점을 맞춘다. 예를 들어, 내담자가 아버지에게 모욕을 당했다고 말했다면, 내담자가 당신에게도 자주 모욕을 당한다고 느끼는지 알아차려 본다.
3. 간략하고 신중한 반영을 사용하여 내담자가 당신과의 관계에서 느낄 가능성 있는 유사점을 요약한다. 전이 해석의 현대적 정의를 기억하면서, 내담자가 과거 또는 현재 중요한 타인들에게 받았던 대우와 당신에게 느끼는 대우, 또는 당신을 대하는 방식을 연결 지어 신중한 언급을 한다.
4. 내담자가 당신이 말한 것에 대해 어떻게 생각하거나 느끼는지 개방형 질문을 한다. 내담자들은 이러한 해석을 비난하거나, 적대적이거나, 또는 둔감하게 들을 수 있다(예: "어떻게 제가 아버지와 선생님을 혼동한다고 말씀하실 수 있어요?"). 따라서 그들이 당신의 발언에 부정적인 반응을 보이지는 않는지 확인하는 것이 좋다. 만약 부정적인 반응을 보인다면 수정할 준비를 한다(예: 발언을 어색하게 표현한 것에 대해 사과하거나, 당신의 가정이 잘못되었음을 인정하기). 그러한 단절을 다루는 첫 단계로 과정 언급(활동 4)을 활용하는 것이 유용하다.

활동 7의 기술 기준

1. 먼저, 내담자가 다른 사람들과 관련하여 말한 것, 느낀 것, 또는 행동한 것이 지금 이 순간 상담관계에서 일어나고 있는 일과 유사한지 내면으로(조용히) 생각해 본다.
2. 내담자가 다른 사람들과의 경험에 대해 전달한 내용을 당신이 들은 대로 반영한다.
3. 간략하고 신중한 반영을 사용하여 내담자가 당신과의 관계에서 느낄 가능성이 있는 유사점을 요약한다.
4. 내담자가 당신이 말한 것에 대해 어떻게 생각하거나 느끼는지 개방형 질문을 한다.

전이 해석하기의 예시

참고: 상황을 이해할 수 있도록 각 내담자 진술 전에 밑줄 친 글을 소리 내어 읽어야 한다. 천천히 읽고, 필요하다면 반복하여 읽는다.

〈예시 1〉

내담자는 자기비판과 사회불안을 다루기 위해 치료를 받으러 왔다. 내담자는 어린 시절, 손위 형제의 돌봄을 받았었고, 그는 내담자를 '우울하게 만드는 사람'이라고 여겼었다. 그 형제는 종종 내담자를 낯선 장소로 데려가곤 했으며, 내담자는 다른 아이들이 웃고 즐거워하는 소리를 들으며 홀로 앉아 있곤 했다. 방금 이 치료 회기 중에 내담자는 치료자가 하품을 참는 것을 목격하였다.

내담자: [풀이 죽은 채로] 제가 지루할 수 있다는 걸 알아요. 선생님이 방금도 하품하셨잖아요. 아마 다른 내담자들이 저보다 훨씬 더 흥미롭겠죠.

치료자: 제 하품이 ○○○님과 관련이 있다고 생각하는 이유를 알 것 같아요. 제 기억이 맞다면, 형제 중 한 명이 ○○○님을 짐처럼 여겼고, 다른 애들이 재미있게 놀 때 무시당하는 장소로 데려가곤 했었죠. (기준 2)

그래서 제가 하품했을 때, 제가 ○○○님에게 지루함을 느꼈다고 생각했을 수 있겠다는 생각이 들었어요. (기준 3)

제가 말한 것에 대해 어떻게 생각하시나요? (기준 4)

〈예시 2〉

이전 회기에서 내담자는 고등학교 때 방과 후에 도움을 준 선생님에 대해 이야기하며 그에 대해 매우 감사한 마음을 표현했다.

내담자: [기쁜 마음으로] 선생님은 제가 많은 어려움을 극복하도록 도와주고 계신 것 같아요. 선생님이 제 편이고 지지를 해 주신다는 것이 정말 좋아요.

치료자: 감사합니다. 그 말씀을 들으니 ○○○님이 십대 시절에 힘든 시간을 보낼 때 도움을 준 선생님에 대해 느꼈던 감정이 떠오르네요. (기준 2)

○○○님이 고등학교 시절 그 선생님에게 받은 도움에 대해 느꼈던 감사함과 지금 제가 치료에서 ○○○님께 드린 지지에 대해 느끼는 감정 사이에 비슷한 점이 있는 것 같아요. (기준 3)

제가 말씀드린 것이 맞는 것 같으신가요? (기준 4)

활동 7의 연습 지침
1단계: 역할연기와 피드백
– 내담자는 밑줄 친 글을 소리 내어 읽은 뒤, 초급 내담자 진술을 말한다. 치료자는 기술 기준을 기반으로 즉흥적인 반응을 한다. – 교육자(교육자가 없는 경우에는 내담자)는 기술 기준에 따라 간단히 피드백한다. – 그런 다음, 내담자는 동일한 진술을 반복하고, 치료자는 다시 즉흥적인 반응을 한다. 교육자(또는 내담자)는 그에 대해 다시 간단히 피드백한다.
2단계: 반복
– 현재 난이도 수준(초급, 중급, 고급)의 모든 진술에 대해 1단계를 반복한다.
3단계: 평가와 난이도 조정
– 치료자는 의도적 연습 반응 양식(부록 A)을 작성하고, 연습의 난이도를 조정할지 아니면 동일한 난이도를 반복할지 결정한다.
4단계: 약 15분 동안 반복
– 1~3단계를 최소 15분간 반복한다. – 그런 다음, 치료자와 내담자 역할을 바꾸어 처음부터 다시 한다.

→ 이제 여러분의 차례이다! 지침 1~2단계를 따르시오.

기억할 점: 역할연기의 목표는 수련생이, ① 기술 기준을 사용하여, ② 수련생 자신에게 진정성 있게 느껴지는 방식으로 내담자의 진술에 즉흥적인 반응을 해 보는 것이다. 각 내담자 진술에 대한 치료자 반응의 예시는 이 연습 활동의 후반부에 제시되어 있다. 수련생은 예시 반응을 읽기 전에 즉흥적으로 반응을 시도해야 한다.

참고: 상황을 이해할 수 있도록 각 내담자 진술 전에 밑줄 친 글을 소리 내어 읽어야 한다. 천천히 읽고 필요하면 반복하여 읽는다.

활동 7의 초급 수준 내담자 진술

초급 내담자 진술 1

내담자는 불안과 완벽주의 성향을 다루기 위해 치료를 받고 있다. 내담자는 아버지가 높은 기준을 가지고 있었으며, 그로 인해 아버지로부터 약간의 인정이라도 얻기 위해 많은 시간을 열심히 노력해야 했다고 이야기했었다.

내담자: [불안해하며] 이번 주는 정말 좋았어요! 지난주에 선생님이 제안하신 것을 매일 30분씩 생각해 보면서 시간을 보냈어요. 좋은 진전인 것 같아요. 그렇죠?

초급 내담자 진술 2

치료 초기에 내담자는 자신의 부모가 항상 다른 사람의 필요를 먼저 생각하지 않으면 비도덕적이라고 말하곤 했다고 이야기했었다.

내담자: [친근하게] 와, 벌써 오늘 상담 시간이 끝나 가네요. 이번 시간 내내 제 이야기만 했어요. 선생님께서 말씀하실 기회를 많이 드리지 못했네요. 다음번에는 제가 좀 더 배려하도록 할게요.

초급 내담자 진술 3

내담자는 어린 시절, 알코올 중독자인 어머니를 돌보며 어머니가 토사물로 질식하지 않도록 신경 써야 했던 경험을 이야기했었다. 내담자는 관계에서 "계속해서 주는" 것에 익숙하다고 설명했다.

내담자: [불안해하며] 선생님은 정말 잘하고 계시는데 제 문제는 너무 작은 것 같아요. 선생님의 시간이 저보다 더 도움이 필요한 사람들을 돕는 데 쓰이는 게 더 낫다고 생각해요.

초급 내담자 진술 4

내담자는 어렸을 때 아버지에게 무례하게 보이면 신체적인 폭력을 당할 수 있기에 자신이 온순하고 사과를 잘하며 수동적인 태도를 배우게 되었다고 이야기했었다.

내담자: [부끄러워하며] 제가 몇 분 늦은 거 알아요. 교통 상황이 정말 안 좋았고, 주차 공간을 찾는 게 너무 힘들었어요. 정말 죄송해요. 다시는 이런 일이 없도록 할게요.

초급 내담자 진술 5

이전 회기에서 내담자는 고등학교 때 방과 후에 도움을 준 선생님에 대해 이야기하며 그에 대해 매우 감사하다고 표현했었다.

내담자: [기쁘게] 선생님은 제가 많은 어려움을 극복하도록 도와주고 계신 것 같아요. 선생님이 제 편이고, 지지를 해 주신다는 것이 정말 좋아요.

※ 다음 난이도로 이동하기 전에 난이도를 평가하고 조정하시오(연습 지침의 3단계 참조).

활동 7의 중급 수준 내담자 진술

중급 내담자 진술 1

내담자는 배우자를 무시하는 문제로 치료를 받고 있고, 배우자를 무능하고 어리석다고 여기며 그 사람을 떠나야 할지에 대해 이야기하고 있다. 내담자는 다른 사람들로부터 '뛰어난 지적 재능'을 가진 사람으로 여겨져 왔다.

내담자: [짜증 내며] 있잖아요, 전 선생님에게 약간 실망하고 있어요. 한 달 넘게 여기 왔는데, 제가 이미 알고 있는 것 말고는 선생님이 제게 아무것도 말해 준 게 없어요.

중급 내담자 진술 2

내담자는 친구가 거의 없지만, 부모가 친구를 사귀는 것보다 사회적 지위 상승을 우선시하도록 가르쳤다고 자랑한다.

내담자: [약간 거만하게] 지난 몇 회기 동안 선생님은 훌륭한 치료자였어요. 하지만 솔직히 말씀드리면, 저는 학과장인 A박사님께 치료를 받길 바랐어요. A박사님이 저를 더 잘 도와줄 수 있을 것 같아요.

중급 내담자 진술 3

내담자는 어릴 때 아버지로부터 일을 완벽히 끝내라는 잔소리를 자주 들었고, 그에 반발하여 일을 미루는 방식으로 반항했다고 보고했다. 하지만 성인이 된 후에는 비생산적이라고 느끼고 직장을 유지하는 데 어려움을 겪고 있다.

내담자: [내향적으로] 무슨 이야기를 해야 할지 잘 모르겠어요.

중급 내담자 진술 4

내담자는 만성적인 열등감 때문에 치료를 받으러 왔다. 내담자는 부모님이 대부분의 관심을 재능 있는 배구선수인 동생에게 쏟았다고 느꼈었다.

내담자: [명랑하게] 선생님 대기실에서 테니스 잡지를 읽는 게 정말 재미있었어요. 아시다시피, 저는 꽤 괜찮은 테니스 선수잖아요.

중급 내담자 진술 5

내담자의 아버지는 어린 시절 내담자가 울면 '울보'라고 놀리곤 했다. 지금, 회기 중에 내담자는 화가 났지만 눈물을 억누르고 있다.

내담자: [슬프게] 에이씨. 울지 않을 거예요. 절대 울지 않을 거예요.

※ 다음 난이도로 이동하기 전에 난이도를 평가하고 조정하시오(연습 지침의 3단계 참조)

활동 7의 고급 수준 내담자 진술

고급 내담자 진술 1

내담자는 불안과 해리 증상으로 치료를 받으러 왔다. 내담자는 종교 공동체에서 자랐으며, 그곳에서 아버지는 신이 부여한 신비한 능력을 가진 사람으로 여겨졌다. 내담자는 최근 인터넷 데이트 사이트를 봤다는 이유로 공동체에서 추방되었다.

내담자: [존경을 담아] 이번 주 내내 지난 회기에 대해 생각했어요. 선생님이 제가 느끼는 것을 정확히 알고 계셨다는 사실이 계속 마음에 남더라고요. 선생님이 그 재능을 어디서 얻으셨는지는 모르겠지만, 분명 특별한 재능을 가지고 계세요.

고급 내담자 진술 2

이전 회기에서 내담자는 한때 존경했던 음악 선생님이 자신에게 많은 것을 가르쳐 주었지만, 한 수업 중에 성적인(sexual) 접근을 했었다고 이야기했다.

내담자: [기쁘면서도 불안해하며] 선생님이 제가 많은 어려움을 극복하도록 도와주고 계신 것 같아요. 선생님이 제 편에 있다는 느낌이 정말 좋아요. 그런데도 이상하게 조금 불안한 마음이 드네요.

고급 내담자 진술 3

내담자는 어린 시절부터 타인을 멀리하며, 누구에게도 의존하지 않고 혼자 있는 것을 선호해 왔다.

내담자: [단호하게] 제가 선생님과 하는 이 작업이 선생님의 목표를 이루는 데 도움이 되고 있나요?

고급 내담자 진술 4

내담자는 관계를 원하지만 '너무 못생겼다'는 이유로 관계를 시도하지 못하고 있어 치료를 받고 있다. 수년간 내담자의 어머니는 내담자의 외모, 태도, 성격에 대해 반복적으로 비난해 왔다.

내담자: [불안해하며] 매번 상담 약속에 올 때마다, 선생님이 저에 대해 끔찍한 생각을 하고 있을까 봐 떨려요.

고급 내담자 진술 5

내담자는 상담 센터에서 여러 차례 다른 수련생들에게 상담을 받은 적이 있다.

내담자: [도전적으로] 그러니까, 선생님이 새 치료자인가요? 알아 두세요. 저는 선생님 전에 많은 치료자들을 만났어요. 그리고 몇몇은 도움이 되기도 했죠. 하지만 그 사람들은 항상 떠나요. 아시잖아요?

※ 난이도를 평가하고 조정하시오(연습 지침의 3단계 참조). 난이도가 적절하다면 지침에 따라 실습을 보다 도전적으로 진행해 보시오(부록 A 참조).

치료자 반응의 예시: 전이 해석하기

기억할 점: 수련생은 예시 반응을 읽기 전에 자기 방식대로 즉흥적인 반응을 시도해야 한다. 자기 방식대로 반응을 하는 것이 너무 힘든 게 아니라면 다음 반응을 그대로 읽지 마시오.

활동 7의 초급 수준 내담자 진술에 대한 반응 예시
초급 내담자 진술 1에 대한 반응 예시
○○○님이 얼마나 많은 노력을 기울이고 있는지 제가 알길 원하시는 것 같아요. (기준 2) ○○○님이 아버지의 인정을 얻었던 방식과 비슷해 보입니다. (기준 3) 제가 비슷하다고 생각한 것에 대해 어떻게 생각하시나요? (기준 4)
초급 내담자 진술 2에 대한 반응 예시
제가 기억하기로는, 부모님께서 항상 다른 사람을 먼저 생각하라고 가르치셨다고 하셨죠? (기준 2) 회기 대부분을 자신에 대해 이야기한 것을 사과하는 모습을 보니, ○○○님이 여전히 부모님의 규칙을 따르려고 노력하고 있는 것은 아닌지 궁금해요. 이 상담은 ○○○님을 위한 시간인데도 말이에요. (기준 3) 그러한 패턴이 오늘 이 시간에도 나타나고 있다고 말씀드렸는데 그에 대해 어떻게 생각하시나요? (기준 4)
초급 내담자 진술 3에 대한 반응 예시
○○○님은 어머니가 괜찮으신지 확인하기 위해 항상 주의를 기울였고, 그러다 보니 ○○○님의 필요는 점점 우선순위에서 밀려났었어요. (기준 2) 저는 그와 같은 역동이 오늘 저와의 관계에서도 일어나고 있는지 궁금해요. 여기서도 ○○○님이 희생하면서 제 시간이 현명하게 쓰이도록 하기 위해 마음을 쓰고 있어요. (기준 3) 이런 역동이 여기서 일어나고 있다는 제 의견에 대해 어떻게 생각하시나요? (기준 4)
초급 내담자 진술 4에 대한 반응 예시
여러 번 사과하시는 것을 보니, 제가 ○○○님에게 화가 났다고 생각하고 계신 것 같아요. 마치 ○○○님의 아버지가 화가 나면 학대했던 것처럼요. (기준 3) 지금 제가 ○○○님을 무례하다고 생각하면, ○○○님을 정서적으로나 물리적으로 공격할 수 있는 아버지 같이 느껴지는지 궁금해요. (기준 2) 이 말이 이해가 되시나요? (기준 4)
초급 내담자 진술 5에 대한 반응 예시
말씀 감사해요. 그 말씀을 들으니 ○○○님이 십대 시절 힘든 시간을 보낼 때 도와준 선생님에 대해 느꼈던 감정을 떠올리게 하네요. (기준 2) 고등학교 때 그 선생님으로부터 받은 도움에 대해 느꼈던 감사함과 지금 제가 치료에서 ○○○님을 지지한 것에 대해 느끼는 감정에 비슷한 점이 있는 것 같아요. (기준 3) 제가 말씀드린 것이 맞는 것 같으신가요? (기준 4)

활동 7의 중급 수준 내담자 진술에 대한 반응 예시
중급 내담자 진술 1에 대한 반응 예시
○○○님이 자신의 지성을 자랑스럽게 생각하고 배우자의 무능함에 불만을 느낀다고 알고 있어요. (기준 2) 제가 지식적인 면에서 ○○○님을 실망시키고 있다는 점이 배우자와 비슷하다는 것이 흥미롭네요. (기준 3) 우리 두 사람 모두 ○○○님을 실망시키고 있는 것 같다고 말한 것에 대해 어떻게 느끼시나요? (기준 4)
중급 내담자 진술 2에 대한 반응 예시
○○○님의 부모님이 사회적 지위가 높은 사람들과 어울리라고 가르치셨다고 말씀하였었지요. (기준 2) 확실히 A박사님의 자격은 흠잡을 데 없습니다. 제가 그런 자격을 가지고 있지 않다면 저와 함께 작업하는 것이 실망스러울 수도 있고, 어쩌면 모욕적인 일이라고 생각하시는 것 같아요. (기준 3) 부모님이 가르쳐 주신 것이 우리 사이에서 재현되고 있다는 제 생각에 대해 어떻게 생각하시나요? (기준 4)
중급 내담자 진술 3에 대한 반응 예시
○○○님, 혹시 여기서 마음을 닫고 계신 건가요? ○○○님의 아버지가 무엇보다 생산성을 강조하며 ○○○님을 몰아붙였다는 것을 알고 있어요. (기준 2) 어쩌면 제가 ○○○님의 목표를 향해 나아가도록 몰아붙이는 것이 아버지가 하셨던 압박처럼 느껴져서 ○○○님이 마음을 닫았을지도 모르겠어요. (기준 3) 제 추측에 대해 어떻게 생각하시나요? (기준 4)
중급 내담자 진술 4에 대한 반응 예시
아, 그건 몰랐어요. ○○○님의 형제가 뛰어난 배구 선수라서 부모님으로부터 많은 관심을 받는다고 말했던 것이 기억나네요. (기준 2) ○○○님이 꽤 괜찮은 테니스 선수라는 것을 제가 알기를 원했던 이유가, 제가 ○○○님에게 더 관심을 가지기를 바랐기 때문일 수 있을까요? 부모님이 ○○○님의 형제에게 관심을 가지는 것처럼요. (기준 3) 제가 말씀드린 것이 그럴 수도 있겠다는 생각이 드시나요? (기준 4)
중급 내담자 진술 5에 대한 반응 예시
○○○님이 눈물을 억누르고 있는 것이 보이네요. 그렇지만 지금 매우 슬퍼하고 계세요. 혹시 ○○○님이 아버지가 '울보'라고 조롱하던 목소리가 마음속에서 들리고 있는 건가요? (기준 2) ○○○님이 자신을 완전히 울도록 허락하면, 저도 ○○○님을 울보로 낙인찍을 거라고 생각하고 계실지도 모르겠네요. (기준 3) 제 추측이 어떻게 느껴지시나요? (기준 4)

활동 7의 고급 수준 내담자 진술에 대한 반응 예시
고급 내담자 진술 1에 대한 반응 예시
제가 ○○○님을 이해한다고 느꼈다니 정말 기쁘네요. (기준 3) 그것은 신비한 능력이 아니에요. 하지만 ○○○님이 저를 그렇게 믿는 이유를 이해해요. 아마도 ○○○님이 아버지를 바라봤던 방식과 관련이 있을 수 있어요. (기준 2) ○○○님이 아버지와 저에게서 비슷한 점을 보셨을 수도 있다는 것에 대해 어떻게 생각하시나요? (기준 4)
고급 내담자 진술 2에 대한 반응 예시
제가 기억하기로, 음악 선생님이 ○○○님이 많은 것을 배우도록 도와주셨지만 나중에 성적(sexual)으로 ○○○님을 이용하려 했던 일에 대해 이야기하셨죠. (기준 2) 제가 ○○○님을 지지한다고 느끼면서도, 혹시 제가 그 선생님처럼 ○○○님을 이용하려 할까 봐 걱정되는지 궁금하네요. (기준 3) 제가 말씀드린 것에 대해 어떻게 생각하시나요? (기준 4)
고급 내담자 진술 3에 대한 반응 예시
○○○님이 독립적이고 누구에게도 의존하지 않는 것을 좋아한다고 말씀하셨던 것이 기억나요. (기준 2) 치료에서 제 목표에 초점을 맞추고 ○○○님의 목표에 집중하지 않는다고 하면, ○○○님이 저에게 의존하지 않는다고 느끼실 수 있을까요? (기준 3) 이에 대해 어떻게 생각하세요? (기준 4)
고급 내담자 진술 4에 대한 반응 예시
마치 ○○○님은 제가 ○○○님에 대해 끔찍한 생각을 하고 있다고 가정하시는 것 같아요. (기준 3) ○○○님의 모든 점에서 결점을 찾으려고 했던 어머니와 비슷한 방식일 수도 있겠어요. (기준 2) 이런 제 생각이 맞을까요? 어머니에게서 겪었던 것과 지금 저에게 예상하는 것에서 겹치는 부분이 있다고 생각하시나요? (기준 4)
고급 내담자 진술 5에 대한 반응 예시
제가 듣기로는, ○○○님이 이곳에서 많은 치료자들을 만나셨지만 모두 떠났다고 하셨죠. (기준 2) 혹시 우리가 시작하기도 전에 제가 떠날 것을 미리 준비하고 계신지 궁금해요. (기준 3) 제가 말씀드린 것에 대해 어떻게 생각하시나요? (기준 4)

활동 8

은유 사용하기

준비

1. 2장의 지침을 읽는다.
2. 부록의 '의도적 연습 반응 양식'과 '의도적 연습 일지 양식'을 준비한다.

기술 설명

기술 난이도 수준: 고급

은유(metaphor)는 겉보기보다 훨씬 복잡하다. 우리는 매일 은유를 사용하며, 종종 그것이 너무 흔한 표현이 되어 우리가 은유를 사용하고 있다는 사실조차 인식하지 못할 때가 많다. 예를 들어, "내가 친구의 말을 반박했더니 걔가 나를 공격했다."든지 "그 사람이 무너져 내리며 울었다."라는 표현이 그러하다. 첫 번째 예에서는 친구가 실제로 화자를 공격한 것은 아니지만, 아마도 화자에게는 그렇게 느껴졌을 것이다. 두 번째 예에서는 그 사람이 울긴 했지만 실제로 '무너져 내린' 것은 아니었으며, 그 사람에게는 더 이상 기능을 할 수 없는 상태처럼 느껴졌을지도 모른다. 정서는 종종 은유에 스며들며, 은유는 화자의 정서를 전달하는 강력한 도구이기 때문에, 정신역동치료에서 은유를 탐구하는 것은 매우 가치 있다. 또한 은유는 화자가 아직 스스로 인식하지 못한 무의식적 과정을 이해할 수 있는 또 다른 길을 제공한다. 뿐만 아니라, 은유는 단어만으로는 자신의 경험을 전달하기에 부족할 때 생생한 이미지를 그려 주며, 화자가 보다 신중하게 자신의 생각을 표현할 수 있게 한다.

치료에서 내담자와 치료자가 사용하는 은유는 치료 관계에서 의식적 · 무의식적 수준에서 이해하고 탐구하며 소통하는 데 도움을 준다. 은유와 전이(활동 7 참조)의 사용을 동일한 것으로 볼 수도 있을 것이다. 둘 다 치료 회기에서 '다른 무언가'를 대신하는 역할을 하기 때문이다. 1979년 발표된 논문 「Metaphor and the Psychoanalytic Situation」에서 Arlow는 다음과 같이 말했다.

> "Metaphor라는 단어는 '옮기다'를 의미하는 두 개의 그리스어에서 유래했으며, 한 대상의 특정 측면이 다른 대상으로 옮겨지거나 전이되어 두 번째 대상이 **마치** 첫 번째 대상**인 것처럼** 이야기되는 일련의 언어적 과정을 의미한다"(p. 367).

치료자는 내담자의 은유를 들으며 내담자가 더 깊은 수준에서 무엇을 말하려고 하는지에 대한 통찰을 얻을 수 있다. (눈치 빠른 독자는 우리가 사용하는 '깊은 수준'이라는 표현조차 은유라는 것을 알아차렸을 것이다.) 또한 치료자는 내담자와 함께 은유를 탐구하여 내담자가 의식의 경계에 있는 어떤 것을 이해하도록 도울 수 있다. 더불어, 치료자는 은유를 만들어 내담자와 명시적이기보다는 암묵적으로 소통할 수 있다. 이 연습 활동에서는 수련생들에게 은유를 사용하는 세 가지 방법을 실습할 기회를 제공하는데, ① 더 깊은 의미를 이끌어 내기 위해 내담자의 은유에 머무르기, ② 의식의 경계에 있는 어떤 것을 인식하기 위해 내담자의 은유를 탐색하기, ③ 신중한 방식[3]으로 추측하거나 해석하기 위해 은유 만들기 등이다.

시간이 지나면서 은유는 치료자와 내담자 사이에 공유된 언어의 일부가 된다. 이는 적은 말로 많은 것을 전달할 수 있는 간단한 표현 방식이 된다. 은유는 동맹을 형성하고 '우리'라는 느낌을 키우는 동시에 치료적 진전을 촉진하는 역할을 한다. 간단히 말해, 은유는 교환되길 기다리는 당첨된 복권일 수도 있고, 혹은 거친 다이아몬드로 숙련공의 눈에 띄어 채굴, 연마, 가공되어 그 가치를 인정받을 준비가 되어 있는 보물일 수도 있다.

수련생은 다음의 기술 기준에 따라 각 내담자 진술에 대해 즉흥적으로 반응해야 한다.

1. **초급 내담자 진술에서**– 내담자의 은유를 탐색하되, 은유 안에서 머물러야 한다.
2. **중급 내담자 진술에서**– 은유에 담긴 암묵적인 메시지를 말하고, 그 은유를 만들어 냈을 수 있는 내담자의 숨겨진 감정과 생각을 탐색한다.

3) 활동 7에서 나왔던 '신중한 태도'에 대한 Isaac Newton의 정의를 기억하자.

3. 고급 내담자 진술에서– 내담자가 말하지 않은 경험을 포착하기 위한 은유를 만들어 제안한다.

활동 8의 기술 기준

1. 초급 내담자 진술에서–내담자의 은유를 활용하여 그들이 자신의 감정이나 이해를 어떤 방식으로든 확장할 수 있도록 촉진할 만한 질문을 한다.
2. 중급 내담자 진술에서–은유에 담긴 암묵적인 메시지를 조심스럽게 내담자에게 다시 말해 준다. 그리고 그것이 맞는지 물어보면서 마무리한다.
3. 고급 내담자 진술에서–내담자가 말하거나 행동하거나 느끼는 것의 의미를 담은 은유를 조심스럽게 사용하여, 그들의 감정이나 이해를 명확히 하는 데 도움이 될 만한 표현을 제안한다. 그리고 그 은유가 유용한지에 대해 물어보면서 마무리한다.

은유 사용하기의 예시

〈예시 1- 은유에 머무르기〉

내담자: [두려워하며] 그 사람들이 저를 날카로운 눈빛으로 쳐다봤어요.

치료자: 그 사람들의 눈빛이 ○○○님을 찌를 때, 그 사람들이 보고 있는 것은 무엇인가요?

〈예시 2- 은유에 담긴 암묵적인 메시지 말하기〉

내담자: [두려워하며] 그 사람들이 저를 날카로운 눈빛으로 쳐다봤어요.

치료자: 마치 ○○○님이 그 사람들에게 너무나 취약한 존재라는 느낌이 드는 것 같아요. ○○○님은 그렇게 느껴지시나요?

〈예시 3- 은유 만들기〉

내담자: [좌절하며] 저는 결정을 내리거나 행동으로 옮기는 게 너무 힘들어요.

치료자: ○○○님이 빵집 진열대 앞에 서서 어떤 빵을 고르지 못해서 배가 고픈 상태로 있는 모습을 상상하게 돼요. 그런 이미지가 맞나요?

활동 8의 연습 지침
1단계: 역할연기와 피드백
– 내담자는 초급 내담자 진술을 말한다. 치료자는 기술 기준을 기반으로 즉흥적인 반응을 한다. – 교육자(교육자가 없는 경우에는 내담자)는 기술 기준에 따라 간단히 피드백한다. – 그런 다음, 내담자는 동일한 진술을 반복하고, 치료자는 다시 즉흥적인 반응을 한다. 교육자(또는 내담자)는 기술 기준에 따라 그에 대해 다시 간단히 피드백한다.
2단계: 반복
– 현재 난이도 수준(초급, 중급, 고급)의 모든 진술에 대해 1단계를 반복한다.
3단계: 평가와 난이도 조정
– 치료자는 의도적 연습 반응 양식(부록 A)을 작성하고, 연습의 난이도를 조정할지 아니면 동일한 난이도를 반복할지 결정한다.
4단계: 약 15분 동안 반복
– 1~3단계를 최소 15분간 반복한다. – 그런 다음, 치료자와 내담자 역할을 바꾸어 처음부터 다시 한다.

→ 이제 여러분의 차례이다! 지침 1~2단계를 따르시오.

기억할 점: 역할연기의 목표는 수련생이, ① 기술 기준을 사용하여, ② 수련생 자신에게 진정성 있게 느껴지는 방식으로 내담자의 진술에 즉흥적인 반응을 해 보는 것이다. 각 내담자 진술에 대한 치료자 반응의 예시는 이 연습 활동의 후반부에 제시되어 있다. 수련생은 예시 반응을 읽기 전에 즉흥적으로 반응을 시도해야 한다.

활동 8의 초급 수준 내담자 진술
초급 내담자 진술 1
[불안해하며] 제 애인은 고슴도치예요.
초급 내담자 진술 2
[두려워하며] 그 사람들이 저를 날카로운 눈빛으로 쳐다봤어요.
초급 내담자 진술 3
[분개하며] 제 배우자는 저에게 바위 같은 사람이에요.
초급 내담자 진술 4
[민망해하면서] 저는 과거의 짐을 너무 많이 끌어안고 다녀요!
초급 내담자 진술 5
[슬퍼하고, 시선을 마주치지 않으며] 저는 제 인생의 마지막 장에 있는 것 같아요.

※ 다음 난이도로 이동하기 전에 난이도를 평가하고 조정하시오(연습 지침의 3단계 참조).

활동 8의 중급 수준 내담자 진술
중급 내담자 진술 1
[좌절감을 느끼며] 제 애인은 고슴도치예요.
중급 내담자 진술 2
[두려워하며] 그 사람들이 저를 날카로운 눈빛으로 쳐다봤어요.
중급 내담자 진술 3
[자랑스럽게] 제 배우자는 저에게 바위 같은 사람이에요.
중급 내담자 진술 4
[부끄러워하며] 저는 과거의 짐을 너무 많이 끌어안고 다녀요!
중급 내담자 진술 5
[낙담한] 저는 제 인생의 마지막 장에 있는 것 같아요.

※ 다음 난이도로 이동하기 전에 난이도를 평가하고 조정하시오(연습 지침의 3단계 참조).

활동 8의 고급 수준 내담자 진술
고급 내담자 진술 1
[두려워하며] 아버지의 차 소리가 차도에서 들리면, 저는 긴장돼요.
고급 내담자 진술 2
[좌절감을 느끼며] 저는 결정을 내리고 행동으로 옮기는 게 정말 어려워요.
고급 내담자 진술 3
[사무적으로] 저는 회복력이 매우 강한 사람이에요.
고급 내담자 진술 4
[만족스러워하며] 저는 항상 긍정적인 면을 보려고 노력해요.
고급 내담자 진술 5
[자랑스럽게] 저는 우리 가족 중에서 유일하게 부모님께 맞서는 사람이에요.

※ 난이도를 평가하고 조정하시오(연습 지침의 3단계 참조). 난이도가 적절하다면 지침에 따라 실습을 보다 도전적으로 진행해 보시오(부록 A 참조).

치료자 반응의 예시: 은유 사용하기

기억할 점: 수련생은 예시 반응을 읽기 전에 자기 방식대로 즉흥적인 반응을 시도해야 한다. 자기 방식대로 반응을 하는 것이 너무 힘든 것이 아니면 다음 반응을 그대로 읽지 마시오.

활동 8의 초급 수준 내담자 진술에 대한 반응 예시
초급 내담자 진술 1에 대한 반응 예시
만일 ○○○님이 고슴도치를 쓰다듬고 싶다면 어떻게 해야 할까요?
초급 내담자 진술 2에 대한 반응 예시
그 사람들의 눈빛이 ○○○님을 찌를 때, 그 사람들이 보고 있는 것은 무엇인가요?
초급 내담자 진술 3에 대한 반응 예시
○○○님은 바위를 껴안을 수 있나요?
초급 내담자 진술 4에 대한 반응 예시
○○○님이 혼자서 짊어져야만 하나요?
초급 내담자 진술 5에 대한 반응 예시
○○○님의 인생이라는 연극의 제목은 무엇인가요?

활동 8의 중급 수준 내담자 진술에 대한 반응 예시
중급 내담자 진술 1에 대한 반응 예시
애인에게 다가가는 것이 무섭게 느껴진다고 들리네요. 정말 조심해야 했을 것 같아요. 그런가요?
중급 내담자 진술 2에 대한 반응 예시
○○○님이 그들에게 매우 취약한 존재라고 들리네요. 그렇게 느껴지시나요?
중급 내담자 진술 3에 대한 반응 예시
배우자가 강하지만 다가가기 어려운 느낌이라고 들리네요. 그렇게 느끼고 계신가요?
중급 내담자 진술 4에 대한 반응 예시
○○○님이 아주 지친 것처럼 들려요. 맞나요?
중급 내담자 진술 5에 대한 반응 예시
○○○님은 인생의 대부분이 끝난 것처럼 느끼는 것 같아요. 제가 제대로 이해한 걸까요?

활동 8의 고급 수준 내담자 진술에 대한 반응 예시
고급 내담자 진술 1에 대한 반응 예시
마치 ○○○님은 헤드라이트 앞에 선 사슴 같아요. ○○○님이 느낀 감정이 그런 걸까요?
고급 내담자 진술 2에 대한 반응 예시
○○○님이 빵집 진열대 앞에 서서 빵을 고르지 못해서 배고픈 채로 있는 모습이 떠오르네요. 이 이미지가 맞을까요?
고급 내담자 진술 3에 대한 반응 예시
○○○님 말씀을 들으니 툭툭 쳐도 계속 튕겨 올라오는 오뚜기 같은 모습을 상상하게 돼요. 제가 상상한 게 맞나요?
고급 내담자 진술 4에 대한 반응 예시
그 말씀 이해하지만, 가끔은 ○○○님이 슬플 때조차도 웃는 얼굴을 그리는 모습을 떠올리게 돼요. 제가 상상한 게 어떻게 들리시나요?
고급 내담자 진술 5에 대한 반응 예시
○○○님은 마치 악당으로부터 주민들을 보호하면서 마을을 지키는 외로운 경찰처럼 보여요. 가끔 그렇게 느껴지기도 하나요?

활동 9

환상 탐색하기

준비

1. 2장의 지침을 읽는다.
2. 부록의 '의도적 연습 반응 양식'과 '의도적 연습 일지 양식'을 준비한다.

기술 설명

기술 난이도 수준: 고급

정신역동 치료자들은 내담자의 환상(공상, 좋아하는 TV 프로그램, 영화 등)을 탐색하는데, 환상을 통해 내담자의 욕구, 바람, 욕망을 드러낼 수 있기 때문이다. 무력감을 느끼는 십대 환자는 슈퍼히어로가 되는 공상을 할 수 있다. 우울한 노년기 남성 내담자는 젊음을 되찾는 이야기가 담긴 영화에 매료될 수 있다. 잔인한 남성에게 피해를 입은 젊은 여성 내담자는 복수극 영화를 반복해서 보는 자신을 발견할 수 있다. 각 사례에서, 개인이 선호하는 환상은 내담자의 삶에서 중요한 갈등을 조명한다.

이해하기 가장 쉬운 환상은 내담자가 스스로 자각하며 "내게 이런 환상이 있어요."라거나 "나는 이런 소망이 있어요.", "이런 꿈을 꿔요."라고 말하는 경우이다. 이해하기에 보다 어려운 환상은 내담자가 덜 직접적이고, 자각이 덜 되어 있고, 부정(denial) 등의 덜 성숙한 방어기제를 사용하는 경우이다. 가장 이해하기 어려운 환상은 내담자가 간접적이고 자각하지 못하며, 환상을 길고 때로는 혼란스러운 이야기 속에 숨기는 경우이다.

치료 시간에 내담자의 환상을 탐색하는 것은 내담자의 역동을 이해하는 강력한 방법일 뿐만 아니라, 내담자 스스로 자신의 내적 경험의 중요성과 의미를 깨닫는 데 도움이 된다. 특히 공상을 살펴보는 것은 "비교적 위협이 적은 경로로 자기이해에 도달할 수 있으며, 특히 내성 능력(introspection), 정서에 대한 인내력, 그리고 주체성이 약한 상태로 치료에 오는 사람들에게 유용하다"(Barth, 1997, p. 265).

이 연습 활동에서는 각 내담자 진술 전에 밑줄 친 글이 제시되며, 수련생 중 내담자 역할을 맡은 사람이 이를 읽고 나서 내담자 진술을 읽어야 한다. Johnson 씨, Ann, Ingram 박사는 활동 4에서 소개되었으며, 이들의 역동적 치료 과정이 어떻게 발전하는지 보여 주기 위해 활동 10과 활동 12에서도 다시 제시될 것이다.

치료자 역할을 맡은 수련생은 다음의 기술 기준에 따라 각 내담자 묘사와 진술에 즉흥적인 반응을 연습해야 한다.

1. **내담자의 현재 상황과 내담자가 이상적으로 원하는 것 사이의 갈등을 식별하고 명명한다.** 내담자의 어려움과 바라는 것 사이에 어떤 충돌이 일어나는가?
2. **암묵적이거나 명시적인 환상을 명명한다.** 내담자의 꿈, 공상, 희망, 또는 상상을 명시적으로 언급한다.
3. **환상이 갈등을 해결하는지 묻는다.** 환상이 내담자의 희망이나 바람을 충족시키는 방향으로 마무리되는지를 묻는다.

활동 9의 기술 기준

1. 내담자의 현재 상황과 이상적으로 원하는 것 사이의 갈등을 식별하고 명명한다.
2. 암묵적이거나 명시적인 환상을 명명한다.
3. 환상이 내담자의 내적 갈등을 해결하는지 묻는다.

환상 탐색하기의 예시

참고: 상황을 이해할 수 있도록 각 내담자 진술 전에 밑줄 친 글을 소리 내어 읽어야 한다. 천천히 읽고, 필요하다면 반복하여 읽는다.

〈예시 1〉

내담자는 고등학생이다.

내담자: [긴장하며] 저는 학교에서 공부 때문에 힘들어요. 그러다 보면 어느새 제가 카누를 타고 호수 위에 있는 상상을 하게 돼요. 너무 평화로워요. 그러다 종이 울리면 수업이 끝나요.

치료자: 학교에서 공부하는 것이 힘들어서 학교생활이 좀 수월해지면 좋겠다고 바라는군요. (기준 1)
그러다 수업에서 힘들어하는 대신에 카누를 타고 평화로운 호수 위에 있는 공상을 하게 되네요. (기준 2)
평화롭게 카누를 타면 힘든 학교생활에서 약간의 안도감을 느낄 수 있나요? (기준 3)

〈예시 2〉

내담자는 수의사 보조로, 상사에게 의견을 표현하는 것을 두려워한다.

내담자: [소심하고 조용한 목소리로] 저는 제 일이 정말 좋아요. 그리고 병원이 더 잘 운영되게 할 몇 가지 아이디어도 가지고 있어요. 하지만 의사 선생님께 그것을 말하는 것은 무섭게 느껴져요. 오늘 일을 마치면서, 의사 선생님이 저에게 "○○씨, 우리 병원이 좀 더 운영이 잘될 수 있게 할 만한 아이디어가 있나요?"라고 물어보는 상상을 했어요.

치료자: ○○○님은 상사에게 좋은 아이디어를 공유하고 싶지만, 자신을 드러내는 것이 두렵군요. (기준 1)
○○○님의 상상 속에서는 의사 선생님이 ○○○님에게 조언을 요청하네요. (기준 2)
그 상상 속에서는 불안감이 줄어들고 좀 더 적극적이었나요? (기준 3)

〈예시 3〉

내담자는 이혼한 지 얼마 안 되었으며 두 아이를 양육하고 있다.

내담자: [걱정하며] 이혼은 괜찮게 끝났어요. 저와 아이들이 잘 살아갈 수 있을 만큼의 지원은 받고 있어요. 하지만 오랫동안 혼자일 것 같은 느낌이 들어요. [생기가 돌며] 그런데 새로 옆집으로 이사 온 사람이 정말 괜찮아 보이고 외모도 마음에 들어요! 우리가 같이 데이트하는 모습이 상상돼요.

치료자: ○○○님은 오랫동안 혼자일 것 같다고 생각하시고 외로워하는 것 같아요. (기준 1)

그러던 중에 새롭고 매력적인 사람이 갑자기 나타났네요. ○○○님의 상상 속에서는 그 사람과 함께 지내는 모습이 떠오르네요. (기준 2)

그 사람이 나타나면서 걱정이 사라질 수 있을 거라는 느낌이 들었나요?(기준 3)

활동 9의 연습 지침

1단계: 역할연기와 피드백

- 내담자는 대사를 읽기 전에 먼저 밑줄 친 글을 소리 내어 읽는다.
- 내담자는 초급 내담자 진술을 말한다. 치료자는 기술 기준을 기반으로 즉흥적인 반응을 한다.
- 교육자(교육자가 없는 경우에는 내담자)는 기술 기준에 따라 간단히 피드백한다.
- 그런 다음, 내담자는 동일한 진술을 반복하고, 치료자는 다시 즉흥적인 반응을 한다. 교육자(또는 내담자)는 그에 대해 다시 간단히 피드백한다.

2단계: 반복

- 현재 난이도 수준(초급, 중급, 고급)의 모든 진술에 대해 1단계를 반복한다.

3단계: 평가와 난이도 조정

- 치료자는 의도적 연습 반응 양식(부록 A)을 작성하고, 연습의 난이도를 조정할지 아니면 동일한 난이도를 반복할지 결정한다.

4단계: 약 15분 동안 반복

- 1~3단계를 최소 15분간 반복한다.
- 그런 다음, 치료자와 내담자 역할을 바꾸어 처음부터 다시 한다.

→ 이제 여러분의 차례이다! 지침 1~2단계를 따르시오.

기억할 점: 역할연기의 목표는 수련생이, ① 기술 기준을 사용하여, ② 수련생 자신에게 진정성 있게 느껴지는 방식대로 내담자의 진술에 즉흥적인 반응을 해 보는 것이다. 각 내담자 진술에 대한 치료자 반응의 예시는 이 연습 활동의 후반부에 제시되어 있다. 수련생은 예시 반응을 읽기 전에 즉흥적으로 반응을 시도해야 한다.

참고: 상황을 이해할 수 있도록 각 내담자 진술 전에 밑줄 친 글을 소리 내어 읽어야 한다. 천천히 읽고, 필요하다면 반복하여 읽는다.

활동 9의 초급 수준 내담자 진술

초급 내담자 진술 1

내담자는 15세 고등학생으로, 새로운 학교로 전학을 왔다.

[괴로워하며] 우리 가족이 8월에 이사했어요. 그래서 지금은 아무도 모르는 새로운 학교에 다니게 되었어요. 매일 부모님이 "○○아! 우리 다시 옛날 집으로 이사 간다!"라고 말하는 상상을 하게 돼요.

초급 내담자 진술 2

내담자는 12세 여학생으로, 학교에서 '수업 중 끊임없이 공상에 빠진다.'라는 이유로 의뢰되었다.

[무심하게, 방 안을 둘러보며] 수업이 너무 지루하고 혼란스러워요. 그래서 그냥 멍하게 제일 좋아하는 영화의 장면들을 떠올려요.

초급 내담자 진술 3

내담자는 65세 남성으로, 현재 직업이 없으며 '항상 화가 나 있다'.

[초조하게, 안절부절못하며] 이제는 더 이상 나의 도시를 알아볼 수가 없어요. 젊은 사람들이 몰려들어 와서 우리의 일자리를 빼앗고, 동네를 망치고 있어요! 제가 서른다섯 살로 돌아가서 그 사람들에게 본때를 보여 주는 장면이 상상되네요!

초급 내담자 진술 4

내담자는 수의사 보조로 일하는 29세 성인으로, 상사에게 의견을 표현하는 것을 두려워한다.

[소심하고 조용한 목소리로] 저는 제 일이 정말 좋아요. 그리고 병원이 더 잘 운영되게 할 몇 가지 아이디어도 가지고 있어요. 하지만 의사 선생님께 그것을 말하는 것이 무섭게 느껴져요. 오늘 일을 마치면서, 의사 선생님이 저에게 "○○씨, 우리 병원이 좀 더 운영이 잘될 수 있게 할 만한 아이디어가 있나요?"라고 물어보는 상상을 했어요.

초급 내담자 진술 5

내담자는 3명의 자녀를 둔 49세 아버지이며, 마트 점원으로 일하고 있다.

[흥분하며] 제 아이들을 대학에 보낼 만큼 충분한 돈을 벌고 싶어요. 하지만 제 일자리에서는 충분히 벌지 못해요. 그래서 매주 복권을 25장씩 사고 있어요. 운이 좋은 기분이 들어요. 제 아이들이 졸업 가운과 학사모를 쓰고 행복해하는 모습이 상상돼요.

※ 다음 난이도로 이동하기 전에 난이도를 평가하고 조정하시오(연습 지침의 3단계 참조).

활동 9의 중급 수준 내담자 진술

중급 내담자 진술 1

내담자는 16세 고등학생으로, 어린 여동생이 최근 치명적인 병으로 진단받았다.

[쓸쓸하게] 지난봄에 여동생이 정말 아팠어요. 그 아이는 항상 고통 속에 있어요. 저는 너무 두렵고 슬퍼요. 이번에 의사 선생님이 그러시는데 그 아이가 몇 달밖에 못 살 거래요. 그 말을 듣고 나서, 제가 자해를 해서 진짜 고통을 느끼게 되면 어떨지 상상하기 시작했어요.

중급 내담자 진술 2

내담자는 28세 성인으로, 지적장애가 있는 성인을 위한 그룹 홈에 거주하고 있다.

[슬프게] 아, 우리 기숙사에 새로운 여자아이가 왔는데, 걔 이름은 Debbie에요. Debbie는 모두와 친구가 되는데, 저만 빼고 그래요. 걔가 갑자기 저에게 말을 걸어 줄 거라고 계속 소망하고 있어요.

중급 내담자 진술 3

내담자는 우울과 불안을 겪는 38세 성인으로, 자동차 세일즈맨으로 일한다.

[짜증 내며, 우울하게] 장사가 안 돼요, 적어도 저는요. 쇼룸의 다른 사람들은 잘 팔고 있는데! 그래서 호텔에서 열린 주말 프로그램에 갔어요. 이름이 '슈퍼 세일링!'이었어요. 거기서는 온갖 멋진 걸 약속했지만, 완전히 사기였어요.

중급 내담자 진술 4

내담자는 이혼한 지 얼마 안 되었으며 두 아이를 양육하고 있다.

내담자: [걱정하며] 이혼은 괜찮게 끝났어요. 저와 아이들이 잘 살아갈 수 있을 만큼의 지원은 받고 있어요. 하지만 오랫동안 혼자일 것 같은 느낌이 들어요. [생기가 돌며] 그런데 새로 옆집으로 이사 온 사람이 정말 괜찮아 보이고 외모도 마음에 들어요! 우리가 같이 데이트하는 모습이 상상돼요.

중급 내담자 진술 5

Johnson 씨는 우울한 72세 성인으로, 배우자를 사별하였고, 성인이 된 자녀가 네 명 있다.

[소심하게] 아, 제 의사 선생님께서 말씀하시길 선생님이 제 많은 문제를 해결할 방법을 아실 거라고 하셨어요. 저는 TV에서 훌륭한 의사들을 많이 봤거든요. 선생님도 그런 분일 거라는 예감이 들었어요.

※ 다음 난이도로 이동하기 전에 난이도를 평가하고 조정하시오(연습 지침의 3단계 참조).

활동 9의 고급 수준 내담자 진술

고급 내담자 진술 1

Ann은 22세 여성으로, "나는 계속 주기만 하고 아무것도 돌려받지 못해요."라고 불평한다. Ann은 겉으로는 쾌활해 보이지만 내적으로는 우울하고 무가치하다고 느낀다.

[웃으며] 첫 번째 상담 후에 기분이 많이 좋아졌어요. 제 남자친구를 더 잘 다루는 방법을 배울 수 있다면 정말 멋진 관계를 만들 수 있을 거라고 생각했어요.

고급 내담자 진술 2

Ingram 박사는 인근 대학의 35세 사회학 교수로, 학생들과 동료 교수들에게 인정받지 못한다고 느낀다. 부정적인 태도 때문에 학과장이 치료를 권유했다.

[거만하게, 매우 꼿꼿이 앉아서] 제 '사례'를 선생님의 수퍼바이저에게 이미 보여 줬는지 궁금하네요. 선생님이 훌륭한 수련생이라는 건 의심하지 않지만, 선배 치료자에게 도움을 받을 수도 있겠죠.

고급 내담자 진술 3

내담자는 고등학교를 졸업한 19세이다.

[갈등하며] 제 한쪽 마음은 일을 해서 가족을 위해 돈을 벌어야 한다고 생각해요. 하지만 제가 가장 좋아하는 영화 주인공처럼 저는 훌륭한 수학 선생님이 되고 싶어요. 그 선생님은 저와 같은 지역 출신이고, 대학에 가서 많은 존경을 받았어요.

고급 내담자 진술 4

내담자는 20세 아프리카계 미국인 여성 대학생이다.

[불안해하면서 이야기하고 싶어 하며] 부모님이 저에게 두 가지 목표를 주셨어요. 하나는 좋은 교육을 받는 것이고, 또 다른 하나는 흑인 남성과 결혼하는 거예요. 첫 번째는 제가 이미 하고 있어요. 그런데 제가 좋아하는 Arthur는 흑인이 아니에요. 부모님께 Arthur에 대해 말씀드렸더니 부모님이 그 사람을 만나고 싶어 하셨어요. 그런데 부모님은 그 사람이 시카고 출신의 백인 유대인이라는 걸 모르세요. 어젯밤에 멋진 꿈을 꿨어요. Arthur와 저는 그 사람의 부모님을 만나러 시카고에 갔어요. 그곳에서 아름다운 은색 액자에 들어 있는 그의 증조할머니 사진을 보았어요. 증조할머니는 이집트에서 태어났고, 분명히 혼혈이에요. 제가 부모님께 이 사실을 말하는 상상을 해요.

고급 내담자 진술 5

내담자는 33세 변호사로, 자신의 개인 법률 사무소를 확장하려고 고군분투하고 있다.

[생동감 있게] 저는 대학과 로스쿨에서 잘했어요. 글을 쓰고 교수님들 앞에서 발표하는 것에 익숙했어요. 그런데 지금은 하루 종일 사무실에 혼자 있어요. 그냥 다 포기하고 박사 과정을 시작하거나 의대 입학 준비 과정을 시작해야 할까요?

※ 난이도를 평가하고 조정하시오(연습 지침의 3단계 참조). 난이도가 적절하다면 지침에 따라 실습을 보다 도전적으로 진행해 보시오(부록 A 참조).

치료자 반응의 예시: 환상 탐색하기

기억할 점: 수련생은 예시 반응을 읽기 전에 자기 방식대로 즉흥적인 반응을 시도해야 한다. 자기 방식대로 반응을 하는 것이 너무 힘든 것이 아니면 다음 반응을 그대로 읽지 마시오.

활동 9의 초급 수준 내담자 진술에 대한 반응 예시
초급 내담자 진술 1에 대한 반응 예시
예전 학교가 그립고, 지금은 아무도 모르는 새로운 학교에 다니고 있군요. (기준 1) 상상 속에서는 부모님이 소원을 들어줘서 예전 학교로 돌아가는 모습이 떠오르네요. (기준 2) 그렇게 예전 학교로 되돌아가면, 그리워하는 모든 것들을 다시 만날 수 있을 것 같다는 느낌이 들었나요? (기준 3)
초급 내담자 진술 2에 대한 반응 예시
수업이 지루하고 혼란스럽게 느껴지고 뭔가 달라지기를 정말 바라고 있군요. (기준 1) 상상 속에서 좋아하는 영화의 장면을 떠올리고 있네요. (기준 2) 좋아하는 영화를 떠올리면, 학교 수업에 대한 안 좋은 감정에서 벗어나 더 행복해지나요? (기준 3)
초급 내담자 진술 3에 대한 반응 예시
많은 젊은 사람이 이곳으로 이사 오고 있어요. 여기는 ○○○님의 동네였죠. (기준 1) ○○○님은 더 젊어지고 그 사람들에게 주도권을 쥐는 모습을 보여 주고 싶어 하는 것 같아요. 정말 흥미로운 장면이네요. (기준 2) 그렇게 상상하면 기분이 조금 더 나아지나요? (기준 3)
초급 내담자 진술 4에 대한 반응 예시
○○○님은 상사에게 좋은 아이디어를 공유하고 싶지만, 자신을 드러내는 것이 두렵군요. (기준 1) ○○○님의 상상 속에서는 의사 선생님이 ○○○님에게 조언을 요청하네요. (기준 2) 그 상상 속에서는 불안감이 줄어들고 좀 더 적극적이었나요? (기준 3)
초급 내담자 진술 5에 대한 반응 예시
○○○님은 아이들이 좋은 교육을 받기를 간절히 바라지만, 그 비용을 어떻게 마련할지 모르겠다고 느끼고 있군요. (기준 1) 그래서 복권에 당첨되고, 아이들이 졸업 가운을 입고 있는 모습을 상상하고 있고요. (기준 2) 아이들이 졸업 가운을 입은 모습을 보면, ○○○님의 인생에서 큰 성취처럼 느껴질까요? (기준 3)

활동 9의 중급 수준 내담자 진술에 대한 반응 예시

중급 내담자 진술 1에 대한 반응 예시

여동생에게 나쁜 일이 생기지 않기를 바라지만, 여동생이 치명적인 병으로 진단받았군요. (기준 1)
이제는 스스로에게 상처를 내고 진짜 고통을 느끼는 것이 어떤 것일지 상상하기 시작했어요. (기준 2)
자신이 고통을 겪는 것이 여동생에게 일어나고 있는 일을 대처하는 데 어떤 측면에서든 도움이 된다고 생각하시나요? (기준 3)

중급 내담자 진술 2에 대한 반응 예시

○○○님은 Debbie를 좋아하지만, 그 친구가 당신을 좋아하는지는 모르겠군요. (기준 1)
○○○님은 Debbie가 ○○○님에게 다가오기를 바라고 있고요. (기준 2)
만약 Debbie가 ○○○님에게 다가와 준다면, 그 친구가 ○○○님을 좋아한다고 느낄 수 있을까요? (기준 3)

중급 내담자 진술 3에 대한 반응 예시

요즘 ○○○님이 자동차 판매가 안 돼서 답답하게 느껴지고, ○○○님이 자동차를 잘 팔 수 있을지 걱정되시군요. (기준 1)
○○○님은 '슈퍼 세일링' 프로그램이 이 모든 것을 바꿔 줄 거라고 기대했었어요. (기준 2)
'슈퍼 세일링' 프로그램이 ○○○님의 문제를 빠르게 해결해 줄 수 있을 거라고 생각했을까요? (기준 3)

중급 내담자 진술 4에 대한 반응 예시

○○○님은 오랫동안 혼자일 것 같다고 생각하시고 외로워하는 것 같아요. (기준 1)
그러던 중에 새롭고 매력적인 사람이 갑자기 나타났네요. ○○○님의 상상 속에서는 그 사람과 함께 지내는 모습이 떠오르네요. (기준 2)
그 사람이 나타나면서 걱정이 사라질 수 있을 거라는 느낌이 들었나요? (기준 3)

중급 내담자 진술 5에 대한 반응 예시

○○○님은 '많은 문제'에 짓눌려 있고, 혼자서 해결할 수 없다고 느끼고 있군요. (기준 1)
○○○님은 제가 TV에서 본 그 훌륭한 의사들과 비슷할 것 같다는 생각을 하셨나 봐요. (기준 2)
그래서 제가 ○○○님의 문제들을 해결해 주길 기대하고 계신가요? (기준 3)

활동 9의 고급 수준 내담자 진술에 대한 반응 예시

고급 내담자 진술 1에 대한 반응 예시

요즘 남자친구와의 관계에서 어려움을 겪고 있으며 답답함을 느끼고 있군요. (기준 1)
첫 회기 후에 기분이 많이 좋아졌고, 그 결과로 남자친구와의 관계도 나아질 거라고 생각하셨다고 했지요. (기준 2)
우리가 계속 함께 치료를 진행한다면, 결국 멋진 관계를 가지게 될 거라고 상상하고 계신가요? (기준 3)

고급 내담자 진술 2에 대한 반응 예시

○○○님은 인정받기를 원하지만, 대학에서 학생들과 동료들에게 이해받지 못한다고 느끼고 있군요. (기준 1)
방금 제가 선배 치료자에게 도움을 요청해 볼 것을 제안하셨어요. (기준 2)
만약 제가 그렇게 한다면, 선배 치료자가 ○○○님의 진가를 알아봐 줄 수 있을까요? (기준 3)

고급 내담자 진술 3에 대한 반응 예시

○○○님의 마음 한쪽에서는 수학 선생님이 되고 싶어 하지만, 다른 한편으로는 가족을 위해 당장 돈을 벌어야 한다고 느끼고 있군요. (기준 1)
○○○님은 비슷한 배경을 가진 수학 선생님에 대한 영화를 정말 좋아하시나 봐요. (기준 2)
그 영화의 결말을 떠올리면 ○○○님이 겪고 있는 딜레마가 해결되고, 그 사람의 발자취를 따라야겠다는 용기가 생기나요? (기준 3)

고급 내담자 진술 4에 대한 반응 예시

○○○님은 남자친구에 대한 감정과 부모님을 기쁘게 하려는 마음 사이에서 갈등을 겪고 있는 것 같아요. (기준 1)
○○○님의 꿈에서, 남자친구의 가족도 아프리카 뿌리를 가지고 있고, 그에 대해 자부심을 가지고 있다는 점을 발견했어요. (기준 2)
그 꿈을 통해서 남자친구를 부모님께 소개하는 것에 대한 걱정이나 부담이 좀 줄어들었나요? (기준 3)

고급 내담자 진술 5에 대한 반응 예시

일이 버겁게 느껴지고 외로워서 대학 시절에 경험했던 것과는 다르게 느껴지는군요. (기준 1)
또 다른 학위를 위해 다시 학교에 간다는 생각이 매력적으로 느껴지네요. (기준 2)
만약 ○○○님이 다시 대학에 간다면, 처음처럼 잘할 수 있을 거라고 생각하시나요? (기준 3)

활동 10

사례 공식화 – 순환적 부적응 패턴 자료 수집하기

준비

1. 2장의 지침을 읽는다.
2. 부록의 '의도적 연습 반응 양식'과 '의도적 연습 일지 양식'을 준비한다.

기술 설명

기술 난이도 수준: 고급

사례 공식화(case formulation)는 내담자의 고통에 대한 원인과 결과에 대한 설명을 제공하는 활동이다. 예를 들어, 이 사람은 왜 우울, 불안, 또는 외로움을 느끼는가? 대인관계 정신역동치료[특히 단기역동치료(TLDP)]에서는, 내담자가 대인관계 및 심리내적 측면에서 순환적 부적응 패턴에 갇혀 있고, 이러한 패턴들이 서로를 강화하면서 내담자가 고통받고 있다고 가정한다(Levenson, 2003, 2017; Levenson & Strupp, 2007). 내담자가 자발적으로 자신의 이야기를 할 때, 치료자는 이러한 패턴을 면밀히 살피며 경청한다. TLDP에서는 내담자의 내러티브를 하나의 패턴으로 재구성하는 과정을 순환적 부적응 패턴(Cyclical Maladaptive Pattern: CMP)이라고 한다(Levenson, 1995; Strupp & Binder, 1984). CMP는 여러 시간, 사람, 장면에서 반복적으로 발생하는 역기능적인 감정, 사고, 행동의 구성을 보여 준다.

이 연습에서 수련생들은 내담자의 CMP(순환적 부적응 패턴)의 네 가지 구성 요소를 발견하는 방법을 연습하며, 이를 위해 다음의 질문을 사용하도록 한다.

1. 내담자의 생각, 감정, 바람 또는 행동은 무엇인지(자기 행위)

2. 내담자가 타인의 반응을 어떻게 예상하는지 (타인의 반응에 대한 예측)
3. 내담자가 타인에게서 받은 대우를 어떻게 바라보는지 (타인의 행동에 대한 인식)
4. 내담자가 자신을 어떻게 바라보고, 대하는지 (내사)

이 네 가지 질문 세트에 대한 답변을 통해 치료자는 내담자의 대인관계 상호작용과 심리내적 자기 및 타인 표상에 대한 인과적 서사('이야기')를 엮어 낼 수 있다. 이 이야기는 다음의 내용을 설명한다. 내담자의 경직된 행동은 타인이 무엇을 할 것인지에 대한 자기 패배적인 예측에서 비롯되며, 이러한 행동은 타인의 역기능적인 반응을 유발한다. 이는 내담자의 부정적인 내사(자기 평가)를 증폭시키고, 이는 다시 경직된 행동을 유발하며, 이러한 순환이 반복된다([그림 E10-1] 참조). 이로 인해 자기충족적 예언이 만들어진다. 이러한 부적응적 순환 패턴은 종종 어린 시절에 시작되며(이때 타인의 행위는 주로 양육자와 관련됨), 아이의 애착 욕구와 갈망에 의해 형성된다. 내담자는 이러한 반복적인 패턴에 갇혀 있지만, 대부분 이를 인식하지 못한다. 즉, 이 모든 것들은 무의식적이다. 치료자는 사례 공식화를 개발하는 데 필요한 정보를 이끌어 내기 위해 CMP의 이 네 가지 측면에 대한 좋은 질문을 던지는 데 능숙해져야 한다. 이러한 좋은 질문을 던지는 것이 이 연습 활동의 초점이다.

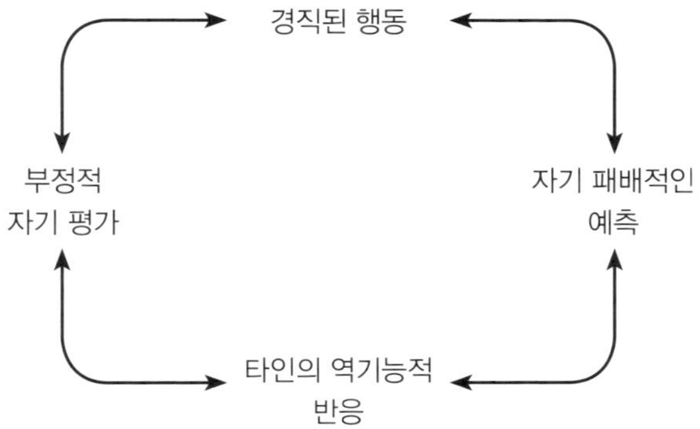

[그림 E10-1] 순환적 부적응 패턴

출처: Levenson, H. (2020). "Enlivening Psychodynamic Brief Therapy With Emotion-Focused Interventions: An Integrative Therapist's Approach," *Clinical Social Work Journal*, *48*(3), p. 271 (https://doi.org/10.1007/s10615-020-00762-z). Copyright 2020 by Springer Nature. 허가를 받아 수록함.

이 연습 활동에서는 이전 연습 활동에서 사용된 표준적인 진술-반응 형식으로 진행하는 것이 아니라, 내담자와 치료자 간의 주고받기식 대화로 진행한다. 이 연습 활동에 나오는 일부 내담자들(Johnson, Ann, Ingram)[4]은 활동 4와 활동 9에서 소개되었으며, 활동 12에서도 다시 등장하여 정신역동치료에서 사례가 어떻게 발전하는지 보여 줄 것이다.

치료자는 다음 기술 기준에 따라 각 내담자 진술에 대해 즉흥적으로 반응을 해야 한다.

1. **자기 행위(생각, 감정, 바람, 행동)에 대해 묻는다.** 치료자는 기회가 생길 때, 일반적으로 관계적인 내용과 관련된 내담자의 생각, 감정, 바람, 행동에 대한 정보를 얻기 위해 개입한다. 여기서 치료자는 하나의 자기 행위에 대해서만 질문해야 한다. 만일 이 연습의 난이도를 높이려면 치료자가 두 가지 이상의 자기 행위에 대해 질문할 수 있다.
2. **내담자가 타인의 반응을 어떻게 예측하는지 묻는다.** 치료자는 내담자에게 타인이 자신에게 어떻게 행동할 것이라고 상상하는지를 질문한다.
3. **내담자가 타인의 행동을 어떻게 인식하는지 묻는다.** 이는 보통 타인의 행동 이면에 있는 의도를 내담자가 어떻게 추정하는지를 포함한다.
4. **내담자가 자신을 어떻게 바라보고 대하는지(내사) 묻는다.** 이 구성 요소는 대인관계 이론의 두 가지 기본 원칙을 기반으로 한다.
   ① 자신에 대한 관점은 중요한 타인의 '반영된 평가(reflected appraisal)'의 결과물이다.
   ② 자신을 대하는 방식은 중요한 타인이 자신을 어떻게 대했다고 인식하는 방식에 의해 결정된다.

---

4) 이 연습에 등장하는 모든 내담자는 비밀을 보호하기 위해 가명 처리되었다. Ann은 실제 내담자를 기반으로 하며, 이 내담자의 CMP(순환적 부적응 패턴)는 이전에 논의되고 출판된 바 있다(Levenson, 2017). 또한 Ann과 진행된 6회기 전체를 담은 상업용 영상이 이용 가능하며(Levenson & Carlson, 2010), 이 사례를 의도적 연습 관점에서 Hanna Levenson이 논의하는 인터뷰를 포함한 2회기 버전도 제작되었다(Levenson & Friedlander, 2023). 두 회기의 대화 내용은 활동 13에서 확인할 수 있다. Ann 사례 영상을 사용한 네 건의 연구가 출판되었으며, 참고문헌에 제시되어 있다.

활동 10의 기술 기준
1. 자기 행위(생각, 감정, 바람, 행동)에 대해 묻는다. 2. 내담자가 타인의 반응을 어떻게 예측하는지 묻는다. 3. 내담자가 타인의 행동을 어떻게 인식하는지 묻는다. 4. 내담자가 자신을 어떻게 바라보고 대하는지(내사) 묻는다.

순환적 부적응 패턴 자료 수집하기의 예시

예시: 중요 대상 상실에 대한 불안으로 인해 의뢰된 내담자
내담자: [불안해하며] 제 애인이 저를 떠날 것 같아요. 너무 멀어진 것처럼 느껴져요.
기준 1. 자기 행위(생각, 감정, 바람, 행동)에 대해 묻는다. 치료자: – 애인이 멀어진 것처럼 행동할 때, ○○○님은 그에 대해 어떤 생각을 하시나요? (생각) – 이 친밀한 관계를 잃을 수도 있다는 것에 대해 어떻게 느끼시나요? (감정) – 상황이 나아지려면 어떤 일이 일어나면 좋겠다고 바라시나요? (바람) – 상황이 더 나아지기 위해서 ○○○님이 다르게 할 수 있는 것이 있을까요? (행동)
내담자: [좌절하며] 그 사람은 제가 모든 일을 집에서 처리하길 원하고, 일이 안 끝나면 불평해요.
기준 2. 내담자가 타인의 반응을 어떻게 예측하는지 묻는다. 치료자: ○○○님은 애인이 ○○○님의 노력을 더 인정해 줄 거라 기대했나요?
내담자: [긴장하며] 저는 그 사람한테 어떤 말을 하기가 두려워요.
기준 3. 내담자가 타인의 행동을 어떻게 인식하는지 묻는다. 치료자: ○○○님이 애인에게 무언가를 말할 때, 애인은 어떻게 반응하나요?
내담자: [풀이 죽은 채로] 제가 애인에게 말하려고 해도, 그 사람은 신경 쓰지 않아요.
기준 4. 내담자가 자신을 어떻게 바라보고 대하는지(내사) 묻는다. 치료자: ○○○님은 이 모든 걸 헤쳐 나가려고 애쓰고 계시는데 그런 자신에 대해 어떻게 느끼시나요?

흔한 실수들

1. 자기 행위(기준 1)에 대해 질문했을 때 내담자가 자신에게 행동하는 방식을 말한다면 기준 1의 답변으로 간주하지 않아야 한다. 이는 내사(기준 4)에 해당한다.
2. 자기 행위에 대해 네 가지 구성 요소(생각, 감정, 바람, 행동) 중 **하나**만 질문하면 된다. 그러나 앞서 언급했듯이, 치료자가 하나 이상의 구성 요소를 질문하면 연습의 난이도를 높일 수 있다.
3. 내담자가 타인에게 어떻게 대우받을 것으로 **예상하는지**(기준 2)에 대해 질문할 때, 내담자가 대우받기 **원하는** 방식을 말한다면 이는 기준 2의 답변으로 받아들이지 않아야 한다. 이는 자기 행위(기준 1)로 분류되어야 한다.

활동 10의 연습 지침

1단계: 치료자의 즉흥 반응으로 역할연기

- 내담자는 초급 수준의 첫 번째 내담자 진술을 읽으면서 대화를 시작한다.
- 치료자는 첫 번째 기술 기준에 따라 즉흥적으로 반응을 한다.
- 내담자는 다음 진술을 읽고, 치료자는 두 번째 기준을 사용하여 반응한다. 이를 대화가 완료될 때까지 지속한다.

2단계: 평가 및 난이도 조정

- 치료자는 의도적 연습 반응 양식(부록 A)을 작성하고, 연습의 난이도를 조정할지 아니면 동일한 난이도를 반복할지 결정한다.

3단계: 약 15분 동안 반복

- 1~2단계를 최소 15분간 반복한다.
- 그런 다음, 치료자와 내담자 역할을 바꾸어 처음부터 다시 한다.

→ 이제 여러분의 차례이다! 지침 1~2단계를 따르시오.

기억할 점: 역할연기의 목표는 수련생이, ① 기술 기준을 사용하여, ② 수련생 자신에게 진정성 있게 느껴지는 방식으로 내담자의 진술에 즉흥적인 반응을 해 보는 것이다. 각 내담자 진술에 대한 치료자 반응의 예시는 이 연습 활동의 후반부에 제시되어 있다. 수련생은 예시 반응을 읽기 전에 즉흥적으로 반응을 시도해야 한다.

초급 수준 대화 1: Johnson / 72세 / 퇴직 상태
내담자: [좌절하며] 제 집주인이 우리 아파트에 들어와 살겠다고 통보하면서 우리가 이사를 가야 한대요. 그래서 살 곳을 찾아보기 시작했어요. 매일 부동산 매물을 살펴봤지만, 아무것도 찾을 수 없었어요.
치료자: (기준 1. 자기 행위–생각, 감정, 바람, 행동–에 대해 묻는다.)
내담자: [창피해하며] 제 딸이 저를 정신병원에 입원시켰어요. 몇 주 동안은 거기에 있었고, 이후에는 외래 클리닉으로 보내더라고요.
치료자: (기준 2. 내담자가 타인의 반응을 어떻게 예측하는지 묻는다.)
내담자: [슬프게] 제 아버지는 술을 마시던 분이셨고, 취하면 어머니와 아이들에게 화를 정말 많이 내곤 했어요.
치료자: (기준 3. 내담자가 타인의 행동을 어떻게 인식하는지 묻는다.)
내담자: [창피해하며] 저는 우리 가족이 모두 함께 지낼 수 있도록 집을 더 잘 찾아봤어야 했어요.
치료자: (기준 4. 내담자가 자신을 어떻게 바라보고 대하는지–내사– 묻는다.)

초급 수준 대화 2: Ann / 22세 / 싱글 / 연애 중
내담자: [명랑하게] 남자친구를 만나러 가면 남자친구는 저와 함께하는 시간보다 친구들과 더 많은 시간을 보내요. 하지만 저는 괜찮은 척해요.
치료자: (기준 1. 자기 행위–생각, 감정, 바람, 행동–에 대해 묻는다.)
내담자: [긴장하며] 남자친구에게 저와 더 많은 시간을 보내 달라고 말하고 싶지만, 그게 두려워요.
치료자: (기준 2. 내담자가 타인의 반응을 어떻게 예측하는지 묻는다.)
내담자: [부끄러워하며] 남자친구가 '집착하는 사람'을 좋아하지 않는다고 말했어요. 그래서 저는 혼자 있는 것을 신경 쓰지 않는 척해요.
치료자: (기준 3. 내담자가 타인의 행동을 어떻게 인식하는지 묻는다.)
내담자: [슬프게] 남자친구와 제 친구들은 저에게 같이 뭔가 하자고 제안하는 경우가 별로 없어요. 왜 그런지 모르겠어요.
치료자: (기준 4. 내담자가 자신을 어떻게 바라보고 대하는지–내사– 묻는다.)

초급 수준 대화 3: Ingram / 32세 / 박사/ 대학의 조교수
내담자: [좌절하며] 학과장이 저에게 무례하게 대했어요. 제가 내일까지 제출해야 하는 연구 지원서에 대해 지원을 요청했는데, 그 사람이 저한테 무례하게 굴었어요.
치료자: (기준 1. 자기 행위–생각, 감정, 바람, 행동–에 대해 묻는다.)
내담자: [자랑스러워하다가 짜증 내며] 저는 이제까지 모범적인 교수였고, 그땐 시간이 촉박했어요. 제가 마감 기한이 있다는 걸 학과장이 알았어야죠.
치료자: (기준 2. 내담자가 타인의 반응을 어떻게 예측하는지 묻는다.)
내담자: [분개하며] 생각이 있는 사람이라면 누구나 제 요청이 합리적이라고 생각할 거예요.
치료자: (기준 3. 내담자가 타인의 행동을 어떻게 인식하는지 묻는다.)
내담자: [화내며] 저는 권위 있는 사람이 "뛰어라!"라고 말하면 항상 뛰는 사람이에요.
치료자: (기준 4. 내담자가 자신을 어떻게 바라보고 대하는지–내사– 묻는다.)

※ 다음 난이도로 이동하기 전에 난이도를 평가하고 조정하시오(연습 지침의 2단계 참조).

중급 수준 대화 1: Ludlow / 45세 / 기혼, 별거 중[5]
내담자: [좌절하며] 제가 가장 도움이 필요할 때, 선생님을 만나기 위해 기다리고 또 기다려야 했어요. 저는 상담자들을 싫어하지는 않아요. 하지만 상담자들이 도움이 된다고 생각한 적이 없어요.
치료자: (기준 1. 자기 행위–생각, 감정, 바람, 행동–에 대해 묻는다.)
내담자: [짜증 내며] 저는 어릴 때부터 강박적으로 과식을 해 왔어요. 누군가 와서 제가 체중을 줄이는 걸 도와줄 수 있기를 계속 바라고 있어요.
치료자: (기준 2. 내담자가 타인의 반응을 어떻게 예측하는지 묻는다.)
내담자: [자랑스럽게] 선생님은 아마 저처럼 복잡한 사람을 본 적이 없을 거예요. 그래서 저를 이해하려면 일주일에 두세 번 만나야 할 거라고 생각해요.
치료자: (기준 3. 내담자가 타인의 행동을 어떻게 인식하는지 묻는다.)
내담자: [짜증 내며] 제 부모님은 저의 신체적인 결점에만 집중했어요. 그저 저를 고치고 싶어 했죠.
치료자: (기준 4. 내담자가 자신을 어떻게 바라보고 대하는지–내사– 묻는다)

5) 이 내담자의 CMP는 Levenson(1995)의 문헌에서 논의된 바 있다.

중급 수준 대화 2: Wong / 52세 / 이혼 / 영업사원
내담자: [친근하게] 저는 이전에 상담을 받아 본 적이 있어요. (이전 상담자의 이름을 말한다.)
치료자: (기준 1. 자기 행위—생각, 감정, 바람, 행동—에 대해 묻는다.)
내담자: [명랑하게] 저는 어떤 관계든 비공식적이고 친근하게 유지하는 것을 좋아해요.
치료자: (기준 2. 내담자가 타인의 반응을 어떻게 예측하는지 묻는다.)
내담자: [방어적으로] 제 철학은 형식적인 태도가 관계를 아주 빨리 망칠 수 있다는 거예요.
치료자: (기준 3. 내담자가 타인의 행동을 어떻게 인식하는지 묻는다.)
내담자: [불편해하며] 제가 선생님을 찾아온 이유 중 하나는, 가끔은 제 친근함이 잘 통하기도 하지만 너무 자주 오해받는 경우가 있기 때문이에요.
치료자: (기준 4. 내담자가 자신을 어떻게 바라보고 대하는지—내사— 묻는다.)

중급 수준 대화 3: Roberto / 48세 / 애인이 떠나겠다고 위협함
내담자: [요구적으로] 제 애인이 저와 함께 있게 도와주세요!
치료자: (기준 1. 자기 행위–생각, 감정, 바람, 행동–에 대해 묻는다.)
내담자: [부끄러워하며] 가끔 제 애인이 우울해지거나 무슨 일이 생겨요. 그러면 저는 정말 무력감을 느껴요.
치료자: (기준 2. 내담자가 타인의 반응을 어떻게 예측하는지 묻는다.)
내담자: [절망하며] 음, 잘 모르겠어요. 제게는 너무 벅차게 느껴지는 것 같아요.
치료자: (기준 3. 내담자가 타인의 행동을 어떻게 인식하는지 묻는다.)
내담자: [긴장하며] 저는 사람들을 믿을 수가 없어요. 사람들은 갑자기 등을 돌릴 수도 있어요.
치료자: (기준 4. 내담자가 자신을 어떻게 바라보고 대하는지–내사– 묻는다.)

※ 다음 난이도로 이동하기 전에 난이도를 평가하고 조정하시오(연습 지침의 2단계 참조).

고급 수준 대화 1: Victor / 47세 / 기혼 / 두 명의 성인 아들이 있음[6]
내담자: [사무적으로] 내과 의사가 제가 우울하다고 생각해서 여기에 보냈어요.
치료자: (기준 1. 자기 행위–생각, 감정, 바람, 행동–에 대해 묻는다.)
내담자: [감정이 드러나지 않게] 저는 정말 괜찮은 삶을 살고 있어요. 좋은 가족이 있고, 26년 동안 결혼 생활을 했고, 멋진 두 아들이 있고, 좋은 집도 있어요. 저는 우울하지 않다고 생각해요.
치료자: (기준 2. 내담자가 타인의 반응을 어떻게 예측하는지 묻는다.)
내담자: [호기심을 가지고] 위장 문제가 좀 있긴 해요. 막내아들이 대학에 진학하면서 독립할 때 즈음에 더 심해졌어요.
치료자: (기준 3. 내담자가 타인의 행동을 어떻게 인식하는지 묻는다.)
내담자: [진지하게] 어릴 때 한 번, 뭔가가 없다고 징징댔던 적이 있어요. 그때 어머니가 "불평하지 말고 가진 것에 감사해라."라고 말씀하셨어요. 제 형이 시각장애가 있었기 때문에 어머니의 충고가 저를 바로잡아 주었죠.
치료자: (기준 4. 내담자가 자신을 어떻게 바라보고 대하는지–내사– 묻는다.)

6) 이 내담자의 CMP는 Levenson(2018)의 문헌에서 논의된 바 있으며, 이 치료의 회기 장면을 재현한 영상이 함께 출판되었다.

고급 수준 대화 2: Follette / 59세 여성 / 이혼 / 두 명의 성인 딸이 있음[7]
내담자: [짜증 내며] 저희 이모와 여동생들은 냉담하고 무관심해요. 저는 다른 사람들이 저에게 너무 가까이 다가오는 것을 좋아하지 않아요.
치료자: (기준 1. 자기 행위–생각, 감정, 바람, 행동–에 대해 묻는다.)
내담자: [주제를 바꾸며] 제가 치료를 받는 것이 선생님의 목표를 달성하는 데 도움이 되고 있나요?
치료자: (기준 2. 내담자가 타인의 반응을 어떻게 예측하는지 묻는다.)
내담자: [사무적으로] 지난 시간에 말씀드렸듯이, 제 계부가 저에게 성적(sexually)으로 부적절하게 했다는 말을 꺼내는 것이 어려웠어요. 하지만 제가 선생님께 말하지 않은 것이 있는데, 그 이야기를 제가 이모들에게도 말하려고 노력해 봤다는 거예요.
치료자: (기준 3. 내담자가 타인의 행동을 어떻게 인식하는지 묻는다.)
내담자: [사무적으로] 제 딸들은 서로가 있어서 그런지 저를 필요로 하지 않아요.
치료자: (기준 4. 내담자가 자신을 어떻게 바라보고 대하는지–내사– 묻는다.)

7) 이 내담자는 실제 사례 내담자를 모델로 하였으며, 신원은 가상으로 제시했다. 이 내담자의 CMP는 Levenson(1995)의 문헌에서 논의된 바 있다.

고급 수준 대화 3: Belotti / 38세 남성/ 어머니에게 계속 비판을 받아 옴
내담자: [공황 상태로] 제 애인이 저를 떠났어요!
치료자: (기준 1. 자기 행위-생각, 감정, 바람, 행동-에 대해 묻는다.)
내담자: [걱정스럽게] 전 애인은 저를 전혀 이해하지 못했어요.
치료자: (기준 2. 내담자가 타인의 반응을 어떻게 예측하는지 묻는다.)
내담자: [풀이 죽어서] 전 애인은 제가 그 사람에게 전혀 충분하지 않다고 느꼈던 것 같아요.
치료자: (기준 3. 내담자가 타인의 행동을 어떻게 인식하는지 묻는다.)
내담자: [슬프게] 전 애인이 떠난다고 말했을 때, 저는 아무 말도 할 수 없었어요. 그냥 그 자리에 서 있었어요.
치료자: (기준 4. 내담자가 자신을 어떻게 바라보고 대하는지-내사- 묻는다)

※ 난이도를 평가하고 조정하시오(연습 지침의 2단계 참조). 난이도가 적절하다면 지침에 따라 실습을 보다 도전적으로 진행해 보시오(부록 A 참조)

치료자 반응의 예시: 순환적 부적응 패턴 자료 수집하기

기억할 점: 수련생은 예시 반응을 읽기 전에 자기 방식대로 즉흥적인 반응을 시도해야 한다. 자기 방식대로 반응을 하는 것이 너무 힘든 것이 아니면 다음 반응을 그대로 읽지 마시오.

초급 수준 대화 1에 대한 반응 예시: Johnson
내담자: [좌절하며] 제 집주인이 우리 아파트에 들어와 살겠다고 통보하면서 우리가 이사를 가야 한대요. 그래서 살 곳을 찾아보기 시작했어요. 매일 부동산 매물을 살펴봤지만, 아무것도 찾을 수 없었어요.
치료자: – 매일 이사 갈 곳을 찾아 나설 때, 머릿속에 어떤 생각이 떠오르셨나요? (생각) – 살 곳을 계속 찾는 동안 어떤 감정이 드셨어요? (감정) – 살 곳을 찾는 동안 어떤 희망을 가지고 계셨을까요? (바람) – 집주인에게 나가라는 통보를 받기 전에 어떤 것을 하셨나요? (행동)
내담자: [창피해하며] 제 딸이 저를 정신병원에 입원시켰어요. 몇 주 동안 거기에 있었고, 이후에는 외래 클리닉으로 보내더라고요.
치료자: 딸이 ○○○님을 병원에 입원시킬 거라고 예상하셨었나요?
내담자: [슬프게] 제 아버지는 술을 마시던 분이셨고, 취하면 어머니와 아이들에게 화를 정말 많이 내곤 했어요.
치료자: 아버지는 ○○○님에게 어떻게 하셨나요?
내담자: [창피해하며] 저는 우리 가족이 모두 함께 지낼 수 있도록 집을 더 잘 찾아봤어야 했어요.
치료자: 그렇게 말씀하실 때 자신에 대해서 어떤 감정이 느껴지세요?

초급 수준 대화 2에 대한 반응 예시: Ann

내담자: [명랑하게] 남자친구를 만나러 가면 남자친구는 저와 함께하는 시간보다 친구들과 더 많은 시간을 보내요. 하지만 저는 괜찮은 척해요.

치료자:

- 남자친구의 행동에 대해 어떤 생각이 드세요? (생각)
- ○○○님은 괜찮은 척 행동한다고 말씀하시는데, 사실은 남자친구의 행동을 보면 어떤 감정이 일어나나요? (감정)
- 남자친구를 만나러 갈 때 어떤 일이 일어나기를 바라시나요? (바람)
- 괜찮은 척 행동할 때, 구체적으로 어떤 행동을 하시나요? (행동)

내담자: [긴장하며] 남자친구에게 저와 더 많은 시간을 보내 달라고 말하고 싶지만, 그게 두려워요

치료자: ○○○님이 자신의 감정을 그대로 남자친구에 말한다면, 남자친구가 어떨 거라고 상상하시나요?

내담자: [부끄러워하며] 남자친구가 '집착하는 사람'을 좋아하지 않는다고 말했어요. 그래서 저는 혼자 있는 것을 신경 쓰지 않는 척해요.

치료자: ○○○님이 혼자 있는 것을 신경 쓰지 않는 척할 때, 사람들은 보통 ○○○님을 어떻게 대하나요?

내담자: [슬프게] 남자친구와 제 친구들은 저에게 같이 뭔가 하자고 제안하는 경우가 별로 없어요. 왜 그런지 모르겠어요.

치료자: 사람들이 뭔가 같이 하자고 제안하지 않는 것을 보면 ○○○님은 자신에 대해 어떤 감정이 느껴지나요?

초급 수준 대화 3에 대한 반응 예시: Ingram
내담자: [좌절하며] 학과장이 저에게 무례하게 대했어요. 제가 내일까지 제출해야 하는 연구 지원서에 대해 지원을 요청했는데, 그 사람이 저한테 무례하게 굴었어요.
치료자: – 학과장이 무례하게 대했을 때, 어떤 생각이 드셨나요? (생각) – 학과장이 무례하게 대했을 때, 어떤 감정을 느끼셨나요? (감정) – 지금 학과장이 무엇을 하길 바라시나요? (바람) – 이제 무엇을 하실 건가요? (행동)
내담자: [자랑스러워하다가 짜증 내며] 저는 이제까지 모범적인 교수였고, 그땐 시간이 촉박했어요. 제가 마감 기한이 있다는 걸 학과장이 알았어야죠.
치료자: 학과장이 예전에 했던 행동을 고려해 볼 때, 학과장이 신속하게 응할 거라고 기대하셨던 걸까요?
내담자: [분개하며] 생각이 있는 사람이라면 누구나 제 요청이 합리적이라고 생각할 거예요.
치료자: 다른 사람들은 보통 ○○○님의 요청에 어떻게 반응하나요?
내담자: [화내며] 저는 누군가 권위 있는 사람이 "뛰어라!"라고 말하면 항상 뛰는 사람이에요.
치료자: 만약 그런 상황에서 ○○○님이 뛰지 않았다면, 그것은 ○○○님이 어떤 사람이라는 뜻일까요?

중급 수준 대화 1에 대한 반응 예시: Ludlow

내담자: [좌절하며] 제가 가장 도움이 필요할 때, 선생님을 만나기 위해 기다리고 또 기다려야 했어요. 저는 상담자들을 싫어하지는 않아요. 하지만 상담자들이 도움이 된다고 생각한 적이 없어요.

치료자:
- 상담자들이 별로 도움이 되지 않는다고 말씀하셨는데, 그것이 무슨 뜻인가요? (생각)
- 상담자들을 싫어하지 않는다고 하셨는데, 상담자에게 어떤 감정을 가지고 계신가요? (감정)
- 바로 만나기를 바랐던 것처럼 들리네요. 맞나요? (바람)
- 기다리고 또 기다리는 동안 무엇을 하시나요? (행동)

내담자: [짜증 내며] 저는 어릴 때부터 강박적으로 과식을 해 왔어요. 누군가 와서 제가 체중을 줄이는 걸 도와줄 수 있기를 계속 바라고 있어요.

치료자: 누군가가 도움을 주러 올 것이라고 희망하고 계신 것 같은데, 그들이 실제로 올 거라고 예상하시나요?

내담자: [자랑스럽게] 선생님은 아마 저처럼 복잡한 사람을 본 적이 없을 거예요. 그래서 저를 이해하려면 일주일에 두세 번 만나야 할 거라고 생각해요.

치료자: ○○○님이 만났던 다른 상담자들도 그렇게 자주 ○○○님을 만나 주었었나요?

내담자: [짜증 내며] 제 부모님은 저의 신체적인 결점에만 집중했어요. 그저 저를 고치고 싶어 했죠.

치료자: ○○○님은 자신을 고쳐야 할 대상으로 대하고 계신가요?

중급 수준 대화 2에 대한 반응 예시: Wong
내담자: [친근하게] 저는 이전에 상담을 받아 본 적이 있어요. (이전 상담자의 이름을 말한다.)
치료자: – 제가 제 이름으로 불리는 것을 선호한다고 생각하시나요? (생각) – 제가 '선생님'으로 불리는 것을 선호한다고 말씀드리면 어떤 기분이 드실까요? (감정) – ○○○님이 저를 이름으로 부르는 것에 어떤 바람이 담겨 있지는 않은지 궁금하네요. (바람) – 이전 상담자도 이름으로 부르셨나요? (행동)
내담자: [명랑하게] 저는 어떤 관계든 비공식적이고 친근하게 유지하는 것을 좋아해요.
치료자: 우리 관계를 조금 더 형식적인 관계로 유지하면 어떤 일이 일어날 것이라고 상상하시나요?
내담자: [방어적으로] 제 철학은 형식적인 태도가 관계를 아주 빨리 망칠 수 있다는 거예요.
치료자: 사람들은 보통 ○○○님의 비공식적인 태도에 어떻게 반응하나요?
내담자: [불편해하며] 제가 선생님을 찾아온 이유 중 하나는, 가끔은 제 친근함이 잘 통하기도 하지만 너무 자주 오해받는 경우가 있기 때문이에요.
치료자: 사람들에게 오해를 받을 때, 스스로에 대해 어떤 생각이 드시나요?

중급 수준 대화 3에 대한 반응 예시: Roberto

내담자: [요구적으로] 제 애인이 저와 함께 있게 도와주세요!

치료자:
- 애인이 떠나려 한다고 생각하게 된 이유는 무엇인가요? (생각)
- 애인이 떠날 수도 있다는 생각이 들 때 어떤 감정이 드나요? (감정)
- 상황이 나아지려면 어떤 일이 일어나면 좋겠다고 바라시나요? (바람)
- 상황을 개선하기 위해 ○○○님이 다르게 할 수 있는 일이 있을까요? (행동)

내담자: [부끄러워하며] 가끔 제 애인이 우울해지거나 무슨 일이 생겨요. 그러면 저는 정말 무력감을 느껴요.

치료자: ○○○님이 무엇을 하든 상관없이 애인이 떠날 것이라고 예상하시나요?

내담자: [절망하며] 음, 잘 모르겠어요. 제게는 너무 벅차게 느껴지는 것 같아요.

치료자: 다른 사람들이 ○○○님과의 관계를 끝낸 적이 있나요?

내담자: [긴장하며] 저는 사람들을 믿을 수가 없어요. 사람들은 갑자기 등을 돌릴 수도 있어요.

치료자: 그런 순간에는 자신에 대해 어떤 생각이 드시나요?

고급 수준 대화 1에 대한 반응 예시: Victor

내담자: [사무적으로] 내과 의사가 생각하기에 제가 우울하다고 해서 여기에 보냈어요.

치료자:
- ○○○님 생각은 어떠세요? (생각)
- 의사가 ○○○님이 우울증이라고 생각한다고 말했을 때 어떤 기분이 들었나요? (감정)
- 의사가 다른 말을 해 주기를 바라셨나요? (바람)
- 여기 오라는 의사의 지시를 바로 따르셨네요. 이런 경우가 ○○○님에게 흔한 일인가요? (행동)

내담자: [감정이 드러나지 않게] 저는 정말 괜찮은 삶을 살고 있어요. 좋은 가족이 있고, 26년 동안 결혼 생활을 했고, 멋진 두 아들이 있고, 좋은 집도 있어요. 저는 우울하지 않다고 생각해요.

치료자: 의사가 ○○○님이 우울하다고 말한 것이 꽤나 예상 밖의 일이었다고 들려요. 맞나요?

내담자: [호기심을 가지고] 위장 문제가 좀 있긴 해요. 막내아들이 대학에 진학하면서 독립할 때 즈음에 더 심해졌어요.

치료자: 아들이 대학에 진학하면서 떠난 것이 언제인가요?

내담자: [진지하게] 어릴 때 한 번, 뭔가 내가 갖지 못한 것에 대해서 징징댔던 적이 있어요. 그때 어머니가 "불평하지 말고 가진 것에 감사해라."라고 말씀하셨어요. 제 형이 시각장애가 있었기 때문에 어머니의 충고가 저를 바로잡아 주었죠.

치료자: 어머니의 충고를 기준으로 자기 스스로를 자주 비판하곤 하나요?

고급 수준 대화 2에 대한 반응 예시: Follette

내담자: [짜증 내며] 저희 이모와 여동생들은 냉담하고 무관심해요. 저는 다른 사람들이 저에게 너무 가까이 다가오는 것을 좋아하지 않아요.

치료자:
- ○○○님은 왜 그 사람들이 냉담하고 무관심하다고 생각하시나요? (생각)
- 이모와 자매들이 냉담하고 무관심할 때, ○○○님은 어떤 감정을 느끼시나요? (감정)
- 그 사람들이 ○○○님에게 어떻게 반응하길 바라시나요? (바람)
- 이모가 ○○○님에게 냉담할 때, ○○○님은 어떻게 행동하시나요? (행동)

내담자: [주제를 바꾸며] 제가 치료를 받는 것이 선생님의 목표를 달성하는 데 도움이 되고 있나요?

치료자: 제 목표가 무엇이라고 예상하시나요?

내담자: [사무적으로] 지난 시간에 말씀드렸듯이, 제 계부가 저에게 성적(sexually)으로 부적절하게 했다는 말을 꺼내는 것이 어려웠어요. 하지만 제가 선생님께 말하지 않은 것이 있는데, 그 이야기를 제가 이모들에게도 말하려고 노력해 봤다는 거예요.

치료자: 이모들은 어떻게 반응했나요?

내담자: [사무적으로] 제 딸들은 서로가 있어서 그런지 저를 필요로 하지 않아요.

치료자: 그렇게 말씀하시면서 ○○○님 자신에 대해 어떻게 느껴지나요?

고급 수준 대화 3에 대한 반응 예시: Belotti
내담자: [공황 상태로] 제 애인이 저를 떠났어요!
치료자: – ○○○님은 전 애인이 왜 ○○○님을 떠났다고 생각하시나요? (생각) – 그 일에서 어떤 감정을 느끼셨나요? (감정) – 좀 더 상황이 나아지려면 어떤 일이 일어나면 좋겠다고 생각하시나요? (바람) – 상황을 개선하기 위해 ○○○님이 다르게 할 수 있는 일이 있을까요? (행동)
내담자: [걱정스러운] 전 애인은 저를 전혀 이해하지 못했어요.
치료자: 예전에는 애인이 ○○○님을 이해할 수 있을 거라고 생각했었나요?
내담자: [풀이 죽어서] 전 애인은 제가 자기에게 전혀 충분하지 않다고 느꼈던 것 같아요.
치료자: 다른 사람들은 어떻게 하나요? ○○○님을 충분히 좋은 사람이 아니라고 하는 것 같나요?
내담자: [슬프게] 전 애인이 떠난다고 말했을 때, 저는 아무 말도 할 수 없었어요. 그냥 그 자리에 서 있었어요.
치료자: 그 순간에 ○○○님 자신에 대해 어떤 생각이 들었어요?

활동 11

재연 인식에 수퍼비전 활용하기

준비

1. 2장의 지침을 읽는다.
2. 부록의 '의도적 연습 반응 양식'과 '의도적 연습 일지 양식'을 준비한다.

기술 설명

기술 난이도 수준: 고급

활동 2에서는 자신의 역전이를 인식하는 연습에 초점을 맞춘다. 이번 연습 활동은 활동 2를 바탕으로 진행된다. 이 활동에서는 치료자가 특정 내담자와의 관계에서 발생한 상보적 역전이를 수퍼바이저와 공유하는 것에 중점을 둔다. 이때 치료자가 내담자와 상호작용하는 방식에 대해 느끼는 '끌림(pull)'을 탐색한다. 이런 끌림은 의도치 않게(치료적으로 해로운 방식으로) 내담자가 겪고 있는 문제, 즉 순환적 부적응 패턴을 다시 발생시키는 결과를 초래할 수 있다. 예를 들어, 과거에 방치된 경험이 있고, 적대적이며 상대를 경멸하는 태도를 지닌 내담자를 다룰 때 치료자는 분노와 불안을 느끼는 상보적 역전이를 경험할 수 있다. 이러한 역전이는 치료자가 무의식적으로 내담자가 다른 사람들로부터 경험했던 방치 패턴(예: 치료 시간을 '우연히' 잊어버리는 것)을 재연하게 만들 수 있다. 수퍼비전 과정에서 자신의 역전이에 대해 이야기하는 것은 이러한 잠재적이거나 실제로 발생한 재연(reenactment)을 다루는 좋은 방법이다. 이를 통해 이러한 역동을 인식의 영역으로 가져와 문제를 해결할 수 있다.

안타깝게도, 많은 수련생이 자신의 어려운 감정을 수퍼비전에서 공유하지 않는다. 연구자들(Cook et al., 2020; Ladany et al., 1996)은 수퍼바이지의 95% 이상이 어느 시점에서 의도적으로 이러한 논의를 피한다고 한다. 수련생들이 정보를 숨기는 이유는 여러 가지가 있다. 예를 들어, 무엇을 논의해야 적절한지 모르는 경우, 회기 중 실수한 것에 대한 창피함, 인상을 관리하려는 노력, 사기꾼 증후군(imposter syndrome), 또는 부정적인 평가를 받을 것에 대한 두려움 등이 있다. 수련생들은 역전이에서 비롯된 정보를 억누르는데, 이는 수퍼바이지들이 ① 미묘하고 복잡한 상황에서 자신의 반응을 인식하는 능력, ② 이러한 반응이 발생하는 것을 정상화하는 능력, ③ 자신의 역전이 반응을 수퍼바이저와 논의하는 방법을 충분히 훈련받지 못했기 때문이다.

이러한 정보를 숨기기 때문에 수퍼바이지들은 필요한 도움을 받지 못하게 된다. 또한 자신의 역전이를 활용하여 사례 공식화를 도출하거나, 개입을 선택하거나, 진행 상황을 평가하는 등의 고급 기술을 습득할 기회를 놓치게 된다. 수퍼비전 과정에서 자신의 역전이에 대해 논의하는 것은 두려운 일일 수 있다. 치료자가 자신의 역전이를 용기 있게 논의하기 위해서는 온정적인 수퍼비전을 필요로 하며, 수퍼바이저는 수퍼비전 관계 안에서 적절한 경계를 유지하기 위해 신중해야 한다.

이 연습 활동에서는 자신의 역전이 감정을 인식하고, 이를 유발하는 요인을 명명하며, 이를 수퍼바이저에게 전달하는 데 초점을 맞춘다. 이러한 기술을 연습함으로써 수련생들이 자신의 역전이 문제를 실제 수퍼비전 시간에 더 잘 가져갈 수 있기를 바란다. 실제 수퍼비전 시간에 수퍼바이저는 수련생들이 역전이 감정과 그에 수반되는 행동적 충동을 처리하고 이를 소화할 수 있도록 도울 수 있다.

이 연습 활동에서는 내담자 역할을 연기하는 것이 아니라, 한 수련생은 수퍼바이저 역할을 맡고, 다른 수련생은 치료자 역할을 맡아 (제시된 맥락에 따라) 자신의 역전이 경험을 수퍼바이저에게 공유한다. 이 연습 활동은 수퍼바이저가 치료자에게 어떻게 반응해야 하는지를 훈련하는 것이 아니다. 수퍼바이저 역할을 맡은 수련생은 단순히 밑줄 친 상담 맥락을 소리 내어 읽기만 하면 된다. 치료자 역할을 맡은 수련생은 제공된 상담 맥락에 따라 다음의 기술 기준에 따라 즉흥적으로 반응한다.

1. **내담자가 말하거나 행동한 것에 대한 자신의 상보적 역전이 반응을 수퍼바이저에게 공유한다.** 내담자와 함께 있을 때 경험한 감정, 생각, 신체적 반응을 자세히 설명한다. 여기서 목표는 단지 '좋은' 반응만을 하는 게 아니라, 어려운 반응까지 다루는 것임을 기억하자.
2. **그 반응을 유발한 내담자의 말이나 행동을 구체화한다.** 가능한 한 정확히, 당신의 반응을 유발한 내담자의 행동이나 말을 수퍼바이저에게 설명한다.

3. 내담자에 대한 반응으로, 자신이 순간적으로 말하거나 행동하고 싶었던 것이 무엇인지 설명한다. 이전에 언급하지 않았다면, 내담자의 행동에 대해 당신이 하고 싶었던 것을 수퍼바이저에게 전달한다. 여기서 중요한 점은 이것이 실제로 내담자와의 회기에서 실행한 행동이 아니라는 것이다. 그보다는 수퍼바이저의 도움을 받아 이해하고 조절하길 원하는 체험적 반응이다.

활동 11의 기술 기준

1. 내담자가 말하거나 행동한 것에 대한 자신의 상보적 역전이 반응을 수퍼바이저에게 공유한다.
2. 그 반응을 유발한 내담자의 말이나 행동을 구체화한다.
3. 내담자에 대한 반응으로, 자신이 순간적으로 말하거나 행동하고 싶었던 것이 무엇인지 설명한다.

재연 인식에 수퍼비전 활용하기의 예시

참고: 상황을 이해할 수 있도록 각 내담자 진술 전에 밑줄 친 글을 소리 내어 읽어야 한다. 천천히 읽고, 필요하다면 반복하여 읽는다.

〈예시 1〉

<u>치료 회기 중에 내담자가 동료와의 갈등에 대해 이야기했다. 이에 대해 당신은 이전 회기에서 내담자가 비서와의 관계에서 있었던 비슷한 '갈등'을 묘사했었던 내용을 언급했다. 이때 내담자가 단호하고 강압적인 태도로 이렇게 말했다. "전 그것이 '갈등'이라고 말한 적 없어요. 제 비서에게 문제가 있다고 했지, 제가 갈등을 겪고 있다고 한 게 아닙니다."</u>

치료자가 수퍼바이저에게 말하기:

내담자가 저에게 맞설 때. (기준 2)

저는 꾸중을 들은 것 같고, 무시당한 느낌이 들었어요. (기준 1)

정말 방어적이 되는 느낌이 들었고, 내담자에게 당신이 그 사람들과 진짜로 갈등을 겪고 있다는 것을 설득하고 싶었어요. 내담자가 얼마나 잘못 생각하고 있는지 보여 주고 싶었어요. (기준 3)

〈예시 2〉

다섯 번째 회기에서, 예기치 않게 내담자가 이렇게 말하며 회기를 시작했다. "오늘이 우리의 마지막 회기예요."

치료자가 수퍼바이저에게 말하기:

그 말을 듣고 정말 놀라고 실망스럽기도 했어요. (기준 1)

저는 우리의 치료가 잘 진행되고 있다고 확신했는데, 내담자는 끝내기를 원했어요. (기준 2)

저는 "좋아요, 지금 당장 끝내죠!"라고 말하고 싶다는 충동이 들었습니다. (기준 3)

〈예시 3〉

내담자가 당신에게 연구에 대한 지식을 묻는 질문을 던졌다. "어쩌면 선생님이 왜 이런 치료를 하시는지에 대한 실증적인 증거를 저에게 설명해 주실 수 있겠네요."

치료자가 수퍼바이저에게 말하기:

내담자가 마치 저를 분석하는 것 같았고, 제가 내담자를 한 사람으로서 알아 가는 것을 방해하는 느낌이 들었어요. 정말 압박감을 느꼈어요. (기준 1)

내담자가 "실증적 증거"라고 말했을 때, 제 모든 수련 과정을 방어해야 할 것 같은 느낌이 들었어요. (기준 2)

그때 "저는 여기서 ○○○님을 돕기 위해 있는 거지, 치료 이론에 대해 토론하려고 있는 게 아니에요."라고 말하고 싶었어요. (기준 3)

활동 11의 연습 지침
1단계: 역할연기와 피드백
– 수퍼바이저 역할을 맡은 수련생은 밑줄 친 상담 맥락을 읽는다. 치료자는 자신의 수퍼바이저에게 말하는 상상을 하며 기술 기준을 기반으로 **즉흥적인** 반응을 한다. – 수퍼바이저 역할을 맡은 수련생은 기술 기준에 따라 **간단히** 피드백한다. – 그런 다음, 수퍼바이저는 동일한 상담 맥락을 반복하여 읽고, 치료자는 다시 즉흥적인 반응을 한다. 수퍼바이저는 그에 대해 다시 간단히 피드백한다.
2단계: 반복
– 1단계를 다음 상담 맥락에 대해 반복하고, **현재 난이도 수준**(초급, 중급, 고급)의 모든 상황을 진행한다.
3단계: 평가와 난이도 조정
– 필요한 경우, 치료자는 의도적 연습 반응 양식(부록 A)을 작성하고, 연습의 난이도를 조정할지 아니면 동일한 난이도를 반복할지 결정한다.
4단계: 약 20분 동안 반복
– 1~3단계를 최소 20분간 반복한다. – 그런 다음, 치료자와 수퍼바이저 역할을 바꾸어 처음부터 다시 한다.

→ 이제 여러분의 차례이다! 지침 1~2단계를 따르시오.

기억할 점: 역할연기의 목표는 수련생이, ① 기술 기준을 사용하여, ② 수련생 자신에게 진정성 있게 느껴지는 방식으로 수퍼바이저가 제시한 치료 맥락에 대해 즉흥적인 반응을 해 보는 것이다. 각 맥락에 대한 치료자 반응의 예시는 이 연습 활동의 후반부에 제시되어 있다. 수련생은 예시 반응을 읽기 전에 즉흥적으로 반응을 시도해야 한다.

참고: 상황을 이해할 수 있도록 각 내담자 진술 전에 밑줄 친 글을 소리 내어 읽어야 한다. 천천히 읽고, 필요하면 반복하여 읽는다.

활동 11의 초급 상담 맥락
초급 상담 맥락 1
아침 일찍 상담 진행을 요청한 내담자가 세 번 연속으로 20분 늦게 도착했다.
초급 상담 맥락 2
첫 회기에서 내담자가 당신의 수련에 대해 자세히 물으며, "선생님이 저를 도울 만큼 충분히 훈련을 받았다고 생각하시나요?"라고 강하게 의문을 표했다.
초급 상담 맥락 3
불안하고 의존적인 대학생 내담자가 첫 회기에 어머니를 데리고 왔다. 대기실에서 어머니가 대부분의 이야기를 했고, 내담자는 고개를 숙이고 조용히 앉아 있었다.
초급 상담 맥락 4
내담자가 당신에게 치료를 받아 본 적이 있는지 물었다.
초급 상담 맥락 5
다섯 번의 회기 후, 내담자가 여섯 번째 회기를 시작하면서 "오늘이 우리의 마지막 상담이에요."라고 말했다.

※ 다음 난이도로 이동하기 전에 난이도를 평가하고 조정하시오(연습 지침의 3단계 참조).

활동 11의 중급 상담 맥락

중급 상담 맥락 1

밸런타인데이 하루 전, 내담자가 당신에게 비싼 샴페인 한 병을 깜짝 선물로 가져와서 유혹하는 듯한 태도로 말했다.

"우리가 상담관계 이상이 될 수 없다는 건 알아요. 하지만 내일 이 샴페인을 마시며 저를 떠올리면 좋겠어요. 저는 선생님을 생각하고 있을 거예요."

중급 상담 맥락 2

당신은 수퍼바이저에게 상담 녹화 영상을 보여 준다. 영상에서 당신은 내담자에게 엄격한 톤으로 이렇게 말한다.

"숙제를 하지 않으면 이 치료가 ○○○님에게 효과가 없을 거예요."

중급 상담 맥락 3

내담자가 치료에 와서 이렇게 애원한다.

"제 아이가 심각한 약물 문제를 겪고 있어요. 어떻게 해야 할지 알려 주세요. 선생님이 제 유일한 희망이에요!"

중급 상담 맥락 4

내담자가 이렇게 말한다.

"어젯밤 꿈에서 선생님과 제가 약간 데이트하는 사이였는데, 선생님이 저를 집으로 초대했어요. 그래서 오늘 선생님이 어디 사는지 궁금해서 구글에서 검색해 봤어요."

중급 상담 맥락 5

내담자가 당신이 스물여섯 살밖에 되지 않았다는 것을 알게 되자 이렇게 말했다.

"와, 치료자라고 하기에는 참 어리네요. 그건 그렇고, 전 초등학교에서 두 학년을 건너뛰었어요."

※ 다음 난이도로 이동하기 전에 난이도를 평가하고 조정하시오(연습 지침의 3단계 참조).

활동 11의 고급 상담 맥락

고급 상담 맥락 1

고객을 무례하게 대하는 문제로 직장에서 의무적으로 치료를 받는 내담자가 10회기 후, 당신에게 이렇게 요구했다.
"선생님의 수퍼바이저와 이야기하고 싶습니다!"

고급 상담 맥락 2

당신과 다른 인종으로 보이는 내담자가 2회기 후, 당신에게 이렇게 말했다.
"우리 둘이 잘 맞는지 모르겠어요."

고급 상담 맥락 3

최근 배우자를 잃은 새로운 내담자가 초반 3회기 동안 내내 울었고, 당신은 회기를 정시에 끝내는 데 어려움을 겪고 있다.

고급 상담 맥락 4

내담자가 아침 식사를 하지 않은 채 아침 일찍 상담에 왔다. 내담자는 조용한 목소리로 이렇게 말했다.
"배가 고파서 집중이 안 돼요. 혹시 먹을 게 있나요?"

고급 상담 맥락 5

당신은 대기실에 있는 새로운 내담자의 이름을 불렀다. 그런데 박사 학위를 가진 내담자가 단호하고 꾸짖는 톤으로 이렇게 반응했다.
"사람들은 저를 '박사님'이라고 부릅니다."

※ 난이도를 평가하고 조정하시오(연습 지침의 3단계 참조). 난이도가 적절하다면 지침에 따라 실습을 보다 도전적으로 진행해 보시오(부록 A 참조).

치료자 반응의 예시: 재연 인식에 수퍼비전 활용하기

기억할 점: 수련생은 예시 반응을 읽기 전에 자기 방식대로 즉흥적인 반응을 시도해야 한다. 자기 방식대로 반응을 하는 것이 너무 힘든 게 아니면 다음 반응을 그대로 읽지 마시오.

초급 수준의 상담 맥락에 대한 진술 예시
초급 상담 맥락 1에 대한 진술 예시
내담자가 세 번 연속으로 20분 늦었을 때 (기준 2) 정말 짜증이 났어요. (기준 1) 다시는 기다리지 않겠다고 경고하고 싶은 충동이 들었습니다. (기준 3)
초급 상담 맥락 2에 대한 진술 예시
내담자가 제 자격을 평가하는 듯한 태도를 보였을 때 (기준 2) 비판당하는 기분이 들었습니다. (기준 1) "당신은 충분히 적합한지 궁금하네요."라고 말하고 싶었어요. (기준 3)
초급 상담 맥락 3에 대한 진술 예시
내담자가 자신을 침해하는 부모를 막지 않아서 (기준 2) 정말 답답했어요. (기준 1) 내담자를 흔들면서 "대체 언제쯤 당신 스스로를 위해 나설 건가요!"라고 말하고 싶은 충동이 들었어요. (기준 3)
초급 상담 맥락 4에 대한 진술 예시
내담자가 저에게 치료를 받아 본 적이 있냐고 물었을 때 (기준 2) 정말 반가운 기분이 들었어요.(기준 2) 제 경험과 어떻게 치료가 저를 우울증에서 벗어나게 도와주었는지 이야기하고 싶은 유혹을 느꼈어요. (기준 3)
초급 상담 맥락 5에 대한 진술 예시
그 말을 듣고 정말 충격을 받았고 실망스럽기도 했어요. (기준 1) 우리의 치료가 잘 진행되고 있다고 확신했는데, 내담자는 끝내기를 원했어요. (기준 2) 한 번만 더 상담에 와 보라고 간청하고 싶다는 충동이 들었어요. (기준 3)

중급 수준의 상담 맥락에 대한 진술 예시
중급 상담 맥락 1에 대한 진술 예시
선물을 주면서 자신을 생각해 달라는 말 때문에 (기준 2) 혼란스럽고 약간 불안한 기분이 들었어요. (기준 1) 샴페인은 거절했지만, 결국 밸런타인데이에 내담자를 생각하게 되었어요. (기준 3)
중급 상담 맥락 2에 대한 진술 예시
내담자가 숙제를 하지 않은 것에 화가 났어요. (기준 1) 제가 여러 번 숙제가 중요하다고 말했는데도 하지 않는 것이 무책임하게 느껴졌어요. (기준 2). 하지만 내담자에게 말할 때 제 톤이 제가 의도했던 것보다 강했어요. 저는 아마도 선생님이 제가 얼마나 형편없이 하고 있는지 보게 될까 봐 걱정하고 있는 것 같아요. (기준 3)
중급 상담 맥락 3에 대한 진술 예시
내담자에게 압도당하는 기분이 들었어요. (기준 1) 내담자가 너무 집요하게 요구하는 것처럼 느껴졌어요. 마치 아이가 살고 죽는 것이 저에게 달려 있는 것처럼요! (기준 2) 내담자에게 우리는 잘 맞지 않는 것 같다고 말해야 할지 고민 중이에요. 저는 약물 상담 전문가가 아니에요. (기준 3)
중급 상담 맥락 4에 대한 진술 예시
내담자 말을 들으니 굉장히 괴로웠어요. (기준 1) 꿈 얘기에서 '데이트' 부분이 소름 끼쳤어요. 그리고 저를 검색해 본 것도 정말 신경 쓰였어요. (기준 2) 상담 윤리와 원칙을 설명하고 싶다는 충동이 들었어요. (기준 3)
중급 상담 맥락 5에 대한 진술 예시
내담자가 초등학교에서 학년을 건너뛰었다고 말했을 때, (기준 2) 내담자가 저와 경쟁하려는 아이처럼 행동하고 있다는 느낌이 들었어요. (기준 1) 그게 얼마나 우스꽝스러운지 웃고 싶다는 충동이 들기도 하고 약간 슬프기도 했어요. (기준 3)

고급 수준의 상담 맥락에 대한 진술 예시

고급 상담 맥락 1에 대한 진술 예시

그때 갑작스러웠어요! 저는 충격 받았어요. (기준 1)
내담자는 너무 차분해 보였지만, 전 그것이 명령처럼 느껴졌어요. (기준 2)
내담자가 선생님께 무엇을 말하려고 하는지 걱정되고, 오늘 수퍼비전에 가지 말까 하는 충동이 들었어요. (기준 3)

고급 상담 맥락 2에 대한 진술 예시

내담자가 우리가 '잘 맞는지'를 언급했을 때 (기준 2)
저는 정말 압박감을 느꼈어요. (기준 1)
그게 무슨 의미인지 묻기 위해 여러 가지 질문을 했지만, 솔직히 말하면 그 주제를 전혀 논의하고 싶지 않았어요. (기준 3)

고급 상담 맥락 3에 대한 진술 예시

내담자가 울기 시작할 때 (기준 2)
저도 약간 눈물이 나려고 하는 것을 느꼈어요. 제가 엄격하게 시간을 제한하면 너무 냉정하고 무정하게 보일 것 같은 기분이 들었어요. (기준 1)
내담자가 원하는 만큼 그냥 더 머물게 하고 싶었어요. (기준 3)

고급 상담 맥락 4에 대한 진술 예시

내담자가 아침을 먹지 않았다고 말했을 때 (기준 2)
저는 짜증이 났어요. (기준 1)
특히 내담자가 무언가를 회피하고 있다는 생각이 들었기 때문에 상담을 진행해야 한다고 말하고 싶었지만, 얼어붙은 듯 아무 말도 하지 못했어요. (기준 3)

고급 상담 맥락 5에 대한 진술 예시

내담자가 저에게 호통 칠 때 (기준 2)
저는 부끄럽고 방어적인 마음이 되었어요. (기준 1)
사과하고 싶기도 했고, 그게 단순한 실수였다고 변호하고 싶기도 했어요. (기준 3)

활동 12

교정적 정서 체험 제공하기

준비

1. 2장의 지침을 읽는다.
2. 부록의 '의도적 연습 반응 양식'과 '의도적 연습 일지 양식'을 준비한다.

기술 설명

기술 난이도 수준: 중급

분석가 Alexander와 French(1946)는 교정적 정서 체험(corrective emotional experience)이라는 개념을 개발했다. 당시 정신분석에서는 통찰로 이어지는 해석이 주요 치료적 개입이라고 주장했지만, Alexander와 French는 내담자의 기대와 "정확히 반대되는" "새로운 결과를 실제로 경험하는 것"만이 "내담자에게 새로운 해결책이 가능하다는 확신을 주고 그가 오래된 …… 패턴을 포기하도록 유도할 수 있다."라고 했다(p. 115). 그들은 이러한 유형의 삶을 바꾸는 경험을 얻을 수 있는 적절한 환경은 치료적 관계 내에 있다고 생각했다.

이 개념이 치료 장면에서 어떻게 작동하는지 살펴보자. 가령 Sandra라는 가상의 내담자가 있다. Sandra는 어린 시절 엄격하고 권위적인 부모가 '싫어요'라고 말하는 것을 용납하지 않았기 때문에 건강하게 자기 주장하는 것을 포기하게 되었다. 그래서 그녀는 순종적이고 불안에 시달리는 성인으로 성장하게 되었다. 만약 Sandra가 치료 과정에서 점점 더 안전함을 느끼고, 자신의 소심한 행동 패턴과 다르게 치료자가 제안한 어떤 것을 하고 싶지 않다고 치료자에게 표현한다고 가정해 보자. Sandra는 아마도 자신의 부모처럼 치료자가 그녀의 비협조적인 태도에 대해 매우 화를 낼 것이라고 예상할 것이다. 그러나 만약 치료자가 이렇게 말한다고 가정해 보자.

"당신이 치료에서 원하지 않는 것을 진솔하게 말해 줄 때, 저는 당신과 훨씬 더 연결된 느낌이 듭니다." 이러한 말은 거부당하거나 처벌당한 것이라고 예상했던 Sandra에게 큰 충격으로 다가올 수 있다. 치료자의 이러한 세심하고 공감 어린 반응은 Sandra에게 교정적 정서 체험이 될 가능성이 있으며, 이는 그녀의 행동, 사고, 감정, 자기인식, 그리고 타인에 대한 예측 면에서 긍정적인 변화를 더욱 촉진할 수 있다.

이 연습 활동에서는 내담자가 오래된 패턴을 깨고 있는 순간의 조짐을 감지하고, 이를 통해 치료자, 치료적 관계, 또는 내담자의 상황에 미치는 영향을 의미 있게 표현할 기회를 연습하게 된다. 이러한 피드백은 특히 중요한데, 종종 내담자들은 자신이 더 건강한 행동으로 나아가는 시도를 과소평가하거나 인식하지 못하기 때문이다. 또한 치료자 역시 내담자가 잘못하고 있는 부분에 초점을 맞추는 데 너무 익숙해져서, 내담자가 과거에 포기해 왔던 부분들이 회기 중에 미묘한 행동이나 순간적인 변화에서 나타날 때 이를 지지할 기회를 놓치는 경우가 있다. 하지만 이러한 변화를 감지하고 강조하면 내담자가 이전에 부정했던 자기 자신의 일부를 다시 통합하게 도울 수 있다. Bowlby(1985)는 이를 다음과 같이 잘 표현했다.

> "우리[치료자]의 역할은 내담자의 부모가 내담자에게 생각하지 못하게 하거나 금지한 생각을 허용하도록 내담자를 돕고, 그의 부모가 느끼지 못하게 하거나 금지한 감정을 경험하도록 돕고, 그의 부모가 생각하지 못하게 금지한 행동을 생각하도록 돕는 것이다" (p.198).

뒤에 나올 각 내담자 진술은 활동 4, 9, 10에서 다룬 세 명의 내담자가 각기 다른 맥락에 제시된다. 초급 수준 내담자 진술은 Ann, 중급 수준 내담자 진술은 Ingram 박사, 고급 수준 내담자 진술은 Johnson 사례이다.

수련생은 다음의 기술 기준을 따라 각 내담자 진술에 대해 즉흥적으로 반응해야 한다.

1. **내담자가 성장 과정에서 양육자들과의 관계를 유지하기 위해(즉, 자기 보호를 위해) 건강하고 정상적인 자기의 일부를 포기해야 했던 방식을 언급한다.** 이러한 언급은 내담자가 자신이 보통 어떻게 행동하는지, 그리고 왜 그렇게 행동해야 했는지를 이해할 수 있도록 돕는 계기가 된다. 이는 치료자가 내담자에게 자비로운 마음과 이해를 가지고 정보를 전달하는 진술이다.
2. **방금 내담자의 발언, 감정, 또는 행동 속에서 이 건강한 부분이 어떻게 나타났는지를 묘사한다.** 이는 평소 내담자가 행동했던 것과는 매우 대조되게(즉, 자신의 틀에서 벗어나서) 이 건강한 부

분이 내담자의 삶이나 상담 회기 안에서 방금 드러났음을 묘사하는 것이다.

3. 이 건강한 부분이 왜 좋은(도움이 되는) 것인지 설명하며 지지한다. 종종 내담자들은 중요한 타인이 용납하지 않았던 이러한 자신의 일부분이 사실은 왜 좋은 것인지 알지 못한다. 회기에서 이를 긍정해 주는 것은, 내담자가 이전에 억눌렀던 부분을 수용하고 보다 진정한 자기 자신이 되는 데 기여하는 새로운 학습으로 작용할 것이다.
4. 내담자가 이전에 포기했던 자신의 일부분을 표현한 것에 대해 어떻게 느꼈는지 물어본다. 내담자들은 종종 억눌렀던 부분을 드러내는 것에 대해 두려움을 느끼기 때문에, 그들의 이러한 모험적인 시도를 인정하고 확인해 주는 것은 지지적이고 격려가 되는 개입이 될 수 있다.

활동 12의 기술 기준

1. 내담자가 성장 과정에서 양육자들과의 관계를 유지하기 위해(즉, 자기 보호를 위해) 건강하고 정상적인 자기의 일부를 포기해야 했던 방식을 언급한다.
2. 현재 내담자의 발언, 감정, 또는 행동 속에서 이 건강한 부분이 어떻게 나타났는지를 묘사한다.
3. 이 건강한 부분이 왜 좋은(도움이 되는) 것인지 설명하고 지지한다.
4. 내담자가 이전에 포기했던 자신의 일부분을 표현한 것에 대해 어떻게 느꼈는지 물어본다.

교정적 정서 체험 제공하기의 예시

참고: 상황을 이해할 수 있도록 각 내담자 진술 전에 밑줄 친 글을 소리 내어 읽어야 한다. 천천히 읽고, 필요하다면 반복하여 읽는다.

〈예시 1: Ann의 사례〉

어린 시절 Ann은 어머니가 술을 너무 많이 마시면 구토로 인해 질식하지 않도록 어머니를 지켜보곤 했다. 그리하여 Ann은 주변 사람들을 안전하고 행복하게 만들기 위해 과도하게 경계하는 아이가 되었다. 그녀는 자신의 욕구와 필요를 희생하면서도 그것을 자각하지 못한 채, 자신을 희생할 때 가장 자신답다고 느꼈다. 치료에서 그녀는 남자친구가 자신을 떠날지도 모른다는 두려움에 대해 자주 이야기했다.

내담자: [**주저하며**] 좋은 사람이 되려면 다른 사람들을 항상 신경 써야 해요. 그런데 오늘 상담에서는 사실 선생님에 대해 별로 생각하지 않았어요. 솔직히 말해서, 아예 생각하지 않았어요. 죄송해요.

치료자: Ann 님은 자신의 필요보다 다른 사람의 필요를 우선시하며 성장했기 때문에, (기준 1)

저와 저의 필요에 대해 생각하지 않고 자신에 대해 이야기하는 것은 Ann 님에게 꽤 큰 변화로 보여요. (기준 2)

오늘 훨씬 더 자유롭게 이야기하는 모습을 들으니 저는 정말 좋았어요. (기준 3)

이렇게 자신에게 집중하니 기분이 어땠어요? (기준 4)

〈예시 2: Ann의 사례(계속)〉

내담자: [**불안해하며**] 남자친구가 저를 떠날까 봐 두려워요. 남자친구는 집착하는 애인은 원하지 않는다고 했어요. [**짜증 내며**] 그런데 여기서 선생님과 이야기하다 보니, 그 사람의 술버릇에 정말 화가 나고 질려요.

치료자: 어린 시절에 Ann 님은 어머니를 너무 걱정했지만 음주에 대해 아무 말도 할 수 없었죠. (기준 1)

Ann 님이 속으로는 화가 나 있는데도 행복한 척하는 것에 얼마나 지쳤을지 상상이 가요. (기준 2)

남자친구의 행동에 질려 버렸다는 것을 깨달은 것은 남자친구와 더 진정성 있는 관계를 이루는 데 위한 정말 중요한 첫걸음으로 들려요. (기준 3)

자신이 얼마나 화가 났는지 깨달았을 때 기분이 어땠어요? (기준 4)

〈예시 3: Ann의 사례(계속)〉

내담자: [**두려운 듯이**] 치료를 시작했을 때는 선생님이 저를 좋은 사람이라고 느끼게 하는 게 정말 중요했어요. 그런데 이제는 그런 생각을 별로 하지 않게 되었어요. 제가 이제는 그다지 친절하지 않은 사람이 되고 있는 걸까요?

치료자: 전혀 그렇지 않아요! Ann 님은 이 치료 과정에서 정말 많은 시도를 했고, 제 반응을 걱정하지 않고 더 진정한 자기 자신이 될 수 있었어요. 이것이 Ann 님에게는 새로운 경험이었을 거예요. (기준 2)

Ann 님은 가족 안에서 독립적인 사람이 되기보다는 모두를 기쁘게 하는 법을 배워 왔기 때문에 (기준 1)

제 반응을 신경 쓰지 않고 행동할 수 있게 되었음을 알아차린 것이 꽤 놀랍게 느껴질 것 같아요. (기준 3)

Ann 님이 생각하기에도 그런가요? (기준 4)

활동 12의 연습 지침

1단계: 역할연기와 피드백

- 내담자는 밑줄 친 글을 소리 내어 읽은 뒤, 초급 내담자 진술을 말한다. 치료자는 기술 기준을 기반으로 즉흥적인 반응을 한다.
- 교육자(교육자가 없는 경우에는 내담자)는 기술 기준에 따라 간단히 피드백한다.
- 그런 다음, 내담자는 동일한 진술을 반복하고, 치료자는 다시 즉흥적인 반응을 한다. 교육자(또는 내담자)는 그에 대해 다시 간단히 피드백한다.

2단계: 반복

- 현재 난이도 수준(초급, 중급, 고급)의 모든 진술에 대해 1단계를 반복한다.

3단계: 평가와 난이도 조정

- 치료자는 의도적 연습 반응 양식(부록 A)을 작성하고, 연습의 난이도를 조정할지 아니면 동일한 난이도를 반복할지 결정한다.

4단계: 약 15분 동안 반복

- 1~3단계를 최소 15분간 반복한다.
- 그런 다음, 치료자와 내담자 역할을 바꾸어 처음부터 다시 한다.

→ 이제 여러분의 차례이다! 지침 1~2단계를 따르시오.

기억할 점: 역할연기의 목표는 수련생이, ① 기술 기준을 사용하여, ② 수련생 자신에게 진정성 있게 느껴지는 방식으로 내담자의 진술에 즉흥적인 반응을 해 보는 것이다. 각 내담자 진술에 대한 치료자 반응의 예시는 이 연습 활동의 후반부에 제시되어 있다. 수련생은 예시 반응을 읽기 전에 즉흥적으로 반응을 시도해야 한다.

참고: 상황을 이해할 수 있도록 각 내담자 진술 전에 밑줄 친 글을 소리 내어 읽어야 한다. 첫 번째 진술 앞에 제시된 상황은 동일한 난이도 수준의 모든 다음 진술에 적용되며, 일부 진술에는 추가적인 맥락이 제시된다. 천천히 읽고, 필요한 경우 반복하여 읽는다.

활동 12의 초급 수준 내담자 진술: Ann 사례

초급 내담자 진술 1

어린 시절 Ann은 어머니가 술을 너무 많이 마시면 구토로 인해 질식하지 않도록 어머니를 지켜보곤 했다. 그리하여 Ann은 주변 사람들을 안전하고 행복하게 만들기 위해 과도하게 경계하는 아이가 되었다. 그녀는 자신의 욕구와 필요를 희생하면서도 그것을 자각하지 못한 채, 자신을 희생할 때 가장 자신답다고 느꼈다. 치료에서 그녀는 남자친구가 자신을 떠날지도 모른다는 두려움에 대해 자주 이야기했다.

내담자 : [명랑하게] 좋은 친구가 되려면 친구들의 불평을 들어 줘야 해요. 그런데 어제는 친구 얘기를 먼저 듣지 않고 제 이야기를 하기 시작했어요. [주저하며] 그러지 말았어야 했던 걸까요?

초급 내담자 진술 2

내담자: [슬프지만 목소리에 에너지가 담겨서] 저는 그냥 주고 또 주기만 해요……. 그런데 가끔은 뭔가를 돌려받고 싶어요!

초급 내담자 진술 3

내담자: [불안하게] 남자친구가 저를 떠날까 봐 두려워요. 남자친구는 집착하는 애인은 원하지 않는다고 했어요. [짜증 내며] 그런데 그 사람이 술을 마시러 다닐 때 행복한 척하는 것도 지쳤어요. 사실, 저는 그 사람의 술버릇에 정말 화가 나고 질려요.

초급 내담자 진술 4

내담자: [사무적으로] 저에게는 모든 면에서 강하고 독립적이어야 한다는 것이 중요하고, 그렇게 살아왔어요. [불안하게] 하지만 여기서 선생님께 의지하는 것이 제게는 정말 큰 힘이 되었어요.

초급 내담자 진술 5

내담자: [두려운 듯이] 치료를 시작했을 때는 선생님이 저를 좋은 사람이라고 느끼게 하는 게 정말 중요했어요. 그런데 이제는 그런 생각을 별로 하지 않게 되었어요. 제가 이제는 그다지 친절하지 않은 사람이 되고 있는 걸까요?

※ 다음 난이도로 이동하기 전에 난이도를 평가하고 조정하시오(연습 지침의 3단계 참조).

활동 12의 중급 수준 내담자 진술: Ingram 사례

중급 내담자 진술 1

Ingram 박사는 32세 기혼이며, 대학의 교수이다. 그는 자신의 성취를 자랑스러워하며 다른 사람들을 성취로 평가한다. 많은 사람들이 그를 오만하고 자기중심적이라고 생각한다. 그의 아버지는 치과 보조로 일하며, 아내와 외동아들을 부양하기 위해 긴 시간 동안 일했다. 그의 어머니는 남편보다 더 격식을 차리는 사람이었으며, Ingram 박사가 어릴 때에도 어른처럼 차려입히고 박물관과 도서관에 데려갔다. 어머니는 품위와 책임감을 갖는 것이 중요함을 가르치며, 아들에게 "남을 돕는 조수로 일해야 하는" 아버지처럼 되지 말라고 이야기했다. 현재 치료 중에도, 그의 삶에서도, 그는 부드럽고 취약한 면을 드러내기 어려워한다.

내담자: [향수에 젖으며] 아버지가 제가 어렸을 때 '주니어' 실험복을 주셨어요. 저는 그 옷이 닳아 없어질 때까지 매일 밤 잠잘 때 입었죠. 그런데 [엄격한 말투로] 이제 보니 그건 어리석었던 것 같아요. 장기적으로 보면 아무 의미도 없었어요.

중급 내담자 진술 2

치료자는 오늘 회기가 시작되기 몇 분 전에 대기실에서 Ingram 박사를 보았고, 그에게 다가가 따뜻하게 말했다. "좋은 아침이에요. 만나서 기쁩니다." Ingram은 따뜻하게 미소를 지었다가 이내 곧 표정이 굳어졌다.

내담자: [부드럽게] 대기실에서 선생님이 저를 보게 되어 기쁘다고 말해서 놀랐습니다.
[거칠게] 치료자가 그런 말을 하는 게 적절한가요? 치료자는 항상 전문적으로 보이고 행동해야 한다고 훈련받지 않았나요? 저는 그것이 중요하다고 생각합니다.

중급 내담자 진술 3

내담자: [짜증 내며] 제 동료가 우리 학교 동문 잡지 표지에 사진이 실렸어요. 순간 질투가 났다가, 내가 그보다 더 많은 논문을 냈고 더 이른 시기에 종신직을 얻을 거라는 걸 떠올렸죠.

중급 내담자 진술 4

내담자: [다정하게] 지난주에 선생님이 몸이 아파서 상담을 취소하셨다고 들어서 안타까웠어요. 몸이 나아지셨길 바랍니다. 꿀을 조금 가져올까 했어요. 지역특산물인데 약효가 좋거든요. [갑작스럽게 형식적인 태도로] 자, 오늘은 어떤 의제를 다루나요?

중급 내담자 진술 5

내담자: [온화하게] 주차장에서 오래된 혼다 옆에 주차했어요. 순간 아버지가 항상 그런 차를 타셨던 게 생각났어요. 한동안 그게 선생님 차일 수도 있겠다고 생각했어요. 아버지는 좋은 분이었죠. [갑작스럽게 거만한 태도로] 하지만 제 메르세데스 옆에서는 어울리지 않더군요.

※ 다음 난이도로 이동하기 전에 난이도를 평가하고 조정하시오(연습 지침의 3단계 참조).

활동 12의 고급 수준 내담자 진술: Johnson 사례

고급 내담자 진술 1

Johnson은 어린 시절, 술에 취하면 신체적인 폭력을 가하는 아버지를 두려워했다. 그래서 Johnson은 온순하고, 남에게 맞춰 주고, 조용한 아이가 되었고, 이로 인해 인간관계에서도 우울하고 수동적인 남성으로 성장하게 되었다. 그는 자신의 주장성을 포기한 대가를 깨닫지 못한 채, 수동적인 태도가 더 안전하다고 느꼈다. 초기 치료에서 Johnson은 치료자의 모든 말에 순응했다. 그는 치료의 어떤 측면에 대해서도 불평하지 않았었다.

내담자: [조심스럽게] 지난주에 선생님이 저에게 술을 마시고 싶을 때 장소와 시간을 적어 보라고 제안하셨는데 저는 그게 마음에 들지 않았어요.

고급 내담자 진술 2

Johnson이 오늘 회기에 몇 분 늦게 도착했다.

내담자: [미안해하며] 늦어서 죄송합니다. 그런데 선생님 상담실 근처는 주차가 정말 어렵네요.

고급 내담자 진술 3

Johnson의 딸이 휴가를 가기 위해 돈을 빌려 달라고 했고, 그 휴가는 Johnson이 함께 가는 것은 아니다. 치료자는 Johnson에게 이에 대해 어떤 느낌이 드는지 살펴보기 위해 자신의 몸에서 무엇이 느껴지는지 주의를 기울여 보라고 했다.

내담자: [짜증 내며] 지금요? 변비가 느껴져요! 왜 제가 복용 중인 약이 변비를 유발한다고 미리 말해 주지 않으셨나요?

고급 내담자 진술 4

치료자가 Johnson에게 그 순간 어떤 감정이 느껴지는지 여러 번 물어보았으나 명확한 답변을 얻지 못했다.

내담자: [불편해하며 더듬거리며] 제 기분은 숨기고 시, 시, 싶어요!

고급 내담자 진술 5

Johnson은 제시간에 치료에 왔지만 치료자가 다른 내담자를 약 15분 동안 더 만나고 있다는 것을 발견했다. 회기가 시작되자 그는 이렇게 말했다.

내담자: [눈에 띄게 좌절하며] 음, 제가 좀 덜 오는 게 나을까 싶어요. 선생님에게 다른 내담자들도 있다는 걸 알게 되었어요.

※ 난이도를 평가하고 조정하시오(연습 지침의 3단계 참조). 난이도가 적절하다면 지침에 따라 실습을 보다 도전적으로 진행해 보시오(부록 A 참조).

치료자 반응의 예시: 교정적 정서 체험 제공하기

기억할 점: 수련생은 예시 반응을 읽기 전에 자기 방식대로 즉흥적인 반응을 시도해야 한다. 자기 방식대로 반응을 하는 것이 너무 힘든 게 아니면 다음 반응을 그대로 읽지 마시오.

활동 12의 초급 수준 내담자 진술에 대한 반응 예시: Ann 사례
초급 내담자 진술 1에 대한 반응 예시
Ann 님은 자신의 필요보다는 다른 사람의 필요를 우선시하며 성장했기 때문에, (기준 1) 먼저, 자신에 대해 이야기하는 것은 Ann 님에게 꽤 큰 변화일 거예요. (기준 2) 그렇게 하는 것이 불편하게 느껴졌을 수도 있을 것 같아요. (기준 4) 그런데 이제 주변 사람들이 Ann 님에 대해 조금 더 알게 되었다면, 그것이 어떻게 느껴질까요? (기준 3) 자신을 우선시하는 것이 이번에는 어땠나요? (기준 4)
초급 내담자 진술 2에 대한 반응 예시
Ann 님은 다른 사람들에 대해 그렇게 신경 쓰고 주의를 기울여야 했던 환경에서 자라왔기에 (기준 1) 자신의 진정한 필요를 말하는 것은 새로운 경험일 거예요. (기준 2) Ann 님이 뭔가를 되돌려 받고 싶다고 말했을 때, 저는 이제 우리가 치료에서 어떤 부분에 집중해야 할지 더 잘 알게 되었어요. (기준 3) 자신에게 이제 무엇이 필요한지 저에게 말했을 때 기분이 어땠어요? (기준 4)
초급 내담자 진술 3에 대한 반응 예시
어렸을 때 어머니에 대해 항상 걱정했지만 음주에 대해 아무 말도 할 수 없었죠. (기준 1) 속으로는 화가 나 있는데도 행복한 척하는 것에 얼마나 지쳤을지 상상이 가요. (기준 2) 남자친구의 행동에 질려 버렸다는 것을 깨달은 것은 더 진정성 있는 관계를 이루기 위한 정말 중요한 첫걸음으로 들리네요. (기준 3) 자신이 얼마나 화가 나고 질렸는지 깨달았을 때 기분이 어땠어요? (기준 4)
초급 내담자 진술 4에 대한 반응 예시
와! 그렇게 말해 주니 저에게 정말 의미 있게 느껴져요. (기준 3) Ann 님은 이곳에서 저의 지지를 받아들이며 그 경험으로 성장했어요. 이는 Ann 님에게 새로운 경험이었겠죠. (기준 2) 어린 나이에 어머니를 돌봐야 했었던 성장 환경을 생각하면, (기준 1) 저의 지지가 Ann 님에게 얼마나 중요한지 말하는 것이 쉽지 않았을 수도 있겠다는 생각이 드네요. 맞나요? (기준 4)

초급 내담자 진술 5에 대한 반응 예시

전혀 그렇지 않아요! Ann 님은 이 치료 과정에서 정말 많은 시도를 했고, 제 반응을 걱정하지 않고 더 진정한 자기 자신이 될 수 있었어요. 이는 Ann 님에게 새로운 경험이었겠죠. (기준 2)
Ann 님은 독립적인 사람이 되기보다는 모두를 기쁘게 하는 법을 배워 왔기에 (기준 1)
Ann 님이 제 반응에 대해 지나치게 걱정하지 않고 행동할 수 있게 되었음을 발견한 것이 꽤 놀랍게 느껴질 것 같아요. (기준 3)
Ann 님이 생각하기에도 그런가요? (기준 4)

활동 12의 중급 수준 내담자 진술에 대한 반응 예시: Ingram 사례
중급 내담자 진술 1에 대한 반응 예시
어머니가 아버지보다 더 성공하라는 압박을 주고 아버지를 자주 보지 못했던 것을 생각하면, (기준 1) 그 선물이 어린 시절 Ingram 님에게 큰 의미가 있었을 것 같아요. 주니어 실험복에 대해 이야기하며 Ingram 님이 보여 준 부드러운 모습은 새로운 표현 방식이네요. (기준 2) 오늘 Ingram 님의 또 다른 면을 보며 Ingram 님을 더 깊이 이해할 수 있었어요. (기준 3) 방금 이곳에서 조금이라도 방어를 내려놓는 것이 어떤 기분이었나요? (기준 4)
중급 내담자 진술 2에 대한 반응 예시
어머니와 함께할 때 Ingram 님은 항상 품위 있는 모습을 보여야 한다는 압박감을 많이 느꼈죠. (기준 1) 제가 대기실에서 보여 준 태도가 Ingram 님에게 놀랍게 느껴졌을 수도 있겠어요. Ingram 님이 저에게 따뜻한 미소를 지어 주어서 저는 정말 기분 좋았어요. (기준 3) 비록 그것이 Ingram 님에게는 낯설게 느껴졌을 수도 있지만요. (기준 2) 저에게 따뜻한 면을 보여 주는 것이 Ingram 님에게는 위험한 것처럼 느껴졌나요? (기준 4)
중급 내담자 진술 3에 대한 반응 예시
어머니는 항상 Ingram 님이 아버지의 성공 수준과 비교하도록 만드셨죠. (기준 1) 그래서 어떤 면에서 자신이 부족하다는 느낌이 드는 것이 Ingram 님에게는 용납되지 않을 수 있겠다는 생각이 들어요. (기준 2) 하지만 Ingram 님이 질투심을 표현하면서 진솔한 감정을 잠시나마 저에게 보여 주신 것은 저를 신뢰하고 자신을 개방하는 정말 귀한 선물이었어요. (기준 3) 방금 이곳에서 Ingram 님의 진솔한 감정을 저와 함께 나누면서 기분이 어땠나요? (기준 4)
중급 내담자 진술 4에 대한 반응 예시
저에게 따뜻하고 사려 깊은 마음을 보여 주셔서 정말 감사해요. 우리가 더 가까워진 기분이 들어요. (기준 3) 제가 알기로는, 어머니가 어릴 때 Ingram 님에게 다른 사람들에 대한 진정한 감정을 전문성이라는 벽 뒤에 숨기도록 가르치셨었지요. (기준 1) 그런데 자신의 부드러운 면을 더 보여 주는 것이 다른 사람들과의 연결감을 느끼게 하고, 반대로 다른 사람들과 연결감을 느끼면서 내면에 있던 부드러운 면을 더 표현하게 되기도 하지요. (기준 2) Ingram 님이 의제로 넘어가고 싶어 하는 것을 알지만, 잠시 멈춰서 Ingram 님의 따뜻한 면을 저에게 보여 주면서 어떤 기분이 들었는지 말씀해 주실 수 있나요? (기준 4)
중급 내담자 진술 5에 대한 반응 예시
Ingram 님이 저를 아버지와 연결 지을 때 행복해 보였어요. (기준 2) 그러다 그 연결감을 부정하는 듯한 모습을 보였지요. 어쩌면 Ingram 님은 때때로 아버지와의 정서적 유대를 부정해야 했던 적이 있었을지도 모르겠어요. (기준 1) 하지만 저와 연결감을 느끼는 것은 우리의 작업에 도움이 되요. (기준 3) 제가 드린 말씀이 어떻게 다가오는지 말씀해 주실 수 있나요? (기준 4)

활동 12의 고급 수준 내담자 진술에 대한 반응 예시: Johnson 사례

고급 내담자 진술 1에 대한 반응 예시

Johnson 님이 어린 시절 아버지와 함께할 때 매우 조심스러워야 했던 것을 생각하니 (기준 1)
저에게 더 직접적으로 말씀해 주신 것이 감사하게 느껴지네요.
제 제안에 대해 불쾌감을 표현해 주셨기에, (기준 2)
그것을 함께 살펴보고 어떤 이유로 마음에 들지 않았는지 이해하는 시간을 가질 수 있겠어요. (기준 3)
제 제안이 마음에 들지 않는다고 말했을 때 기분이 어떠셨어요? (기준 4)

고급 내담자 진술 2에 대한 반응 예시

이 동네 주차의 어려움에 대해 말씀해 주시는 것이 Johnson 님에게는 쉽지 않을 수도 있었겠다는 생각이 들어요. (기준 2)
어린 시절 아버지에게 순종적이어야 했던 것을 생각하면요. (기준 1)
오늘 늦으신 이유를 이해하는 데 정말 큰 도움이 되었어요. (기준 3)
제 치료실 근처의 주차 문제를 말씀하실 때 기분이 어떠셨어요? (기준 4)

고급 내담자 진술 3에 대한 반응 예시

어린 시절 Johnson 님이 아버지의 행동을 지적하면 큰일이 났었던 것을 생각하면 (기준 1)
제가 약물 부작용에 대해 주의사항을 말하지 않은 책임을 짚어서 말씀하신 것이 Johnson님에게는 큰 변화로 보여요. (기준 2)
저에게 이렇게 직접 말해 주셔서 제가 Johnson 님의 필요를 더 잘 충족시키기 위해 무엇을 해야 하는지 알게 되었어요. (기준 3)
방금 저에게 책임을 물었을 때 기분이 어떠셨어요? (기준 4)

고급 내담자 진술 4에 대한 반응 예시

Johnson 님이 감정을 표현하기 어려워하는 줄 알았는데, 감정을 사적인 영역에 두고 싶어 한다는 뜻이었군요. (기준 2)
이제 이해했어요. 원하신다면 다른 주제로 넘어가도 좋아요. 말씀해 주셔서 감사해요. (기준 3)
어린 시절, 아버지가 Johnson 님에게 자기 방식대로 경계를 지킬 수 있는 기회를 주지 않았던 것을 생각하면, 저는 Johnson 님의 필요를 존중하고 싶어요. (기준 1)
저에게 직접적으로 Johnson 님이 원하시는 것을 말씀하시는 것이 쉽지 않았을 것 같습니다. 그게 맞나요? (기준 4)

고급 내담자 진술 5에 대한 반응 예시

Johnson 님이 저에게 좌절감을 느끼고 있는 것 같아요. 하지만 제가 아버지처럼 Johnson 님에게 화를 낼 수도 있다는 생각에 이런 말을 하는 것이 위험하게 느껴질 수 있을 것 같아요. (기준 1)
그렇지만 Johnson 님은 제가 "다른 내담자들"을 더 중요하게 여기는 것 같다는 점을 간접적으로 말씀하셨어요. (기준 2)
제가 Johnson 님과의 상담 시간에 늦은 것에 대해 불편함을 마치 물에 발을 살짝 담그듯이 표현한 것 같았어요. 제가 늦어서 죄송하고, 저에게 말씀해 주셔서 감사해요. 제가 Johnson 님의 화난 감정을 들으니 Johnson 님을 더 잘 이해할 수 있게 되네요. (기준 3)
오늘 저에게 그 마음을 표현하셨을 때 기분이 어떠셨어요? (기준 4)

활동 13

대인관계 정신역동치료 회기 축어록

실제 회기 축어록

이제까지 배운 기술들이 실제 회기의 흐름 속에서 어떻게 조화를 이루는지 확인할 시간이다. 이 연습 활동에서는 Ann[8]과 진행한 두 개의 치료 회기 축어록이 제시된다. Ann은 활동 4, 9, 10, 12에서 소개된 내담자이다. 이 축어록을 활용하여 수련생들은 실제 치료처럼 복잡한 상황을 모방해 보면서 정신역동적 개입을 시도해 볼 수 있다.

이 회기가 진행된 조건은 몇 가지 면에서 일반적인 치료 장면과 다르다. 미국심리학회(APA)는 첫 번째 저자인 Hanna Levenson에게 APA의 〈6회기 심리치료 비디오 시리즈〉의 일환으로 심리적 도움을 원하는 사람과 함께 6회기를 녹화하도록 요청했다. 모든 회기는 2010년 여름 3개월 동안 밝은 조명이 있는 방음 스튜디오에서 세 대의 카메라로 촬영되었다. 회기는 처음부터 끝까지 완전히 녹화되었다. 진행 상황은 일반적이지 않았지만, 회기 자체는 Levenson의 개인 치료실에서 이루어지는 작업과 유사한 방식으로 진행되었다. 이 비디오 시리즈의 동반 도서(Levenson, 2017)에서 Levenson은 APA가 정한 6회기 제한에 대해 다음과 같이 설명했다. "이 세팅은 완전한 단기 역동적 치료를 위해 설계된 것은 아니었다. …… 그럼에도 불구하고, 이 작업은 현대 단기 역동적 치료의 많은 개념과 개입을 효과적으로 보여 준다고 생각한다" (p. 94).

여기에 제시된 두 회기에서 12개의 정신역동치료 기술을 모두 볼 수 있다. 이와 더불어 이 회기들은 몇 가지 다른 이유로도 가치가 있다. ① 6회기 전체와 첫 두 회기의 비디오가 상업적으로 이용 가능하다. ② 각 회기 직후, 시리즈 편집자가 Levenson 박사를 인터뷰하여 사례 진행에

---

8) 내담자의 신원을 보호하기 위해 세부 정보가 변경되었다. Ann은 실제 내담자의 사례를 바탕으로 하였으며, 이 사례는 이전에 논의되고 출판된 바 있다(Levenson, 2017). 또한 이 내담자와 진행된 6회기 전체의 비디오가 상업적으로 이용 가능하며(Levenson & Carlson, 2010), 첫 번째 저자가 사례를 기술 기반 관점에서 논의한 인터뷰를 포함한 2회기 버전도 제작되었다(Levenson & Friedlander, 2023). 2010년 비디오 대본을 사용한 4개의 연구도 출판되었으며, 참고문헌에서 확인할 수 있다(Friedlander et al., 2018, 2020; Levenson, 2020; Levenson et al., 2020)

대한 관점을 논의한다. ③ 6회기 전체에는 치료자가 내담자와 함께한 경험을 분 단위로 설명하는 해설이 포함되어 있다. ④ 2회기 비디오에는 기술 개발에 의도적 연습 방법을 적용하는 것에 대한 논의가 포함되어 있다. ⑤ 이 회기들은 여러 문헌에서 다루어진 바 있고, 해당 문헌에서 연구자들은 임상적으로 풍부하게 치료를 분석했다(예: 교정적 체험의 지표를 식별할 수 있는 시점 코딩, 내담자의 '반복되는 오래된 이야기'에서 전환되는 지점의 언어적 및 정서적 표지 기록, 내담자와 치료자의 행동적 기여를 작업 동맹 관점에서 관찰).

여기에 제시된 두 회기는 일반적인 치료 요인의 예시(예: 내담자 지각에 대한 타당화), 역동적 치료의 특정 기술(예: 내담자의 방어에 초점 맞추기), 그리고 치료자의 독창적 스타일(예: 내담자의 핵심 단어를 반복하여 강조) 등이 포함되어 있다. 첫 번째 축어록은 대인관계 정신역동치료에서의 일반적인 첫 회기를 보여 주며, 두 번째 축어록은 일반적인 중간 단계 회기를 보여 준다. 각 치료자 반응에는 활동 1~12에서 다룬 정신역동치료 기술을 주석으로 표기하였다. 수련생들은 이 축어록의 일부 또는 전체를 연습 목적으로 사용할 수 있다. 부록 B에는 이 활동을 수행한 후 수련생들의 경험을 모니터링하기 위해 사용할 수 있는 **의도적 연습 일지 양식**이 포함되어 있다.

지침

대부분의 이전 연습 활동과 마찬가지로, 한 수련생은 내담자 역할을, 다른 수련생은 치료자 역할을 맡는다. 내담자 역할을 맡은 수련생은 가능한 한 실제 내담자와 같은 정서적인 톤을 유지하려고 노력해야 한다. 시작하기 전에 치료자와 내담자 역할을 맡은 수련생 모두 축어록 전체를 혼자서 읽어 봐야 한다. 두 번째로 읽을 때는 두 사람 중 한 수련생은 치료자 역할을, 다른 수련생은 내담자 역할을 맡아 축어록을 소리 내어 그대로 읽는다.

두 번의 완전한 읽기가 끝난 후, 이를 다시 시도할 수 있다. 이번에는 내담자가 축어록을 읽고, 치료자는 그에 대해 즉흥적인 개입을 시도한다. 이 12개 기술이 정신역동치료에서 어떻게 결합되는지 이해하기 위해 연구 논문을 읽거나 회기 비디오를 시청하는 것도 도움이 될 수 있다. 또한 교수나 수퍼바이저로부터 피드백을 받거나 축어록을 다시 검토하는 것도 권장한다.

치료자에 대한 주의 사항

첫째, 자신의 역전이, 즉 상보적 역전이와 고전적 역전이를 인식하라. 상보적 역전이는 내담자의 말과 행동이 정서적으로 당신을 끌어당기거나 밀어내는 방식에 대한 인식이며, 고전적 역전이는 상담에서의 상호작용에서 여러분의 과거 경험이 촉발되는 지점에 대한 인식을 말한다. 둘째, 내담자에게 반응할 때 자신의 음성의 질, 어조, 비언어적 행동을 인식하라. 정신역동치료의 많은 부분은 어떤 방식으로 무엇을 말하는지(또는 말하지 않는지)와 관련이 있다. 축어록 전반에 치료자가 어떤 기술을 사용하였는지 표기되어 있고, 일부 치료자 반응에는 어떤 어조가 사용되었는지 표기되어 있다. 그러나 수련생들이 상황에 가장 적합하고 적절하다고 생각하는 어조를 사용할 것을 권장한다. 또한 축어록의 여러 지점에서 내담자가 눈물을 흘리는 상황이 나온다는 점을 참고하라. 그 지점에서 내담자 역할을 맡은 수련생은 슬픔과 고뇌를 표현할 수 있지만, 실제 눈물을 흘려야 한다는 부담감을 느낄 필요는 없다.

축어록을 읽다 보면 기술 사용 측면에서 차이를 발견할 수 있을 것이다. 일부 기술은 치료 전반에 걸쳐 반복적으로 나타나지만(예: 기술 1. 치료적 탐색하기), 고급 기술들은 후반에서 보다 더 자주 나타난다. 내담자에 대해 더 많이 알게 될수록 내담자의 성격과 애착 유형에 맞게 반응을 조정할 수 있다. 또한 치료적 관계에서의 역동이 전개됨에 따라 다른 기술을 활용하여 내담자에게 더 잘 맞추고, 작업 동맹에서 발생할 수 있는 균열을 수습할 수 있다. 시간이 지나면서 의도적 연습을 계속해 나가면 치료 과정에서 다양한 요소에 더 잘 반응하는 개입을 할 수 있게 될 것이다.

정신역동치료 축어록1(1회기)

치료자 1: 안녕하세요, Ann. 저는 Hanna Levenson입니다. (안녕하세요, Hanna.) 오늘 이 자리에 와 주셔서 정말 감사해요. 이런 식으로 조명과 카메라가 있는 상태에서 대화를 시작하는 것이 좀 이상하게 느껴질 수도 있다는 것을 알아요(맞아요). 하지만 제 경험상, 시간이 지나면 이런 것들은 배경으로 사라질 거예요. 우리가 오늘 당신이 이곳에 온 이유에 대해 이야기하기 시작하면요. (알겠습니다.) 오늘 45분 동안 만나게 될 거고, 제가 당신에게 도움을 줄 수 있을 것 같다면 앞으로 다섯 번 더 만날 수 있을 겁니다. (오, 좋네요!) 저는 당신에 대해 아무것도 모르고, 무엇 때문에 여기에 오셨는지 몰라요. 혹시 말씀해 주실 수 있나요? **(기술 6. 치료의 근거 소개하기)**

내담자 1: **[활기차고 환한 미소와 함께 빠르게 말하며]** 음, 저는 현재 W 대학교 학생이에요. 공중보건학

석사 과정을 밟고 있어요. (오.) 그래서 이 연락을 받았을 때 정말 흥분했어요. 이 모든 것이 어떻게 진행되는지 보고 싶었거든요. 그리고 저는 지금 풀타임으로 공부하고 있고요. 여름 학기 두 과목을 들어야 하고, 지금은 조금 스트레스를 받고 있어요. 기본적으로 앞으로 2년 동안 풀타임 일정이에요. (와!) 강도는 좀 있지만, 마무리하고 싶어요. 박사 과정으로 넘어가고 싶거든요, 선생님처럼요. 그래서 정말 기대돼요. (정말 훌륭하네요.) 그리고 저는 현재 부동산 사무실에서 일하고 있어요. 파트타임으로요. 수입이 좀 필요해서요. 그런데 그것도 좀 스트레스가 돼요. 직장에서 여러 가지 일이 많이 생기고 있거든요. 몇몇 사람들이 떠났고요. 저는 파트타임으로 고용됐는데 사실상 풀타임처럼 일하고 있고, 학교도 다니고 있어요. (와.) 그래서 지금 일이 많아요. 그게 제가 요즘 겪고 있는 일 중 하나죠. 그리고 남자친구도 있어요. 집에서 한 시간 정도 떨어진 곳에 살고 있어요. 그래서 집에서 한 시간 정도 걸려요. 그것도 좀 스트레스예요. 거기 갔다 오는 것도 그렇고, 제 일정에 모든 것을 맞추는 것도 그렇고요. 그래서 그게 지금 제 인생에서 영향을 미치고 있는 큰 세 가지 문제인 것 같아요. …… 이게 제 삶에서 큰 이슈들이에요.

치료자 2: **[부드럽고 단단한 어조로]** 그렇군요. 당신은 풀타임으로 학교에 다니고, 거의 풀타임으로 일하고, 또 풀타임 관계를 유지하고 있네요. **(기술 10. 사례 공식화–자기 행위 / 기술 2. 역전이 반응 인식하기 / 내담자의 활기찬 태도를 보며 그녀의 고통이 보이지 않는 점에 대해 의문을 품음)**

내담자 2: 맞아요. 네, 정말 풀타임으로 할 일이 많아요. **(그렇군요.)** 하루에 시간이 부족해요. 그래서 그걸 감당하려고만 하고 있어요.

치료자 3: 그 모든 것을 조율하려고 노력하는 과정에서 특별히 걱정되는 게 있나요?
(기술 1. 치료적 탐색하기–세부사항 명료화 / 기술 2. 역전이 반응 인식하기–내담자의 열정적이고 순응적이며 미소 띤 태도가 그녀의 말과 일치하지 않는 점이 신경 쓰임)

내담자 3: 그냥 스트레스 수준이요. 저는 정말, 쉽게 스트레스를 받는 편은 아니라고 생각하지만, 제 스트레스 수준이 점점 높아지는 것 같아요. 특히 여름 학기가 거의 끝나 가면서요. 모든 프로젝트 기한이 다가오고 논문도 써야 하고, 게다가 직장은 계속 정신없이 바쁘고요. 그래서 스트레스 수준이 높아지면서 그것 때문에 불안을 꽤 많이 느끼고 있어요. 제가 듣고 있는 수업에서는 학우들 앞에서 발표를 해야 하거든요. 그러니까 저는 그런 걸 좋아하긴 하지만, 그래도 많은 사람들 앞에 설 때는 항상 불안이 따르잖아요. 그래서 제 불안 수준이 지금 제일 큰 문제인 것 같아요.

치료자 4: 그렇군요. Ann, 정말 불안해질 때 당신에게는 어떤 일이 일어나나요? 그것이 어떻게 나타나나요? 어떤 기분이 드는지, 무슨 일이 생기는지 말씀해 주시겠어요? **(기술 1. 치료적 탐색하기– 세부사항 명료화, 함의 탐색 / 기술 2. 역전이 반응 인식하기– 치료자 역시 지금 상업적 목적으로 녹**

화하고 있기에 카메라와 조명 앞에서 최선을 다해야 한다는 성취 불안의 역전이를 자각함)

내담자 4: 음, 저는 심장이 뛰는 것을 확실히 느껴요. 특히 제가 머릿속으로 많은 생각을 하는 편이라, 한 시간씩 여기저기 운전할 때도 생각이 많아요. 다음 주에 뭘 해야 할지, 한 시간 후에 뭘 해야 할지, 이걸 언제 해야 할지, 저걸 언제 해야 할지 생각하죠. 그래서 긴장이 되고요, 숨쉬기가 어렵진 않은데, 숨이 가빠지고, 온몸이 긴장되는 걸 느껴요. 눈물이 나거나 하진 않지만, 조금 압도되는 느낌이 들어요. 그래서 그렇게 되고요, 그다음에는 제 생각들이 막 달리기 시작해요. '이걸 끝낼 수 있을까?'라는 생각이 들면서요. 그런데 선택의 여지가 없어요. 시간이 없거든요. 그래서 그냥 …… 이건 그냥 불안이에요.

치료자 5: 그러니까 당신은 그것을 몸으로 느끼고, 심장이 뛰기 시작하며, 동시에 마음으로도 느끼는군요. 여러 생각들이 떠오르기 시작하고, 그 생각들이 더 불안을 만들고, 그러면 또 생각이 더 많아지고 심장 박동이 빨라지는 거군요. **(기술 10. 사례 공식화–내사)**

내담자 5: 맞아요. 그리고 그게 끝나지 않아요. 악순환이죠. (그렇죠, 그렇죠.) 특히 누워서 자려고 할 때 그런 걸 더 많이 느껴요. 실제로 잠드는 게 어려워요. 왜냐하면 다음 날 해야 할 일이나 다가오는 일에 대해 생각하게 되거든요.

치료자 6: 그렇군요. 그러면 이런 것 때문에 수면에도 영향을 받고 있나요? **(기술 1. 치료적 탐색하기–세부 사항 명료화)**

내담자 6: 네, 맞아요. 잠드는 것도 어렵고, 밤중에 깨는 경향이 있어요. 최소한 세 번은 깨요. 알람을 놓쳤다고 생각해서 놀라서 깨죠. 새벽 3시쯤 깨어나서 '세상에, 알람을 놓쳤나?'라고 생각해요. 부동산 사무실에서는 정확히 문을 열 때 맞춰 있어야 하거든요. 제가 거기 없으면 누군가를 실망시키는 거고, 저는 그럴 수 없어요. 그게 제 성격이에요. 그래서 밤중에 세 번 정도 깨고, 상황에 따라 더 많이 깨기도 해요. 남자친구 집에 있을 때는 더 많이 깨는 것 같아요. 왜냐하면 남자친구의 알람은 신뢰할 수가 없어서 제 핸드폰에 알람을 맞춰야 하거든요. 그러니까, 제가 가려는 곳에 제시간에 도착하려면 제가 챙겨야죠.

치료자 7: 그렇군요. 그러면 수면 부족이 생기고 있는 거네요? (네.) 그렇죠? (네.) 아침에 일어날 때 피곤한가요, 아니면? **(기술 1. 치료적 탐색하기–세부사항 명료화)**

내담자 7: 저는 그냥 "가야 돼, 가야 돼, 가야 돼" 이런 상태예요.

치료자 8: 아, 그런 상태군요. **(기술 1. 치료적 탐색하기–세부사항 명료화)**

내담자 8: 네, 그리고 그게 더 고조되고, 긴장된 상태가 되는 거죠. 그래서 저는 피곤함을 느끼긴 하지만, 시간을 보면 '정신차려, 이제 나가야 돼'라는 생각이 들어요. 피곤할 시간도 없어요. 그냥 참고

가는 거죠. 그래서 제 삶이 늘 그렇듯 스트레스가 많아요.

치료자 9: 그렇군요. 이런 일이 최근에만 그런 건가요, 아니면 과거에도 그랬나요? **(기술 1. 치료적 탐색하기–세부사항 명료화)**

내담자 9: 아니요, 네, 제가 어렸을 때도 늘 그랬어요. 저는 네다섯 가지 운동을 했고, 학교에 갔다가 숙제를 하고, 기본적으로 아침에 일어나서 학교 가고, 학교에서 일찍 나오면 연습하러 가서 수영 연습을 했는데 그게 4시간이었어요. 그리고 집에 와서 시리얼 세 그릇을 먹고, 숙제를 하고, 잠자리에 들었어요. 왜냐하면 그때 이외에는 먹을 시간이 없었거든요. 그래서 제가 기억하는 한, 제 삶은 늘 그랬어요. 그래서 저한테는 그게 그냥 …… 정상이에요. 그런데 요즘에 잠을 못 자요. 밤에 세 번씩 깨는 그런 일이 생긴 건 더 최근 일이에요. **(알겠어요.)** 그런데 늘 바쁘게 움직이는 건 제 성격 같아요. 하지만 스트레스가 쌓이면서 감당하기가 점점 어려워지고 있어요.

치료자 10: 그렇군요. 그러니까 본래 성격적으로 늘 바쁘게 움직이시는 거네요. 에너지가 높은 상태인데, 지금은 그것이 불안으로 바뀌고 있는 것 같아요. **(기술 1. 치료적 탐색하기–함의 탐색)**

내담자 10: 맞아요. 지금은 제가 정말로 겪어 본 적이 없는 무언가로 바뀌고 있는데, 감당하기가 점점 더 어려워지고 있어요.

치료자 11: 그 불안을 다루기 위해 시도해 본 방법이 있나요? **(기술 1. 치료적 탐색하기–세부사항 명료화)**

내담자 11: **[미소를 지으며 서둘러 말함]** 네, 운동을 정말 많이 해요. 기본적으로 식습관도 바꿨어요. 가능하면 매일 운동하려고 노력해요. 주 5일을 목표로요. 왜냐하면 운동이 제 스트레스 수준을 낮춰 주고, 운동할 때는 정말 스트레스를 받지 않는 것 같아요. 제가 하는 동작에 집중하게 되고, 그게 제게는 아주 치료적이에요. 왜냐하면 더 이상 과도하게 긴장하지 않거든요. 제가 삶에서 무슨 일이 일어나고 있는지 생각하면서 내가 더 강해질 수 있는 방법을 고민하게 돼요. (맞아요.) 그리고 말씀드린 대로 최근에 식습관을 바꿨어요. 저는 켈로그 다이어트를 하고 있어요. 잘되고 있어요. 정말 마음에 들어요. 전에는 치즈버거 같은 걸 정말 많이 먹었는데, 이제는 그런 음식을 자제하고 있어요. 이제는 그게 그렇게 중요하지 않게 느껴지고, 더 좋은 음식을 먹고 싶다는 욕구가 생겼어요. 왜냐하면 이 도전을 시작하면서 제 자신에게 긍정적인 변화를 주고 싶었거든요. 그래서 스트레스를 감안하면 그건 긍정적인 변화예요. 제 생각에는 그건 제가 스트레스를 이겨내기 위해 스스로 한 거잖아요. (맞아요.) 그리고 저는 대화로 하는 치료를 시도하고 싶었어요. 그래서 오늘 여기에 오게 된 거예요.

치료자 12: **[미소 지으며]** 좋습니다. 아주 잘 설명해 주셨네요. (네.) 아주 간결하고 솔직하게 말씀해 주셨네요. 감사드리고, 불안을 다루기 위해 운동이라는 방법을 찾으셨다니 정말 멋져요. 운동은 불안을 다루는 데 정말 효과적이라는 것이 입증된 방법 중 하나거든요. 어떤 운동을 하시나요? **(기술 2. 역전이 반응 인식하기–내담자의 유쾌하고 순응적인 태도로 인해 편안하게 있고 싶은 마음과, 그녀에게 속도를 늦추고 더 진솔해지라고 말하고 싶은 마음이 동시에 생김)**

내담자 12: 음, 저는 약간 의식적으로 똑같은 루틴을 따라요. 달리기를 좀 하긴 하는데 인터벌 트레이닝을 해요. 그게 체중 감량에 더 효과적이라고 하더라고요. 그리고 팔 운동이나 다리 운동을 하기도 해요. 매일 할 필요는 없어서 격일로 하죠. (맞아요.) 그리고 복부 운동도 하려고 노력해요. 크런치 같은 걸 일주일에 세 번 정도 해요. (네.) 저는 운동을 다양하게 섞어서 하는 걸 좋아해요. 새로운 아이디어를 얻는 걸 좋아해서 항상 새로운 아이디어를 찾아보고 있어요.

치료자 13: 그러니까 운동을 한 시간 정도 하시는 건가요? **(기술 1. 치료적 탐색하기–세부사항 명료화)**

내담자 13: 아니요.

치료자 14: 아니에요? **(기술 1. 치료적 탐색하기–세부사항 명료화)**

내담자 14: 만약 정말 바쁠 때는 한 시간이지만, 보통은 한 시간 반에서 두 시간 정도 해요.

치료자 15: 정말 열정적으로 하시는군요. **(기술 10. 사례 공식화–자기 행위)**

내담자 15: 네, 저는 한번 시작하면 끝까지 해내는 편이에요. 뭔가를 할 때 전력을 다하지 않으면 시간낭비라고 생각해요. 무슨 말인지 아시죠? 그게 제가 자라면서 배운 방식이에요. 아마 제가 석사에서 멈추지 않는 이유도 그것 때문일 거예요. 그래서 계속하고 싶어요. 왜냐하면, 첫째로 저는 다시 되돌아가지 않을 걸 알고, 둘째로 정말로 제가 원하는 것이기 때문이에요. 그래서 해야 할 일을 해내고 끝낼 거예요.

치료자 16: 체중에 대해 걱정하고 계신가요? **(기술 1. 치료적 탐색하기–함의 탐색)**

내담자 16: 아니요, 네, 아니요. 저희 엄마는 조금 걱정하시는 것 같아요. 엄마는 제가 그 부분에 대해 좀 집착한다고 생각하시는데, 저는 그걸 신경 쓰지 않는 것보다는 신경 쓰는 게 더 낫다고 생각해요. 왜냐하면 한번 방심하면 그 미끄러운 경사길에서 미끄러질 테니까요. 제가 운동을 시작하기로 결심하기 전보다 약 9킬로그램을 감량했거든요. 그리고 그걸 다시 되돌리고 싶지 않아요. 솔직히 그 상태가 다시 돌아올까 봐 두려워요. 그래서 어떤 사람들은 제가 문제가 있다고 말할 수도 있겠지만, 그냥 제 사고방식이 그래요. 제가 집착하는 것처럼 들릴 수 있지만, 항상 제 마음속에 있어요. 다른 일과 마찬가지로 항상 거기에 있어요. 그리고 그게 제 스트레스를 더 높이는 원인 중 하나인 것 같아요.

치료자 17: 운동과 먹는 것에 대해 신경 쓰고 싶고 (맞아요.) 체중이 다시 늘어나는 걸 원하지 않으시는군요. **(기술 10. 사례 공식화–내사)**

내담자 17: 네. 체중이 다시 늘어날 수도 있다는 생각 자체가 정말 무서워요. 제가 예전에 체중이 많이 나갔던 건 아니지만, 그냥 편하지 않았어요. 아시잖아요, 가끔 바지가 조금 꽉 끼면 누구나 기분이 안 좋을 수 있잖아요. 적어도 제 개인적으로는, 체중이 9킬로그램 늘어서 새 바지를 사야 한다면 기분이 좋을 것 같지 않아요. (그렇죠, 그렇죠.) 그래서 제게는, "오, 내가 한 사이즈 작아졌네."라고 말할 수 있다는 게 정말 기분 좋은 일이에요. 그런 걸 전에 경험해 본 적이 없었거든요. 그래서 그건 정말 기분 좋은 일이에요.

치료자 18: 더 체중을 줄이고 싶으신가요, 아니면 지금 상태가 마음에 드시나요? **(기술 1. 치료적 탐색하기–함의 탐색 / 기술 2. 역전이 반응 인식하기– 치료자는 Ann이 섭식장애를 가지고 있을지도 모른다는 우려가 들었는데, 이는 이 시연 비디오의 적합성에 영향을 미칠 수 있는 요소일 수 있음)**

내담자 18: [웃으며] 제 생각에, 아마도 조금 더 체중을 줄이고 싶긴 하지만, 뼈가 드러날 정도로는 아니에요. 저는 근육질이 되고 싶어요. 탄탄해지고 싶어요. 그게 제 진짜 목표예요. 사실, 체중을 줄이는 것보다, 지금 가지고 있는 것을 탄탄하게 만드는 게 더 중요해요. 왜냐하면 근육이 있으려면 약간의 체지방이 있어야 하잖아요. [자신의 이두근을 보여 줌.] (그렇죠, 그렇죠.) 그래서 그게 제 진짜 목표예요. (맞아요.) 그러니까 저는 체중을 줄이는 것보다는 근육을 늘리는 것에 더 관심이 있어요. 그게 저한테 중요하니까요.

치료자 19: 지금 당신에게는 자신의 몸에서 강하고 편안함을 느끼는 것이 매우 중요한 것 같군요. **(연습 8. 은유 사용하기)** (맞아요, 네.) 그럼, 대부분의 삶에서 체중이 지금보다 9킬로그램 더 나갔나요, 아니면 체중이 왔다 갔다 했나요?

내담자 19: 그게, 제가 수영을 경쟁적으로 했을 때, 저는 항상 체중이 더 나가는 편이었어요. 그렇다고 제가 다른 사람들보다 훨씬 무겁다는 건 아니었어요. (네.) 몇 파운드 정도 더 나갔을 뿐이었고, 다른 애들은 정말 말랐거든요. 아시잖아요, 수영팀을 보면요. (네.) 그래서 저는 좀 불리했어요. 왜냐하면 제가 사춘기에 접어들었고, 몸이 변화하면서 체중이 더 늘어나기 시작했거든요. 그래서 제가 체중 문제를 가지고 있었다고 생각하지는 않지만, 체중이 오르내렸던 것 같아요. 때로는 인생에서 어느 시점에서는 이 정도 체중이고, 또 다른 시점에서는 다르기도 하죠. 하지만 지금은 제가 그것을 통제하기로 결심했어요. 더 이상 그냥 놔두지 않을 거예요. 제가 통제권을 가질 거예요. 그게 가장 큰 변화였어요.

치료자 20: 당신이 통제권을 가지려는 분야가 여러 가지 있는 것처럼 들리네요. **(네.)** 그렇죠? **(기술 10. 사례 공식화–자기 행위)**

내담자 20: 네. 다른 사람들이 보면 저에게 통제광(control freak)이라고 할 수도 있을 것 같아요.

치료자 21: 아, 정말요? **(기술 1. 치료적 탐색하기-세부사항 명료화)**

내담자 21: 네. 제 방식대로 하는 걸 좋아하긴 해요. 그렇다고 선생님이 제 방식대로 하지 않으면 문제라고 보지는 않아요. 하지만 제가 왜 제 방식대로 하는지 설명할 수 있고, 선생님이 제 방식을 존중해 준다면 문제가 없을 거예요. 제 방식에 대해 이야기하고 싶어요. 어쩌면 제가 제 방식을 고칠 수 있을지도 몰라요. 개선할 수도 있겠죠. 하지만 제게는 전반적으로 강한 사람이 되는 것이 중요해요. 강하고 독립적인 사람이 되는 것이 모든 면에서 중요하죠.

치료자 22: 그런 태도를 어디에서 배우셨나요? **(기술 10. 사례 공식화-타인의 행동, 내사)**

내담자 22: **[웃으며]** 모르겠어요. 그냥, 아마도 아버지한테서 물려받은 것 같아요. 있잖아요. 아버지는 늘 "나는 네가 교육을 잘 받으면 좋겠고, 스스로 자립할 수 있길 바란다."라고 말씀하셨거든요. 그래서 아버지에게서 그걸 배운 것 같아요.

치료자 23: 아버지가 당신에게 일종의 롤 모델이시군요? **(기술 10. 사례 공식화-타인의 행동, 내사)**

내담자 23: 네, 완전히요. 아버지는 정말 훌륭한 분이에요. 매일 일하시고요. 아버지는 계약업자로 일하시는데, 아침 4시에 일어나셔서 오후 3시까지 일하시고, 그다음에는 배구 코치를 하세요. 제 여동생이 지금 대학에서 선수로 뛰고 있는데, 정말 뛰어난 운동선수예요. 팀의 스타 선수예요. 아버지는 동네 아이들 몇 명을 코칭하시는데, 저녁 9시까지 그렇게 하시고 나서 잠자리에 드세요. 제 삶도 바쁘지만, 아버지의 삶은 정말 미친 듯이 바빠요. 왜냐하면 주말에도 여동생과 함께 대회에 가시거든요. 그래서 저도 그런 바쁜 삶을 살고 싶다는 생각을 하게 된 것 같아요. 지루한 순간이 없는 삶을요.

치료자 24: 와, 그러면 어머니는 그런 상황을 어떻게 감당하시나요? **(기술 10. 사례 공식화—타인의 행동, 내사)**

내담자 24: 어머니도 다른 누구 못지않게 배구에 열정적이세요. **(그래요.)** 어머니는 경기에 가셔서 모든 경기를 보세요. 한 번도 대회를 놓친 적이 없으세요. 코칭에는 관여하지 않으세요. 왜냐하면 두 사람이 부딪히는 걸 원하지 않으셔서요. 하지만 어머니는 경기에 가서 참여하시고, 모든 활동에 적극적으로 관여하시죠.

치료자 25: 그러니까 어머니도 '계속 바쁘게 움직이는' 사람이시군요? **(기술 10. 사례 공식화-타인의 행동, 내사)**

내담자 25: 네. 맞아요. 저희 가족 모두가 그런 성향을 가진 게 정말 운이 좋았던 것 같아요.

치료자 26: 다른 형제자매도 있으신가 봐요? **(기술 1. 치료적 탐색하기-세부사항 명료화 / 기술 10. 사례 공식화-타인의 행동, 내사)**

내담자 26: 네, 제 여동생이 있는데, 걔는 그렇게 '계속 바쁘게 움직이는' 스타일은 아니에요. 여동생은 지금 첫 학기를 끝냈거든요. 대학에서 첫 학년을 마치고 이제 집에 있어요. 그래서 좀 느긋하게 살고, 운동도 하지만 항상 늦잠을 자요. 아, 저도 그렇게 할 수 있으면 좋겠어요. 그러면서도 제가 그렇게 하면 미쳐 버릴 것 같기도 해요. 하지만 여동생은 정말 훌륭한 운동선수이고, 저는 걔가 하고 있는 일들을 존경해요. 그건 풀타임 일이거든요. 여동생은 학기 중에는 아침 5시에 일어나서 운동하고, 수업에 가고, 오후에는 또 배구를 해요. 정말 미친 듯이 바쁜 일정이에요. 그리고 걔가 1학년으로서 그걸 해낼 수 있다는 게 정말 대단하다고 생각해요.

치료자 27: 정말 놀라운 가족에서 자라셨네요. 모두가 정말 열심히 일하고 에너지가 넘치는 분들 같아요. **(기술 10. 사례 공식화–타인의 행동, 내사)**

내담자 27: 맞아요. 뭐, 우리 모두가 어떤 면에서는 부족한 점이 있긴 하지만, 서로 잘 협력한다고 생각해요. 그리고 그게 중요하죠. 자신의 강점과 약점을 인식해서, 지금 하고 있는 일을 잘 처리하고 원하는 목표를 이루는 것이요.

치료자 28: 어린 시절을 돌아보았을 때, 더 있었으면 좋았겠다 싶거나, 좀 덜 했으면 좋았겠다 싶었던 것이 있나요? 아니면 과거를 돌아보며 생각나는 게 있나요? **(기술 10. 사례 공식화–자기 행위)**

내담자 28: 덜 했으면 좋았겠다 싶은 거나 더 있었으면 좋았을 거요? (네.) 저는 친구가 더 많았으면 좋았을 것 같아요. 어렸을 때 이사를 갔거든요. 제가 어렸을 때, 그러니까 2학년이나 3학년 때는 친구가 정말 많았어요. 그런데 이사를 가면서 점점 더 어려워졌어요. 왜냐하면 이미 또래 그룹이 형성되어 있잖아요. (맞아요.) 그 어린 나이에도요. 새로운 학교에서 새로운 사람이 되는 건 정말 어려웠어요. (그렇죠.) 그리고 제 삶은 수영에 전적으로 맞춰져 있었어요. 사람들이 밖에서 놀 때 저는 수영장에 있었죠. 그래서 그게 하나의 이유였고, 고등학교 내내 친구 관계로 어려움을 겪었어요. 친구를 사귀는 게 저에게는 정말 힘든 일이었어요. 그런데 지금은, 저는 지금 거의 받아들인 것 같아요. 제가 기본적으로 친구를 안 만들기로 선택한 거라고요. 스포츠를 하면서요. 제 생각에는 그게 저에게 정말 어려운 일이었던 것 같아요.

치료자 29: 시간적인 면에서 힘들었다고 하셨죠. (네.) 그 외에도 힘들었던 점이 있었나요, 아니면 단지 시간 문제였나요? **(기술 1. 치료적 탐색하기– 세부사항 명료화 / 기술 10. 사례 공식화–내사)**

내담자 29: 잘 모르겠어요. (말씀하셨지요.) 때로는 제가 통제하려는 식으로 행동할 때가 있어서 그런 것 같아요. 그렇게 하지 않으려고 노력하지만, 가끔은 제가 사람들을 멀리하게 만들기도 하는 것 같아요. 아주 솔직하게 말하자면, 저는 제 생각을 그대로 말해 버리거든요. 그리고 어떤 사람들은 그걸 싫어해요. 그래서 저는 다른 사람의 경계를 존중하려고 노력해요. 제 목표는 상대방의 경계를 존중하는 거지만, 동시에 제가 하고 싶은 말이 있다는 걸 상대가 이해해 주고 제가 하고 싶은 일이 많다는 걸 알아주길 원해요. 만약 상대방이 그걸 지지할 수 없거나 이해하지 못한다면, 어쩌면 그건 운명적으로 맞지 않는 것일 수도 있죠. (맞아요. 맞아요.) 그래서 지금 제 삶은 제가 가진 만큼의 친구들로도 이미 충분히 정신없어요. 친구가 더 많아진다는 건 상상도 못하겠어요.

치료자 30: 그렇다면 지금 현재는 친구들이 있군요? **(기술 10. 사례 공식화–타인의 행동)**

내담자 30: 네. 대부분은 제 남자친구를 통해서 만난 사람들이에요. 남자친구는 아주 사교적인 사람이에요. 남자친구한테는 다양한 친구들이 있어요. 남자친구는 아마 제가 아는 사람 중에서 가장 사교적인 사람이에요. 그래서 저는 남자친구를 통해 우정을 쌓게 되었어요. (그렇군요.) 저는 그게 행복해요. 그게 전부예요. 그 이상은 필요 없어요. 우리가 다 같이 어울리고, 저는 더 이상 친구를 찾아다닐 필요를 느끼지 않아요. 고등학교 때 그런 친구가 필요했을 것 같아요. (그렇죠, 그렇죠.) 심지어 대학에서도 친구를 사귀는 건 어려운 일이었어요.

치료자 31: **[천천히, 공감 어린 목소리로]** 대학에서도 친구를 사귀는 것이 어려운 일이었군요. **(기술 3. 정서 경험 심화하기–기저의 정서에 맞춘 어조 사용 / 기술 10. 사례 공식화–자기 행위, 타인의 행동)**

내담자 31: 네, 대학 첫 학기 때, 그때가 아마 제게 가장 힘든 시기 중 하나였어요. 저는 거의 방에만 있었어요. 제 수면 패턴은 완전히 뒤집혀 있었어요. 밤새 깨어 있다가 수업에 가고, 나머지 시간은 자는 거였어요. 완전히 거꾸로였죠. 어떻게 그렇게 했는지 모르겠지만 그렇게 했어요. 그런데 첫 학기 룸메이트는 한 달 만에 떠났어요. 그래서 저는 거의 혼자 있었죠. 두 번째 학기에는 제가 알던 여자애가 룸메이트가 되었어요. 제가 나중에 학교에서 치어리딩 팀에 가입했는데, 그때 알게 된 애예요. 치어리딩 팀에 들어간 건 정말 잘한 일이었어요. 덕분에 그런 상황에서 조금 벗어날 수 있었어요. 하지만 여전히 수면 패턴은 엉망이었고 그 룸메이트는 항상 자리에 없었어요. 걔는 자기 친구들이 있었고, 저는 걔가 제 곁에 남아 주기를 기대하지 않았고, 걔도 제가 함께 있기를 원하지 않을 거라고 생각했어요. 그래서 제 수면 패턴은 완전히 뒤집혀 있었고 정말 이상했어요. 하지만 제가 밤새 파티를 다녔던 건 아니었어요. 저는 뜨개질을 좋아해서 뜨개질로 무언가를 만들었고, 컴퓨터로 게임을 하거나 숙제를 했어요. 그 시기는 저에게 힘든 시기였고, 그래서 그해가 끝나고 집으로 돌아왔어요. 그 뒤에 W 대학교에서 다시 시작하게 되었어요.

치료자 32: 혼자 있는 시간이 당신이 생각했던 것보다 더 많았기 때문에 힘들었던 거군요? **(기술 3. 정서 경험 심화하기–생생한 언어 사용 / 기술 10. 사례 공식화–자기 행위, 타인의 행동)**

내담자 32: 정말 맞아요. 네. 그 기숙사가 L자 형태였는데, 아니 C자 형태였던 것 같아요. 저는 이쪽 끝에 있었고, 다른 사람들은 다 저쪽에 모여 있었죠. 심지어 기숙사에서도 다른 여자애들은 저쪽에서 더 많이 어울렸어요. 저는 혼자 남겨져 있었어요. 아무도 제가 거기에 있는지 몰랐던 것 같아요. 저도 다른 여자애들의 이름을 알지 못했어요. 그건 아마도 부분적으로 제 잘못이었을 거예요. 왜냐하면 그 애들이 나가서 뭘 할 때 저는 하고 싶지 않거나 걔네들이 뭐 하는지도 몰랐으니까요. 그래서 저는 제 자신을 방 안에 가둬 두곤 했어요. 그래서 그게 제게는 가장 큰 어려움 중 하나였던 것 같아요. 하지만 집에 돌아왔을 때는 훨씬 나아졌어요. 친구 문제는 여전히 별로였지만, 저는 집에 머물면서 학교에 통학했거든요. (그래요.) 그래도 저는 집에 있는 게 더 좋았던 것 같아요. 저는 굉장히 집돌이 스타일이에요. 그게 제 성격이에요.

치료자 33: 그러니까 지금은 남자친구를 통해 필요한 만큼의 친구들을 가지게 되었네요? **(기술 10. 사례 공식화—타인의 행동, 자기 행위)**

내담자 33: 네, 남자친구가 확실히 그 점에서 저를 많이 도와줬어요. 심지어 제 껍질 밖으로 나오게 해줬다고 할 수 있어요. 왜냐하면 저는 항상 좀 수줍음 많은 사람이었거든요. 선생님이 보기엔 그렇지 않을 수도 있지만, 저는 항상 좀…….

치료자 34: 하지만 깊은 내면에서는…… **(기술 5. 방어에 초점 맞추기)**

내담자 34: 특히 처음 보는 사람들 앞에서는요, 처음 보는 사람들 앞에서는 저는 정말……. 그 사람들이 무슨 생각을 하는지 모르겠고, 무슨 일이 일어나는지 모르겠어요. 그래서 제가 마음을 여는 데 시간이 좀 걸려요. 제 생각에는 그게 방어기제인 것 같아요. 과거에 사람들한테 상처받았던 경험 때문에 생긴 것 같아요.

치료자 35: **[부드럽고 천천히 말하면서, Ann의 눈을 바라보며 앞으로 몸을 기울임]** 당신은 상처를 받았군요. **(기술 3. 정서 경험 심화하기–기저의 정서에 맞춘 어조 사용)**

내담자 35: 네. 음, 네. 모두가 어느 정도는 그런 경험이 있다고 생각해요.

치료자 36: 마음에서 떠오르는 사건이 있나요? (마음에서 떠오르는 거요?) 상처를 받았던 경험, 그리고 그로 인해 어떻게 조금 물러서서 상황을 더 잘 살펴보는 법을 배우게 되었는지, 그리고 그 일이 삶에 미친 영향에 대해서 말이에요. (네.) 당신에게 어떤 경험이었는지 제가 이해할 수 있을 만한 다른 사건이 있을까요? **(기술 1. 치료적 탐색하기–세부사항 명료화)**

내담자 36: 네, 물론이죠. 몇 가지가 있지만, 가장 기억에 남는 건, 제 가장 친한 친구에 대한 일이에요. 우리가 세 번 이사를 했는데, 새로운 동네로 이사했을 때 그 친구를 사귀었죠. 우리는 6~7년 정도 함께했어요. 그런데 고등학교에 들어가면서 조금씩 멀어지기 시작했어요. 저는 계속 걔와 다시 친해지려고 했는데, 걔는 저를 계속 밀어냈어요. 그리고 걔는 결국 마약 같은 걸 하게 되었죠. 그래서 우리가 멀어진 게 좀 다행이라고 생각해요. 하지만 걔는 저에게 정말 가까운 사람이었어요. 저는 그 친구와 정말 강한 유대감을 느꼈었죠. (네.) 하지만 그 유대감이 희미해졌고, 그것이 저에게는 정말 상처였어요. 걔는 저와 다시 친해지기를 원하지 않았어요.

치료자 37: **[천천히 부드럽게]** 그래서 그건 참 아픈 일이었겠어요. 당신은 계속 그 친구에게 다가가려고 했으니까요. (네.) 당신은 그 친구와 매우 가까웠다고 느꼈지만, 계속 거절당했네요. **(기술 3. 정서 경험 심화하기—기저한 감정에 맞춘 어조 사용 / 기술 10. 사례 공식화—자기 행위, 타인의 행동)**

내담자 37: 네, 맞아요. 그 친구는 정말 받아들이지 않았어요. 걔는 저와 다른 상황에 있었던 거죠. 저는 전적으로 학교와 삶을 바로잡을 수 있다는 생각에 집중했지만, 걔에게 설교하려는 건 아니었어요. 다만, 걔가 '항상 파티 하고 술에 취하는 것보다 더 나은 것들이 있다는 걸' 알게 하고 싶었어요. 저는 스물한 살이 될 때까지 술을 한 번도 마시지 않았어요. 마시고 싶지 않았거든요. 저는 중심이 잡혀 있었고, 항상 그런 식으로 집중해 왔어요. 그래서 걔의 사고방식이 이해되지 않았어요. (그렇군요.) 왜 걔가 술을 필요로 했는지요. (그래요.) 그런데 그 친구는 입양된 아이었어요. 그래서 지금 돌아보면, 걔는 당시 제가 이해할 수 없었던 어떤 문제를 분명히 가지고 있었다는 걸 알겠어요. 하지만 여전히…….

치료자 38: 여기서 말해 준 것처럼, 그 친구에게도 직설적으로 말했었나요? "너 계속 이러면 안 돼." 이런 식으로요? **(기술 10. 사례 공식화—자기 행위 / 기술 2. 역전이 반응 인식하기—이전에 Ann이 자신은 독립적이고 다른 사람들에게 직설적이라고 말했지만, 그녀의 유쾌하고 순응적인 태도를 고려할 때 그 말이 진실로 다가오지 않았음. 그래서 구체적인 상황에서 그녀의 행동이 어떠했는지 질문함.)**

내담자 38: 아니요, 그렇게 하지 않았던 것 같아요. 걔와 함께 있을 때는, 저는 그 아이가 제 친구가 되어 주길 원했어요. (그랬군요.) 그래서 저는 그냥, 뭐랄까, "우리…… 꼭 나가야 해?" 이런 식으로 말하긴 했죠. 저는 그 친구와 몇 번은 같이 놀러 나갔었어요. 걔가 술을 마실 때 저는 걔를 집에 데려다줬거든요. 저는 그 친구를 편안하게 해 주려고 노력했지만, 그냥 그게 잘 안 됐어요. 그 친구는 계속 저를 밀어냈어요. 그 친구는 자기 삶에 있는 모든 사람들에게 그런 식으로 했어요.

치료자 39: **[천천히 부드럽게 Ann의 눈을 바라보며]** 하지만 그건 정말 당신에게 상처가 되었군요. (네.) 그리고 어떤 지점에서 "나는 다시는 이런 상황에 놓이지 않을 거야."라고 마음먹으셨던 것 같아요. (맞아요.) 왜냐하면 그것이 정말 아팠으니까요. **(기술 3. 정서 경험 심화하기—'나' 진술, 기저의 정서에 맞춘 어조 사용)**

내담자 39: 게다가 제 생각에는 제 필요가 충족되지 않았기 때문에 더 상처가 되었던 것 같아요. 걔가 반응해 주지 않았고 그래서 저는 그런 점이 어려웠거든요. 이제 친구를 사귀려고 할 때는 많은 노력을 기울여요. 정말 노력하죠. 뭔가를 찾고, 아이디어를 내고, 제안도 하고요. 내가 이렇게 많은 노력을 하면 사람들이 뭔가를 되돌려줄 거라고 생각해요. 하지만 저는 항상 방어적인 태도를 취하게 돼요. 그리고 가끔은 제가 아무것도 돌려받지 못한다고 느껴요.

치료자 40: 와. (그래서……) 그건 정말 실망스러울 수 있겠네요. **(기술 3. 정서 경험 심화하기–생생한 언어 사용)**

내담자 40: 네. (그렇죠.) 그게 좌절스러워요. 왜냐하면 저는 사람들과 어떤 지점에서는 서로에게 닿아야 한다고 느끼는데, 항상 제가 주는 쪽이고, 그것이 그냥…… 화가 나요.

치료자 41: 그리고 이런 상황이 남자친구와의 관계에서도 나타나나요? **(기술 10. 사례 공식화–타인에 대한 예측, 타인의 행동)**

내담자 41: **[미소 지으며]** 물론이죠.

치료자 42: 그래요? **(기술 1. 치료적 탐색하기–세부사항 명료화)**

내담자 42: 네. 저는 제가 관계에서 늘 상대방 쪽으로 가는 것 같아요. (아, 그렇군요.) 좋은 점도 있고 나쁜 점도 있어요. 저는 아직 부모님과 함께 살고 있어서, 남자친구가 여기로 오더라도 우리가 할 수 있는 일이 많지 않을 거예요. 왜냐하면 그 사람의 친구들은 모두 그쪽에 있고, 우리도 공통의 친구들이 그쪽에 있거든요. 저는 이쪽에서는 친구가 거의 없어요. (그렇군요.) 그래서 제가 남자친구의 집에 가면 할 수 있는 일이 더 많아요. 그 사람이 제가 있는 쪽에 오는 것보다요. 하지만 가끔은 그 사람이 스스로 나서서, 본인에게 편하지 않은 상황에서도 저를 보러 와 줬으면 좋겠어요. (그래요.) 남자친구가 저를 보러 오는 날은, 저희 집 근처에 일이 있을 때 뿐이에요. **[목소리가 떨리고 눈물이 맺힘]** 그게 좀 속상해요. 왜냐하면 저는 그 사람을 보러 갈 때 그런 거 상관하지 않거든요.

치료자 43: **[천천히 부드럽게]** 그래서 Ann, 지금 마음 속에서 무슨 일이 일어나고 있나요? 무언가 느껴지는 것 같아요. **(기술 3. 정서 경험 심화하기–기저의 감정에 맞춘 어조 사용)**

내담자 43: **[눈물이 맺힘]** 그냥 속상해요.

치료자 44: **[부드럽게 천천히, 안심시키는 어조로]** 그렇죠? 네, 당신 얼굴에 그게 보이네요. 네. **(기술 3. 정서 경험 심화하기–기저의 정서에 맞춘 어조 사용)**

내담자 44: **[흐느끼며]** 그냥 답답해요. (그래요.) 죄송해요.

치료자 45: **[부드럽고 천천히]** 괜찮아요. 아니. 이건 아프네요. 제가 보기에는 마치 "왜, 왜 남자친구는 저를 위해 노력하지 않을까요? 저는 그 사람을 위해 노력하는데, 왜 남자친구는 자기가 불편하면 저를 위해 아무것도 해 주지 않을까요?"라고 말하는 것 같아요. 이게 당신에게 중요한 문제군요.

(기술 2. 역전이 반응 인식하기–치료자의 역전이가 짜증 또는 혼란에서 그녀의 고통에 깊이 공감하고 뭉클해지는 쪽으로 바뀌었음 / 기술 3. 정서 경험 심화하기–'나' 진술 사용 / 기술 10. 사례 공식화– 자기 행위, 타인의 행동)

내담자 45: 이건 마치 제가 친구 관계에 대해 말했던 것과 같네요. [깊이 흐느끼며] 저는 주고 또 주는데, [분노 섞인 목소리로] 뭔가를 돌려받고 싶어요.

치료자 46: 그렇군요. 그 사람은 이것이 당신에게 얼마나 상처가 되는지 알고 있나요? 아니, 당신은 그런 마음을 남자친구에게 숨겼군요? (기술 10. 사례 공식화–자기 행위, 타인의 행동)

내담자 46: 저는 두려워요.

치료자 47: 어떤 두려움인지 이야기해 주세요. (기술 1. 치료적 탐색하기–함의 탐색 / 기술 10. 사례 공식화–자기 행위)

내담자 47: 저는, 저는 남자친구가 떠날까 봐 두려워요. 제 필요를 말하면 그 사람이 떠날 것 같아요. 그게 저를 무섭게 해요. 왜냐하면 저는 다른 사람을 찾을 수 없을 것 같고, 그러고 싶지도 않아요. 그게 저를 공포에 빠뜨려요. 그리고 저는……. 제 생각에 제가 하는 행동이 나쁜 것 같아요. 왜냐하면 제가 아마도 남자친구의 행동을 묵인하는 거니까요. 제가 그 문제를 꺼내지 않거든요. 그게 저를 얼마나 아프게 하는지 솔직히 보여 주지 않아요. 그 사람에게 말하지 않아요. 저는 미묘하게 표현해요. (네.) 그리고 저는 남자친구가 제 마음을 읽을 수 있을 거라고 기대할 수 없다는 걸 알아요. 하지만 동시에 저는 남자친구가 제가 얼마나 많은 노력을 하고 있는지 보고 그것을 존중해 주길 바라요. 저는 정말 열심히 노력해요. 그리고 제가 그 사람을 사랑한다는 걸 보여 주고 싶고, 그 사람도 저에게 똑같이 해 주길 원해요. 남자친구가 저와 중간에서라도 만나 주길 원해요. 왜냐하면 저는 주고 또 주다 보면 결국 아무것도 남지 않거든요.

치료자 48: [부드럽게] 와. 당신 내면 깊숙이 이런 고통이 있다는 걸 누가 알겠어요. (기술 3. 정서 경험 심화하기–기저의 감정에 맞춘 어조 사용) 당신이 이런 딜레마에 빠져 있다는 게 정말 이해가 돼요. (기술 3. 정서 경험 심화하기–생생한 언어 사용)

내담자 48: [고개를 끄덕이며] 그래요. 그리고 저는 남자친구에게 말할지 말지 사이에서 계속 갈등하고 있어요. 말하고 싶지만, 무서워요.

치료자 49: 당신은 두려운 거군요. 스스로가 충분하지 않다고 믿는 것 같아요. 남자친구가 정말로 사랑하는 건 그냥 주고 또 주기만 하는 당신이라고 생각하는 건가요? (기술 10. 사례 공식화–내사)

내담자 49: 네, 맞아요. 제가 남자친구에게 충분한 사람이 되려면 계속 상대에게 퍼 주는 사람이 되어야 해요. 항상 그래야 된다는 생각을 해요. 그러면서 울고 또 울어요. 그게 정말 답답해요. 왜냐하면 제가 뭘 해야 할지 알고 있거든요. 저는 굉장히 목표 지향적인 사람이에요. (그렇군요.) 제가 뭘 해야 할지 알아요. 다만, 제가 그걸 할 수 있을지, 그리고 그렇게 했을 때 남자친구가 떠날지 아닐지 모르겠어요.

치료자 50: 당신이 해야 할 일을 안다고 말했는데, 그게 무엇인가요? **(기술 1. 치료적 탐색하기—함의 탐색)**

내담자 50: **[슬프게]** 남자친구에게 말해야 해요. 그 사람이 이러는 것이 저를 얼마나 아프게 하는지 말해야 해요. **[체념한 어조로]** 그리고 남자친구는 일부러 그러는 게 아니에요. 그냥 몰라서 그래요. 그리고 저는 그 사람의 삶도 제 삶만큼 스트레스가 많다는 걸 이해해요. 하지만 저는 남자친구가 제가 얼마나 노력하는지 알아주길 바라고, 그 사람도 열심히 노력해 주길 원해요. 그리고 그게 나를 위해 무언가를 사 달라는 뜻은 아니에요. 가끔 남자친구가 그런 말을 해요. "나는 너한테 사 주는 게 없잖아." **[진심 어린 어조로]** 저는 아무것도 원하지 않아요. 저는 남자친구를 원해요. **(맞아요.)** 제가 겪고 있는 일을 이해해 주고 **[분노 섞인 어조로]** 항상 자기 얘기만 하지 않으면 좋겠어요. 저는 항상 그 사람에 대한 이야기만 하고 싶지 않아요! **[슬프게]** 제가 하고 싶은 이야기가 있어요. 하지만 가끔은 말하기가 무서워요. 왜냐하면 남자친구는 대립하거나, 서로 화를 내거나 싸우는 걸 좋아하지 않거든요. 저는 남자친구를 탓하지 않아요. 저도 싸우는 걸 좋아하지 않아요. 하지만 생각을 계속 안에 담아 두면 싸움이 더 심각해질 거라고 생각해요. 그리고 결국에는 제가 진짜 느끼는 감정과는 다른 것들로 그 사람에게 소리 지르게 될 거예요. 제가 느끼는 걸 다른 방식으로 표현하려고 하면서요.

치료자 51: 진짜 중요한 문제가 아닌 일로 다투게 된 적이 있나요? 당신이 진짜 하고 싶은 이야기를 하지 않아서요. **(기술 1. 치료적 탐색하기—함의 탐색)**

내담자 51: **[말을 끊으며]** 네. 최근에 제가 남자친구에게 정말 짜증을 내고 있다는 걸 느꼈어요. **(네.)** 그냥 전반적으로요. 저는 그냥 남자친구와 함께 있는 것도 힘들어요. 그 사람과 함께 있는 게 어려워요. 왜냐하면 제가 막, 어우, 터질 것 같은 기분이 들어요. 일부러 그런 건 아니고, 그 사람에게 화난 것도 아니에요. 단지 제가 그걸 말하지 못한다는 사실에 화가 나요. 제가 남자친구에게 제 마음이 이렇게 아프다는 걸 보여 줄 수 없다는 사실에 화가 나요. 남자친구의 행동이 제가 상상도 못할 만큼 저에게 많은 영향을 미친다는 걸요. 그리고 남자친구가 저를 뒷전으로 밀어 놓는 게 정말 상처가 돼요.

치료자 52: 남자친구가 당신을 뒷전으로 밀어 놓는다는 게 어떤 식으로 그렇게 하는지 예를 들어 줄 수 있나요? 남자친구가 자신이 편할 때만 당신을 보러 온다는 것은 당신이 말해 줘서 기억하고 있

어요. **(기술 10. 사례 공식화–타인의 행동)**

내담자 52: 맞아요, 남자친구가 편할 때만 그렇죠.

치료자 53: 그렇게 뒷전으로 밀리는 것과 관련된 다른 예도 있을까요? **(기술 10. 사례 공식화–타인의 행동)**

내담자 53: 맞아요, 네. **(네.)** 심지어 지난 주말에도 그런 일이 있었어요. 제가 남자친구의 집에 머무른 이유는 남자친구가 보고 싶었기 때문이에요. 그런데 이런 일이 여러 번 있었어요. 제가 보통 하던 대로 운동하러 나갔다가 돌아왔는데, 오후 2시쯤이었어요. 그리고 남자친구는 보통 집에서 일을 하거든요. 그런데 남자친구가 자기 친구 집에 갔어요. 그 친구는 농장을 가지고 있고, 자동차를 손보는 일을 해요. 남자친구가 자동차를 손보는 걸 좋아한다는 건 이해해요. 하지만 밤 8시가 될 때까지 집에 돌아오지 않았어요. **(오, 정말요.)** 그래서 저는 온종일 혼자 TV를 보면서 거기에 있었어요. 할 일이 없었어요. 저는 남자친구를 보고 싶었어요. 그런데 이런 일이 여러 번 있었어요.

치료자 54: 여러 번 그런 일이 있었군요. 당신은 남자친구를 만나기 위해 한 시간을 운전해 가는데, 대부분의 시간을 혼자 보내게 되고, 이런 일이 여러 번 반복되었어요. **(기술 3. 정서 경험 심화하기–생생한 언어 사용 / 기술 10. 사례 공식화–자기 행위, 타인의 행동)**

내담자 54: 네. 제가 셀 수 없을 정도로 많이요. 주말 동안 남자친구를 보러 갔는데, 한 시간밖에 보지 못한 적도 있어요.

치료자 55: 이런 상황을 어떻게 이해하고 계신가요? 어떻게 이런 일이 납득되나요? 분명히 이런 것에 대해 많이 생각해 보셨을 것 같아요. **(기술 1. 치료적 탐색하기–이해 탐색)**

내담자 55: 네, 맞아요. 저는 이런 상황을 납득하려고 그의 바쁜 삶을 합리화하는 것 같아요. 저는 "남자친구가 할 일이 있다는 걸 알아. 남자친구는 친구들과 시간을 보내고 싶어 한다는 걸 알아."라고 스스로에게 말해요. 그리고 결국에는 다시 한번 제가 이타적인 사람이 되는 걸 받아들이는 것 같아요. 제가 참아야 한다고요. (그렇군요.) 제가 한 시간을 운전해서 왔는데, 남자친구는 분명히 저를 보고 싶어 하지 않는 것 같으니, 저는 제 시간을 포기하고 그 자리에 남아 있고, 남자친구가 떠날 수 있게 해 주는 거죠.

치료자 56: 그러니까 당신은 남자친구의 행동을 합리화하려고 하시는군요. 하지만 스스로에게 하는 그 이야기를 당신이 완전히 믿고 있지는 않는 것처럼 들리네요. **(기술 5. 방어에 초점 맞추기)**

내담자 56: 네, 맞아요. 전혀 믿지 않아요. **(네.)** 제 말은, 남자친구가 토요일에 일하러 가야 해서 제가 그 사람의 집에서 기다리는 경우라면, 저는 그걸 이해해요. 남자친구가 돈을 벌고, 대출을 갚으려고 노력하는 걸 이해해요. 그건 문제가 아니에요. 처음부터 그런 걸 알고 있었으니까요. 저는 주말에 남자친구가 토요일에 일해야 한다는 걸 알고 가요. 그건 문제가 아니에요. 제게 문제가 되는 건, 제가 남자친구를 보러 갔는데, 제가 한 시간을 운전해서 갔다는 사실, 그리고 새벽 5시에 다시 한 시간을 운전해서 돌아가야 한다는 사실을 그 사람이 존중하지 않는다는 거예요. 제가 남자친구와 시간을 보내고 싶어 한다는 걸 존중하지 않아요. 심지어 우리가 친구들과 함께 있어도 남자친구는 저를 그냥 두고 나가요. 예전에 한번은, 남자친구가 술에 취했고, 그 사람의 친구 집에 있었는데, 제가 정말 싫어하는 다른 친구와 함께 갔어요. 그 친구와는 긴 이야기가 있지만, 그 얘기는 접어 두죠. 결론은 제가 그 친구를 정말 싫어하는 이유는 남자친구가 그 친구와 있으면 완전히 다른 사람이 되기 때문이에요. 그리고 저는 그 친구 집에 있었는데, 술을 거의 마시지 않아서 그날도 술을 마시지 않았어요. 그런데 남자친구가 저를 집에 두고 술집으로 가 버렸어요. 남자친구가 진짜 저를 집에 두고 그 친구와 함께 술집으로 가 버렸고 정말 아이러니하게도, 그날 밤 술에 완전히 취하기 전에 남자친구가 저한테 "나는 너를 어디에도 두고 가지 않을 거야. 너한테 그런 짓을 안 할 거야."라고 말했어요. 그래서 저는 그 사람들하고 함께 갔어요. 왜냐하면 그 사람들이 술을 마셨고 제가 운전을 해야 했거든요. 그래서 우리는 그 친구 집으로 갔는데, 남자친구는 저를 두고 나가 버렸어요. 그래서 저는 그게 정말 아이러니하고, 정말……. 웃기지만 동시에 아프게 웃긴 상황이었다고 생각했어요. "나는 너를 어디에도 두고 가지 않을 거야."라고 말해 놓고, 남자친구가 그렇게 했으니까요.

치료자 57: 그 일에 대해 남자친구와 이야기를 해 본 적이 있나요? **(기술 5. 방어에 초점 맞추기 / 기술 10. 사례 공식화–자기 행위)**

내담자 57: **[긴장하면서 입술을 문지르며]** 다음 날 이야기를 했는데, 남자친구가 기억을 못했어요.

치료자 58: 무슨 일이 있었던 건가요? **(기술 1. 치료적 탐색하기–세부사항 명료화)**

내담자 58: 남자친구는 저를 두고 갔던 걸 기억하지 못했어요. 아마 우리가 그 사람을 거기서 만날 거라고 생각했던 건지 어쨌는지. 그래서 남자친구가 그냥 대수롭지 않게 넘겨 버렸어요. 저는 그날 밤 내내 울었어요. 왜냐하면 남자친구는 그날 밤 내내 술에 취해 있었거든요. 결국 차 안에서 거의 기절한 상태였어요. 우리가 집으로 돌아가는 길 내내 저는 울기만 했어요.

치료자 59: 하지만 남자친구는 당신이 그날 밤 내내 울었다는 걸 몰랐죠. 자신의 행동이 당신에게 얼마나 큰 상처를 줬는지 모르는군요. 남자친구는 이걸 모르는 이유가……(모르죠.) 왜냐하면 당신이 두려워하는 것이…… **(기술 3. 정서 경험 심화하기–생생한 언어 사용 / 기술 5. 방어에 초점 맞추기 / 기술 10. 사례 공식화–자기 행위, 타인에 대한 예측)**

내담자 59: 그에게 말하는 거죠.

치료자 60: 만일 남자친구에게 말한다면, 남자친구가 이렇게 말할까요? "누가 너를 필요로 해?" (맞아요.) "네가 이렇게 불평하거나 뭔가를 원한다면, 누가 너를 필요로 하겠어?" **(기술 10. 사례 공식화–타인의 행동)**

내담자 60: 네, 맞아요. 남자친구가 저에게 이렇게 대놓고 말했어요. "나는 집착하는 여자친구는 필요 없어." 같은 말이요. 자기는 독립적이라면서, "나는 여자친구가 필요 없어."라고 말했어요. 제가 생각하기에 남자친구가 말한 의도는 '난 내 공간이 필요하다'는 뜻이었을 거예요. **[목소리가 떨리고, 눈물이 나기 직전인 상태로]** 하지만 남자친구가 그렇게 말했을 때, 그 말이 저를 너무 아프게 했어요. 왜냐하면 그럼 나는 여기 왜 있는 거죠? 내가 여기 있는 걸 원하지 않는다면, **[울기 시작하며]** 저는 여기 있고 싶어요. 하지만 제가 여기 있는 걸 원하지 않는다면, 저는 여기 있지 않을 게요.

치료자 61: **[걱정스러운 목소리로]** 그리고 이것이 더 아픈 건, 당신이 항상 자기 안으로 깊이 몰두하며 살아왔기 때문인 것 같아요. 심지어 당신이 처음 학교를 떠나갔던 그 힘든 시기에, 뜨개질을 하거나 컴퓨터 게임을 하며 지냈던 기억도 있고, 어린 시절 친구가 등을 돌렸던 그 아픈 기억도 있잖아요. 그리고……**(기술 3. 정서 경험 심화하기–생생한 언어, 은유 사용 / 기술 10. 사례 공식화–자기 행위, 타인의 행동)**

내담자 61: 그리고 남자친구도 저에게 그런 느낌을 느끼게 해요.

치료자 62: 맞아요. 그러니까 이건 아마 이런 느낌인 것 같아요. "제 스스로 정말 가까워지는 것을 허락했어요. 제가 당신에게 애착을 느끼고, 당신을 아끼고, 당신에게 베풀기로 했지요. 그런데 지금 이 상황은 너무 두렵네요. 세상에, 제가 지금 나뭇가지 끝에 혼자 매달린 느낌이에요." **(기술 3. 정서 경험 심화하기–'나' 진술, 생생한 언어, 은유 사용)**

내담자 62: 그럼 저는 어디로 가야 할까요?

치료자 63: 만약 그 나뭇가지를 잘라 버린다면 어떻게 될까요? **(기술 8. 은유 사용하기)**

내담자 63: 맞아요. (그렇죠.) 저는 독립적인 사람인데…….

치료자 64: 맞아요. 당신은, 당신은 꽤 복잡한 사람이네요. (맞아요.) 그러니까 당신에게는 그런 독립적인 면이 있죠. 당신은 운동도 하고, 학교도 다니고, 부동산 사무소에서도 일하고, 당신만의 삶을 만들어 가고 있잖아요. 그런데 또 한편으로는 연결되고 싶고, 자신이 어떤 사람인지 인정받고, 사랑받고 싶어 하는 그런 면도 있어요. 그리고 주고받는, 주고받는 관계를 원하죠. **(완전히 맞아요.)** 그러니까 당신 안에는 이런 모든 면들이 있고, 지금 이 모든 것들이 한꺼번에 드러나고 있는 거예요. **(기술 10. 사례 공식화—자기 행위, 내사)**

내담자 64: 그리고 이 모든 것이 제 앞에 있어요. 정말 힘들어요.

치료자 65: 네, 마치 당신이 스스로와 맞닥뜨리고 있는 것 같아요. 지금까지 당신 삶에서 만들어 온 패턴과 부딪히고 있는 것처럼요. **(그럭저럭 괜찮게 살아왔죠.)** 그런데 이제 그게 괜찮지 않은 거예요. 세상을 살아가는 그런 방식, 계속 주고, 주고, 하고, 하고. 이제는 더 이상 괜찮지 않아요. 지금 당신은 더 많은 것을 원하고 있어요. **(맞아요.)** 그런데 이제는 '어머, 내가 뭔가 더 많은 걸 요구하면 어떻게 될까?' **(무슨 일이 일어날까요?)** 무슨 일이 일어날까요? 그렇죠. 음, 이건 당신에게 굉장히 중요한 순간이에요. **(기술 5. 방어에 초점 맞추기 / 기술 3. 정서 경험 심화하기–'나' 진술, 생생한 언어 사용 / 기술 10. 사례 공식화–타인에 대한 예측)**

내담자 65: 네. 인생을 바꾸는 순간이지요.

치료자 66: 그럴 수 있죠. **(기술 6. 치료의 근거 소개하기)**

내담자 66: 그럴 것 같아요.

치료자 67: 그럴 수 있죠. 뭔가 자존감 문제와 관련이 있는 것처럼 들리는데, 맞나요? **(기술 10. 사례 공식화–내사)**

내담자 67: **[미소를 지으며 계속 고개를 끄덕이며]** 네, 항상요. **(항상요.)** 아주 오래전부터요.

치료자 68: 아주 오래전부터요. 그리고 지금 당신은 여기서 그 문제를 다루고 있네요. **(기술 12. 교정적 정서 체험 제공)**

내담자 68: 드디어, 이제 다루고 있어요.

치료자 69: 그렇다면, 이게 아마도 당신이 여기 온 이유의 일부일까요? **(기술 6. 치료의 근거 소개하기)**

내담자 69: 네, 맞아요.

치료자 70: 좋아요. 그래서 '아마도 지금 이 문제가 내 앞에 있는 것 같다.' '아마도 내가 이 문제를 다룰 수 있을 것 같다. 일부는 내 남자친구와 관련이 있지만, 일부는 나 자신과 관련이 있다.'라는 거죠. (완전히 맞아요.) '내가 받을 자격이 있다고 느끼는 것과 관련이 있다'는 거죠. 맞나요? (네.) **(기술 6. 치료의 근거 소개하기/ 기술 3. 정서 경험 심화하기– '나' 진술 / 기술 10. 사례 공식화–내사)**

내담자 70: 정말 동의해요. 그리고 저는 항상 알고 있었어요. 그런 느낌이 늘 있었고, 말로 표현할 수는 있지만, 실제로 행동으로 옮기는 건 완전히 다른 문제죠. 뭐든지 그렇잖아요. 그래서 저는 운동이나 올바른 식습관 같은 것을 통해 하나의 변화를 만들 수 있다면, 더 많은 변화를 만들 수 있을 것 같아요.

치료자 71: **[미소를 지으며 고개를 끄덕이며]** 아, 무슨 말씀인지 알겠어요. 무슨 말씀인지 알겠어요. 당신은 "보세요, 제 삶에서 이런 변화를 만들어 냈어요."라고 말하고 있는 거네요. **(기술 3. 정서 경험**

종합 연습

심화하기 – '나' 진술 / 기술 6. 치료의 근거 소개하기)

내담자 71: 아마도 제가 다시 한번 변화를 만들 수 있을 것 같아요.

치료자 72: "저는 제 자신을 위해 건강한 무언가를 하고 있어요. 아마도 여기에서도 제 자신을 위해 건강한 무언가를 할 수 있을 것 같아요." (기술 6. 치료의 근거 소개하기 / 기술 8. 은유 사용하기)

내담자 72: 그게 제가 원하는 거예요.

치료자 73: 그게 당신이 원하는 거군요. [잠시 멈춤] 그걸 스스로 말하면서 기분이 어떠셨어요? (기술 12. 교정적 정서 체험 제공하기)

내담자 73: 조금 긴장돼요. 약간 불안하지만, 그게 최선이라는 걸 알아요. 왜냐하면 이걸 그냥 안에 담아두는 건 저에게 도움이 되지 않거든요. 이걸 느끼고 있고, 그게 저를 미치게 하고 있어요. 지금 제가 다뤄야 할 일이 아니라고 느껴져요. 저는 깔끔하고 매끄러운 걸 원해요. 저는 아주 매끄러운 걸 좋아해요……. 저는 일이 잘 풀리길 원해요. 그런데 이런 장애물들은 저에게 도움이 되지 않아요. 하지만 저는 그것들을 다룰 필요가 있어요.

치료자 74: 이건 마치 인생이 당신에게 더 건강해질 기회를 주고 있는 것 같아요. (네.) 그렇죠? (기술 6. 치료의 근거 소개하기 / 기술 12. 교정적 정서 체험 제공하기)

내담자 74: 단계가 다른 것 같아요. 먼저, 올바른 식습관, 그다음에는 운동을 통해서, 그리고 지금은……. [말이 끊김] 더 어려운 단계로 가야겠죠.

치료자 75: 더 어려운 단계로 간다는 건 애착과 관련된 문제가 떠오르고 있다는 것이고, 그건 정말로 마음과 가까운 문제죠. [자신의 가슴을 만지며] (기술 3. 정서 경험 심화하기–생생한 언어, 은유 사용) 그렇죠? (맞아요.) 그렇죠? (네.) 정말 이해가 가요. 알다시피, 오늘 우리가 만날 시간이 거의 끝나 가고 있어요. 만약 당신이 원한다면, 이 작업을 계속해 볼 수 있어요. (정말 그러고 싶어요.) 우리가 다섯 번 정도의 회기가 배정되어 있다고 알고 있고, 2주 후에 다시 만날 수 있을 것 같아요. (알겠습니다.) 그래서 2주 후에 다시 만날 수 있을까요? (정말 좋을 것 같아요!) 좋아요. 저는 당신이 정말 솔직하게 이야기했고, 당신이 씨름하고 있는 문제에 대해 이미 감을 잡고 있다고 생각해요. (감사합니다.) 당신이 여기 오는 것이 일종의 용기 있는 행동이었던 것처럼 들리네요. (기술 7. 전이 해석하기– Ann이 '좋은 내담자'로 보이기 위해 치료자를 기쁘게 하려고 노력할 가능성이 있는 특성을 가지고 있다는 점을 치료자가 이 지점에서도, 그리고 회기 내내 의식하고 있음. 하지만 이 시점에서는 그 가능성에 대해 언급하지 않음 / 기술 11. 재연 인식에 수퍼비전 활용하기–내담자의 기쁘게 하려는 태도에 반응해 치료자도 표면적으로 '유쾌한' 치료자가 되려는 경향을 인식함 / 기술 12. 교정적 정서 체험 제공하기)

내담자 75: 약간요. 제가 원했던 일이었어요. 그래서 이게 제 기회예요. 설령 카메라 앞이라도요. 저는 준비가 됐어요.

치료자 76: 정말로요. 카메라 앞이라도요. **(기술 6. 치료의 근거 소개하기)**

내담자 76: 네.

치료자 77: 2주 후에 다시 뵙기를 기대할게요.

내담자 77: 네, 정말 감사합니다.

치료자 78: 좋아요. 안녕히 가세요.

내담자 78: 안녕히 계세요.

정신역동치료 축어록 2(5회기)

치료자 1: 좋은 아침이에요.

내담자 1: 좋은 아침이에요.

치료자 2: 이제 오늘이 마지막 회기 전 회기이고, 3주 후에 다시 만날 예정이에요.

내담자 2: 음, 잘 지내고 있어요, 제 생각에는요. 음, 우리가 얘기했던 것들 중에서 명상을 조금 더 해 봤고, 그리고 제가 원했던 대로 일기를 더 많이 쓰기 시작했어요. 그래서 다 잘되고 있어요.

치료자 3: **[활짝 웃으며]** 그래요?

내담자 3: 네, 정말 좋아요. 어렸을 때 했던 거라 그리웠는데, 지금은 정말 잘되고 있는 것 같아요. 그리고 이번 주에 일을 시작했어요. 그래서 그 흐름에 다시 적응하려고 노력 중이에요.

치료자 4: 그 부동산 사무실에서 다시 일하는 거예요?

내담자 4: 네, 파트타임으로요. 그래서 한 20~30시간 정도 일해요. 여름 방학이라 9시나 10시까지 자는 게 습관이 되었는데, 이제 다시 7시 15분에 일어나는 걸로 돌아가려고 하고 있어요. 오래 쉬었으니 당연한 것 같아요. 그래도 괜찮게 하고 있는 것 같아요.

치료자 5: 알겠어요. 오늘 이야기를 나누고 싶은 주제가 있나요? **(기술 6. 치료의 근거 소개하기)**

내담자 5: 음, 딱히요. 이번 주는 정말 괜찮았어요. 특별히 엄청난 일이 일어나진 않았어요. 어제는 제 남자친구 생일이었는데, 남자친구를 만나고 그 사람의 가족들과 시간을 보냈어요. 정말 즐거웠어요. 다 같이 외식도 했고요. 남자친구는 잘 지내고 있었어요. 제가 남자친구의 생일 선물로 몇 가지를 사 줬고, 같이 시간을 보냈어요. 그래서 정말 편안한 시간이었어요. 하지만 확실히 즐거운 시간이었어요. 음, 글쎄요, 보시면 아시겠지만 머리를 했어요. 항상 미용실에 가면 뭘 할지 몰라서 고민하거든요. 그런데 제 스타일리스트가 정말 잘해요. 아이디어를 제안해 주면 제가 "아, 좋아요, 한번 해 볼게요."라고 하죠. 스타일리스트가 꽤 잘 맞춰 줘요. 머리를 자를 때 좀 긴장했어요. 보통은 다듬기만 하는데, 이번에는 잘랐거든요. 그래서 좀 긴장했지만, 이제는 조금 나아졌어요. 머리를 자르고 나면 더 건강해진 것 같고, 뭔가 더 '쾌적한' 느낌이 들어요.

치료자 6: 그래서 만족하신 거죠?

내담자 6: 네, 정말 만족스러워요. 정말 마음에 들어요.

치료자 7: 좋아요, 좋아요. 건강이라는 주제가 첫날부터 있어 왔던 것 같아요. **[잠시 멈춤]** 문득 이런 생각이 드네요. 좋은 미용사를 찾아가서 더 건강한 머리로 나오게 되는 게, 지난 몇 달 동안 우리가 함께 해 온 작업과 어떤 면에서 비슷하게 느껴져요. 여기에 와서 더 건강한 상태로 나가게 되는 것 말이에요. **(기술 7. 전이 해석하기)**

내담자 7: **[깨달은 듯 웃으며]** 맞아요, 시작할 때부터 제가 점점 더 건강해지고 있어요.

치료자 8: **[미소를 지으며]** 그렇죠, 외적인 변화도 있고 내적인 변화도 있죠. **(기술 8. 은유 사용하기)**

내담자 8: 우리는 확실히 내적인 것들을 다뤄 왔죠.

치료자 9: 그렇죠, 그래 왔어요. 있잖아요? 저는 당신이 이 주제, 당신 삶에 있는 이 패턴에 대해 깊이 생각해 보려는 점에서 매우 솔직했다고 생각해요. 때로는 자신보다는 다른 사람들에 대해 더 신경 쓰는 그런 모습이요. '그들은 어디에 있지?' 그리고 '내가 그들을 어떻게 기쁘게 할 수 있을까?'를 더 걱정하면서요. 그리고 당신은 때로는 진짜 당신을 여기에 **[손으로 벽을 만드는 동작을 하며 벽 뒤를 가리킴]** 안전하게 숨겨 두기 위해 벽을 쌓아야 할 것 같다고 걱정했어요. 그래서 이 부분을 **[벽 앞을 가리킴]** 이 사람들이 받아들일 수 없을까 봐 걱정하는 거죠. 그들은 진짜 당신을 보지 못하고, 대신 당신이 던져 놓은 이 벽과 다른 모습을 보게 되는 거예요. 그런데 그걸 계속 유지하는 게 점점 피곤해지고 있어요. 우리가 이야기했던 것처럼, 당신의 일부는 그 벽에서 벗어나 자유로워지고 싶다고 소리치고 있어요. **[지난 회기에서 내담자가 남자친구에게 상처받고 있다는 걸 말하고 싶다고 했던 것에 기반하여 언급함] (기술 5. 방어에 초점 맞추기 / 기술 8. 은유 사용하기 / 기술 10. 사례공식화– 자기 행위)**

내담자 9: 맞아요, 지난번에 그랬죠.

치료자 10: 맞아요. 그리고 지난번에 당신이 다이빙 보드 위에 있었던 이야기를 듣는 게 정말 좋았어요. **[지난 회기에서 내담자는 다이빙할 때 자신이 진정으로 자기답게 느껴진다고 이야기했음] (기술 8. 은유 사용하기)**

내담자 10: 네, 정말 완전히 다른 저였어요.

치료자 11: 완전히 다른 당신이요. 맞아요. 그래서 지금까지 우리가 함께한 짧은 작업에서 기억에 남는 것들 중 몇 가지를 떠올리고 있었어요.

내담자 11: 네, 저도 확실히 같은 느낌이에요. 그리고 제가 느끼기에 그것이 가장 두드러지게 나타나는 부분 중 하나는 제 남자친구와의 관계에서인 것 같아요. 이 벽은 정말로……. 저는 그 사람의 벽을 허물려고 노력하지만, 지난번에 선생님이 저에게 아마도 나 자신부터 시작해야 할 거라고 말했잖아요. 그래서 저는 그게 제 삶에서 정말 중요한 부분 중 하나라고 생각해요. 왜냐하면 학교에서는 정말 잘 지내고 있고, 일은 그냥 일이지만, 특히 제가 정말 소중히 여기는 이 관계에서는 그렇지 않아요. **[잠시 멈춤]** 저는 항상 두 사람이 될 수 없어요. 특히 남자친구를 자주 만나고, 우리가 정말 가까운, 친밀한 관계에 있을 때요. 누군가와 이렇게 가까우면서도 가짜인 채로 있을 수 없어요. 그게 정말 저를 괴롭히고 있고, 이번 주에 그 생각을 했던 것 같아요.

치료자 12: 네, 그에 대해 일기를 쓸 기회가 있었나요? 그게 이번에…….

내담자 12: **[말을 끊으며]** 네, 일기를 썼어요. 제가 생각했던 건, 페이지를 반으로 나누어서, 약간 장단점처럼 썼어요. 하지만 '벽이 있는 나'와 '벽이 없는 나'로 구분했죠. 그냥 특성들을 적어 봤어요.

치료자 13: 와! **(기술 2. 역전이 반응 인식하기–내담자의 창의성과 성실함에 감명 받음)**

내담자 13: 그래서 잘 모르겠어요, 그냥 장단점 리스트를 생각하다가 이렇게 해 보면 어떨까 싶었어요. 저의 벽에 대해 말하자면, 저는 항상 다른 사람들에 대해 생각하려고 하는 것 같아요. 남자친구와의 관계를 예로 들어 보면, 남자친구의 요구를 항상 고려하고, 남자친구가 요구할 때마다 거의 뭐든지 해 주는 식이에요. 그리고 저는 희생하지만, 그 사람은 그걸 알지 못하는 거죠. 그리고 벽이 없는 저는 그냥 상호적인 관계를 원해요. 우리가 이야기했던 것처럼요. 제가 다가가고 남자친구도 다가오는 그런 관계요. 서로 중심에서 만나는 거죠. 그리고 그냥 제 자신으로 있는 것, 다른 사람인 척하지 않아도 되는 거요. 그래서 그건 정말 강렬한, 강렬한 일기 쓰기였어요. 왜냐하면 이런 것들을 보면, 정말로 깊이 생각하게 되거든요. 제가 정말 다루고 싶은 부분들이었어요. 그리고 지난번 회기에 신체 감각을 느끼는 데 정말 도움이 되었던 것 같아요. **[지난 회기에서 치료자는 Ann에게 자신의 몸에 집중하고 신체적 반응을 인식하도록 도왔음]** 그냥 알아차리는 거요. 왜냐하면 제가 그 긴장감을 느꼈고, 그게 뭔지 어렴풋이 알았거든요. 하지만 저는 항상 조금 긴장된 상태에 있는 사람이에요. 왜냐하면 저는 약간 불안한 타입이거든요. 그런데 그게 점점 강해지고 있어요. 그래서 그게 무엇인지 알아차릴 수 있다는 게 정말로 힘을 얻는 느낌이었어요.

치료자 14: 음, 그래서 그게 뭔지 알아차리고, 인식하는 게 당신에게 힘을 주는 경험이었군요. **(기술 10. 사례 공식화–내사 / 기술 12. 교정적 정서 체험 제공하기)**

내담자 14: 그리고 그걸 소리 내어 말하는 것, 그냥 생각만 하거나 "음, 아마 그럴지도 몰라, 아닐지도 몰라." 이렇게 넘기는 게 아니라요, 정말로 그것을 인식하는 거요. 그리고 저는 합리화하고 싶지 않아요. 왜냐하면 그게 제가 늘 하던 방식이거든요. 그냥 선생님이 말한 것처럼, 흐름에 맡기고 자연스럽게 있으려고 해요.

치료자 15: 자연스럽게, 맞아요.

내담자 15: 그걸 자연스럽게 받아들이는 거요. 그래서 그게 정말 도움이 많이 되었어요. 저는 뭔가를 생각하고 정리하는 것을 좋아하거든요. 그런데 그냥 그것을 감정으로 느끼는 건 저에게는 좀 다른 일이에요.

치료자 16: 맞아요. 그리고 우리의 작업과 우리의 관계에서도, 우리는 그 흐름(flow) 속에 있었던 것 같아요. **(기술 3. 정서 경험 심화하기 / 기술 8. 은유 사용하기)**

내담자 16: 아, 정말 그래요. 저도 그렇게 느껴요.

치료자 17: 그래서 흥미로운 점은, 당신이 여기에서 그 흐름에 참여했다는 거예요. 그럴 필요는 없었는데도요. **(기술 4. 과정 언급하기 / 기술 12. 교정적 정서 체험 제공하기)**

내담자 17: 아니요, 아니요. 음, 제 생각에 이건……. 제가 관계를 갖고 싶어 하고, 제 스스로 변화하고 싶어 하기 때문인 것 같아요. 만약 제가 이 상황에 대해 더 닫힌 마음을 가지고 있었다면, 그러지 않았을 수도 있어요. 그리고 어느 정도 저는 상대방의 방식에 맞춰서 적응하려고 하는 것 같아요. 적어도 그렇게 하려고 노력하죠. 예를 들어, 선생님의 성격을 보거나 다른 사람들, 친구들의 성격을 보면, 저는 거기에 맞춰서 적응하려고 노력해요. (그래요.) 그리고 '이게 그들에게 도움이 될까?'라고 생각하죠. 저는 항상 다른 사람들을 생각하고 있어요. 그런데 이번에는 그 흐름 속에 있으면서 단순히 적응하는 것이 아니라, 그것이 어떤 느낌인지 느껴 볼 수 있었던 것 같아요. 왜냐하면 저는 이런 관계에서 그런 경험을 해 본 적이 없거든요. 그래서 이게 정말 도움이 되었다고 생각해요.

치료자 18: 알겠어요. 그래서 어쩌면 처음에는, '카메라와 조명, 그리고 이 테이프를 볼지도 모르는 수련생들을 도우면서 내가 여기에서 어떻게 잘할 수 있을까?'라고 생각했을 수도 있겠네요. 어떻게 저를 도울 수 있을까 하고요. **(기술 7. 전이 해석하기 / 기술 11. 재연 인식에 수퍼비전 활용하기)**

내담자 18: 선생님의 일이 더 수월해지게 도와드리는 거죠, 네.

치료자 19: 제 일이 더 수월해지게 도와주는 거요. **(기술 4. 과정 언급하기 / 기술 7. 전이 해석하기)**

내담자 19: 그런데 분명히 변화했어요.

치료자 20: 변화했군요…….

내담자 20: [말을 끊으며] 극적으로요. 첫 회기에서는 제가, 아시겠지만, 도움이 되려고 했던 것 같아요. 하지만 그냥 흐름에 맡겼고, 그게 그냥 자연스럽게 흘러갔어요. 지금은 그렇게 하지 않아요.

치료자 21: [동의하며] 그렇죠. 지금은 그렇게 하지 않아요. 예전에는 '다음에 뭐라고 말해야 하지?'라고 계속 생각했던 것 같아요. **(기술 10. 사례 공식화–자기 행위)**

내담자 21: 이제는 안 그래요.

치료자 22: 그렇지 않군요.

내담자 22: 그냥 자연스럽게 흘러가고 있어요. (와!) 그래서 기분이 정말 좋아요. 왜냐하면 저는 정말 지금은 과도하게 분석하지 않고 있어요. 집에 가면 분석하긴 하지만, 그 순간에는 아니에요.

치료자 23: 그 순간에는 아니군요. 뭔가 괜찮을 거라는 신뢰가 있는 것 같아요. 그런데 여기에서 모든 것이 다 재미있고 즐거운 것만은 아니었어요, 그렇죠? **(기술 4. 과정 언급하기)**

내담자 23: 맞아요. 전혀 그렇지 않아요. 이건 힘든 작업이에요.

치료자 24: 힘든 작업이죠. 그런데도 당신은 그 과정에 신뢰를 가졌고, '지금 치료자를 기쁘게 하기 위해 내가 뭘 말하거나 해야 할까?'라고 과도하게 분석하거나 생각하지 않았어요. **(기술 4. 과정 언급하기 / 기술 7. 전이 해석하기 / 기술 10. 사례 공식화–자기 행위)**

내담자 24: 맞아요, '내가 여기에서 도움이 되려면 뭘 할 수 있을까?'라고 생각하던 게 있었어요. 그런데 신뢰라는 것이 제 주요 문제 중 하나라고 생각해요. 이렇게 할 수 있다는 것 자체가 어느 정도 신뢰를 필요로 해요. 그런데 그렇게 생각해 본 적이 없었어요. 아마도 그게 제가 다른 사람들과는 이렇게 하지 못하는 이유일지도 몰라요. 취약해지고, 제 자신을 드러내는 것 말이에요.

치료자 25: 취약해지는 것. **(기술 12. 교정적 정서 체험 제공하기)**

내담자 25: 네, 우리가 전에 이야기했던 것처럼요. 저 같은 경우는 벽을 허무는 거요. 저는 여기서 그런 식으로 그걸 해 본 것 같아요. 일어나는 일에서 배움을 얻으려고요.

치료자 26: 맞아요, 그렇게 했어요. 그리고 여기 밖에서도 그렇게 했잖아요. **(기술 12. 교정적 정서 체험 제공하기)**

내담자 26: 네, 제 친구와 함께 있을 때요, 네. **[이전 회기에서 치료자가 내담자에게 다른 사람과 상호작용할 때 자신의 필요를 더 주의 깊게 살펴보라는 과제를 줌]**

치료자 27: 친구와 함께 있을 때 그랬고, 또 일기 쓰기에서도 그랬죠. 그것을 기록하고, 말로 표현하면, 그것만으로도 이미 달라져요. **(기술 5. 방어(의 부재)에 초점 맞추기)**

내담자 27: 네, 왜 그런지는 모르겠지만, 확실히 그렇죠. 특히 누군가에 대해 이런 감정을 느낄 때, 그 감정을 실제로 그 사람에게 말하면, 모든 것이 바뀌어요. 그리고 그게……. 저와 '변화'라는 건 보통 잘 어울리지 않잖아요.

치료자 28: [농담조로] 글쎄요, 당신 머리를 보세요! **(기술 8. 은유 사용하기)**

내담자 28: 음, 대인관계에서는요, 특히 남자친구와 관련해서는, 여전히 변화를 시도하는 게, 그것을 꺼내는 것이 정말 두려워요. 왜냐하면 저는…….

치료자 29: [말을 끊으며] 남자친구와 더 깊은 수준의 친밀감을 가지는 것이 두려운 건가요? **(기술 5. 방어에 초점 맞추기)**

내담자 29: 아마도요. 그게 아주 좋은 이유일 수 있을 것 같아요. 왜냐하면, 음, 제가 전에 말했듯이, 남자친구가 저에게 "네가 있든 없든 상관없어." 같은 경솔한 말을 한 적이 있거든요. 그리고 누군가와 그렇게 친밀해졌을 때, 그런 말을 듣게 되면, 제가 뭘 바라겠어요? 저는 더 깊은 관계로 가고 싶을지도 모르겠지만, 당신[남자친구]이 그 정도까지 가고 싶어 하는지는 모르겠어요. 그래서 그게 저에게는 쉽지 않은 부분이에요. 왜냐하면 저는 그런 상황에 놓이고 싶지 않고, 그 사람도 저와 함께 그런 상황에 있고 싶어 하지 않잖아요. 무슨 말인지 아시겠죠. 그래서 가끔은 남자친구가 그런 수준을 원한다고 생각할 때가 있지만, 또 어떤 때는 '잘 모르겠어.'라고 생각할 때도 있어요.

치료자 30: 당신은요? 그 수준으로 가고 싶으신가요? **(기술 1. 치료적 탐색하기 / 기술 12. 교정적 정서 체험 제공하기)**

내담자 30: 저는 거의 그 수준에 도달한 것 같아요. 하지만 제가 원하는 방식은 아니에요. 저는 벽을 세운 상태에서 그 수준에 있는 것 같아요. 하지만 진짜 '이게 Ann이고, 받아들이든지 말든지' 이런 식은 아니에요. 저는 '이게 Ann이고, 내가 생각하기에 당신이 원하는 모습이에요'라는 방식에 더 가까운 것 같아요. 무슨 말인지 아시겠죠? 첫 번째 단계는 남자친구에게 제 감정을 이야기하는 것이라고 생각해요.

치료자 31: 알겠어요. 어쩌면 '이게 Ann이고, 받아들이든지 말든지.'와 '이게 Ann이고, 내가 생각하기에 당신이 원하는 모습이에요' 사이에 무언가 있을지도 몰라요. **(기술 10. 사례 공식화-자기 행위, 내사)**

내담자 31: 행복한 중간 지점 같은 거요?

치료자 32: 더 균형 잡힌 지점이요. 왜냐하면 두 가지 모두 약간 멀게 느껴져요. '이게 Ann이고, 받아들이든지 말든지.' 이런 식은 당신이 남자친구와 있는 모습이 아니잖아요. 그건 마치 '커피를 마시든 말든' 이런 식인데, 당신은 남자친구에게 정말 관심이 있잖아요. (완전 그렇죠.) 그래서 '받아들이든지 말든지'라고 말하는 건 아닌 것 같아요, 그죠? 하지만 '이게 Ann이고, 내가 생각하기에 당신이 원하는 모습이에요.'라는 것도 거짓이에요. (완전 그렇죠.) 그건 진짜 당신이 아니에요. 제가 생각하기에 이 두 가지의 공통점은 그것들이 진짜 당신이 아니라는 거예요. **(기술 10. 사례 공식화–자기 행위 / 기술 12. 교정적 정서 체험 제공하기)**

내담자 32: 맞아요. 둘 다 아니에요. 균형이라는 게, 선생님이 말했듯이, 어렵죠. 왜냐하면 저는 흑백 논리에 가까운 사고를 하는 사람이거든요. 그리고 저는 제 자신에게 더 엄격한 것 같아요.

치료자 33: 그래요. 당신은 자신에게 더 엄격하군요. **(기술 10. 사례 공식화–내사)** 그런데 저는 당신을 흑백 논리 사고를 하는 사람으로 느끼지 않아요. (정말요?) **(기술 4. 과정 언급하기)** 네, 정말로요. 저는 그렇게 느끼지 않아요. 제가 보기에 당신은 [잠시 멈춤] 균형 잡기를 하고 있는 것 같아요. "제가 이쪽으로 조금 가야 할까요, 아니면 저쪽으로? 이게 괜찮을까요?" 그리고 당신은 자신이 느끼는 것에 대해 매우 잘 알고 있어요. 지난 회기에서 당신이 '그에게 말하라고 외치고 있는' 자신의 일부분을 이야기했을 때 정말 감동적이었어요, 맞죠? **(기술 3. 정서 경험 심화하기)**

내담자 33: 아마도 제가 그렇게 생각하는 것뿐일지도 모르겠어요. 흥미롭네요. 저는…….

치료자 34: **[말을 끊으며]** 혹시 당신이 자라온 가정이 더 흑백 논리에 가까웠을까 궁금했어요.

내담자 34: 네, 아주 흑백 논리였어요. '최선을 다하든지, 아니면 하지 말든지.'

치료자 35: 그렇죠. '네가 고쳐라, 울지 마라!' 마치 이런 상자들이 있는 것처럼요. 당신은 그 상자에 맞춰야 했고, 하지만 지금 저는 당신이 어떤 상자보다는 흐름을 가지고 있는 사람으로 보여요.

내담자 35: 이제는 그게 느껴져요. 제가 생각하기에는 우리가 얘기를 시작하기 전에는 저 자신을 여기, 여기 **[각기 다른 상자를 가리키는 제스처를 하며]** 각각의 문제들, 각각의 것으로 여겼던 것 같아요. 무슨 말인지 아시겠죠? (알아요.) 하지만 저는 모든 사람이 그런 건 아니라고 생각해요. 모든 사람이 그렇게 될 수도 없고요. 선생님이 전에 말했듯이, 그렇게 하면 방어적으로 되고, [잠시 멈춤] 친밀감을 가질 수 없게 돼요. 가까워질 수 없고, 더 반감을 사게 되죠. 그래서 저는 분명히 제 자신에 대해 많은 것을 배웠어요. 흑백 논리 사고를 덜 할 수 있고, 어쩌면 제 자신을 흑백 논리 사고를 하는 사람으로 여기지 않아도 된다는 것을요. 그냥 흐름에 따라가는 것. 저는 그런 걸 정말로 해 본 적이 없어요. 학교에 가도 감정에 대해 배우는 게 없고, 그래서 이런 감정을 느꼈을 때, 그것을 다루는 게 힘들어요. 그래서 그것을 어떤 문제를 다루듯이 다루게 되죠. 그것을 상자에 넣어 버리는 거예요. (맞아요.) 하지만 감정은 어떤 생각을 하지 않으면 해결되지 않아요. 그리고 때로는 그것을 바로 해결하고 싶어지죠. 하지만 시간이 걸리는 거예요.

치료자 36: 네, 그 감정에 대해 깊이 생각해 보는 게 정말 중요해요.

내담자 36: 그리고 이유, 저는 이유를 알아요, 그런데 또 왜 그런지 몰라요……. 뭐가 그것을 유발하는지는 알지만, 왜 그것이 저에게 그렇게 큰 영향을 미치는지 모르겠어요. 특히 제 남자친구와의 관계에서요. 왜냐하면 제가 지금까지 사귄 대부분의 남자들에게서는 그것이 그렇게 신경 쓰이지 않았던 것 같거든요.

치료자 37: '그것'이요? **(기술 1. 치료적 탐색하기)**

내담자 37: 그냥, 음, 상황이 나빠지거나, 그들이 저에게 상처를 주었을 때요. 그때는 그렇게까지 신경 쓰지 않았어요.

치료자 38: 그때는 '받아들이든지 말든지' 하는 Ann이었군요.

내담자 38: 지금 남자친구와는 정말 달라요. 왜 그런지 모르겠어요. 그냥 다르게 느껴지는 것 같아요. 그래서 그가 무언가를 했을 때, 그리고 그게 저에게 상처가 될 때 저는 그냥 참아요. 그게 바로 벽인 것 같아요.

치료자 39: 맞아요, 맞아요. 그러니까, '안녕, 나는 더 이상 이걸 참지 않을 거야.'라고 말할 줄 아는 거죠. 다른 관계에서 그렇게 해 본 적이 있잖아요. 그리고 자신을 남자친구가 원하는 모습으로 바꿀 줄도 알고요. 하지만 이제 당신이 연습하고 싶은 것은, 그 벽돌들 중 일부를 어떻게 허물 수 있을지에 대한 거예요. 자신을 죽을 만큼 겁먹게 하지 않으면서도, 벽돌 몇 개를 허물고, 밖을 엿보고, 남자친구가 당신을 볼 수 있게 하고, 되돌아오는 반응이 당신이 생각했던 만큼 나쁜지 아닌지를 확인하는 거죠. **(기술 8. 은유 사용하기 / 기술 10. 사례 공식화–타인에 대한 예측 / 기술 12. 교정적 정서 체험 제공하기)**

내담자 39: 맞아요, 그게 바로 제가 하고 싶은 거예요. 하지만 생각해 보니 제가 그렇게 해야 한다는 걸 깨달았어요. 지금 있는 상태로는 작동하지 않고, 제게 너무 큰 내적 고통을 주고 있어요. 그걸 남자친구에게 표현하지 않았죠. 제 자신에게는 표현했고, 제 일기장에도 썼지만, 정말 중요한 곳에서는 하지 않았어요.

치료자 40: Ann, 제 생각에는요, 아마도 당신 인생에서 처음으로, 아마도 남자친구와의 관계에서 처음으로, 진정한 친밀감에 대한 갈망을 경험하고 있는 것처럼 들려요.

내담자 40: 완전히 동의해요. 그런 것 같아요. 벽 없이, 그 어떤 것도 없이요…….

치료자 41: **[말을 끊으며]** "이건 내게 중요하지 않아, 상관없어, 내가 그냥 이걸 할게, 저걸 할게" 같은 방어막 없이요. 그게 아니라, 이건 당신 안에서 다르게 느껴지는 거죠. **(기술 5. 방어에 초점 맞추기)**

내담자 41: 네. 다르게 느껴져요. 그리고 제가 예전에 했던 것과 다른 걸 시도해 보고 싶게 만들어요. 그래서…….

치료자 42: **[말을 끊으며]** 하지만 그게 무서운 거예요. 왜냐하면 그건 당신이 전에 해 본 적 없는, 완전히 다른 거잖아요. 그 벽들은 이유 없이 쌓인 게 아니잖아요. 당신은 어머니의 엄마 역할을 해야 했던 가정에서, 그리고 아버지가 순종을 요구하던 가정에서 자신을 보호해야 했어요. **(기술 5. 방어에 초점 맞추기 / 기술 10. 사례 공식화-모든 요소를 통합하기)**

내담자 42: 네, 정말 그래요.

치료자 43: 마치, '좋아, 네가 이걸 하길 원한다면, 내가 이걸 할게.' 같은 거죠. **(기술 3. 정서 경험 심화하기-'나' 진술 사용)** 그러니까, 그 벽들이 이유 없이 세워진 게 아니에요. 그 당시에는 가치가 있었죠. **(기술 5. 방어에 초점 맞추기)**

내담자 43: 그때는 그게 필요했어요.

치료자 44: 그랬겠죠. 정말 많이요. 그러니까, 열 살짜리 소녀가 그 나이에 겪어야 했던 일을 어떻게 대처했겠어요? **(기술 5. 방어에 초점 맞추기)**

내담자 44: 맞아요. 모르겠어요, 아마도 못했을 거예요. 그 벽이 없었다면, 저는 오늘날의 제가 되지도 않았을 거예요. 그리고 저는 그것이 중요한 가치라고 생각해요. 왜냐하면 사람은 과거에 했던 것들과 관계들을 통해 지금의 자신이 되었음을 인정할 수 있어야 하니까요. 그것이 나쁜 사람이라는 뜻도 아니고, 잘못되었다는 것도 아니에요. 그저 지금의 자신을 만든 것이고, 만약 변화를 원한다면, 바꿔야 할 것들이 있다는 걸 인정해야 해요.

치료자 45: 그럼 제가 당신에게 한 가지 말을 해 보라고 해도 될까요?

내담자 45: 음, 네.

치료자 46: 그리고 그 말을 할 때, 그걸 받아들이는 거예요. (알겠어요.) 그리고 그 말을 하면서 당신의 몸이 어떻게 느껴지는지 보세요. "나는 가치 있는 사람입니다." **(기술 3. 정서 경험 심화하기 / 기술 10. 사례 공식화-내사 / 기술 12. 교정적 정서 체험 제공하기)**

내담자 46: **[조심스럽게]** 나는 가치 있는 사람입니다.

치료자 47: 다시 말해 보세요. **(기술 3. 정서 경험 심화하기)**

내담자 47: **[아랫입술이 떨리고, 눈물이 고이며]** 나는 가치 있는 사람입니다.

치료자 48: 지금 무슨 일이 일어나고 있나요? **(기술 3. 정서 경험 심화하기)**

내담자 48: 눈물이요.

치료자 49: **[부드러운 목소리로, 천천히 말하며]** 그리고 그 눈물이 무슨 말을 하고 있나요? 만약 그 눈물이 말할 수 있다면, 무슨 말을 할까요? **(기술 3. 정서 경험 심화하기 / 기술 8. 은유 사용하기)**

내담자 49: "아니, 너는 가치 있는 사람이 아니야."

치료사 50: **[고개를 끄덕이며, 매우 부드럽게 말하며]** 맞아요. 이건 아주 사적이고 내적인 싸움이네요. **(기**

술 8. 은유 사용하기 / 기술 10. 사례 공식화–내사)

내담자 50: 오, 네. 그게 왜 저를 이렇게 힘들게 하는지 모르겠어요. 그 말을 하는 것만으로도.

치료자 51: 그래요?

내담자 51: 왜냐하면 진짜 같지 않거든요.

치료자 52: 그래요. 당신은 그 말을 받아들일 수가 없군요. (기술 10. 사례 공식화–내사)

내담자 52: 네, 못해요.

치료자 53: 아직은 받아들일 수 없는 거예요. (기술 12. 교정적 정서 체험 제공하기)

내담자 53: 네. 그건 정말 끔찍해요. 너무 간단한 건데, 그냥……. [말을 멈춤]

치료자 54: 그러니까 지금 당신이 이 벽 너머에서 씨름하고 있는 건 단지 남자친구에게서 두려운 반응이 나올지도 모른다는 것이 아니라, 그러니까 남자친구가 "아니, 너는 내게 소중한 사람이 아니야" 라고 말할까 봐 두려운 게 아니라, 바로 당신이 그렇게 믿는다는 거죠. (기술 5. 방어에 초점 맞추기/ 기술 8. 은유 사용하기 / 기술 10. 사례 공식화–내사)

내담자 54: 맞아요, 그래요. 정말 그래요.

치료자 55: 정말 그러네요.

내담자 55: 하지만 내가 그 벽을 허물어야 한다거나 가치 있는 사람이라고 생각하지 않을 때 그 벽을 허물기가 어려워요.

치료자 56: 맞아요. 내가 그럴 자격이 있다고 생각하지 못하는 거죠. (기술 3. 정서 경험 심화하기–'나' 진술 사용 / 기술 10. 사례 공식화–내사)

내담자 56: 맞아요.

치료자 57: '봐라, 세상아, 이게 나야.' 아직은 이 말을 온전히 받아들이기 어려운 거군요. (기술 3. 정서 경험 심화하기 / 기술 10. 사례 공식화–내사)

내담자 57: 한 번도 그래 본 적이 없어요.

치료자 58: [슬픈 표정으로] 네. 그게 이 모든 퍼즐의 일부예요. 이 모든 퍼즐의 일부죠. (기술 2. 역전이 반응 인식하기–'이 말을 듣고 나도 매우 슬프다'고 느끼는 상태 / 기술 8. 은유 사용하기 / 기술 10. 사례 공식화–내사)

내담자 58: 모르겠어요, 무슨 이유인지. 그래서 그게 저를 겁먹게 해요. 보통은 이성적으로 설명할 수 있는데, 방금 그렇게 말했을 때 너무 아팠어요. 그리고 왜 그런지 정말 모르겠어요.

치료자 59: [천천히 부드럽게 말하며] 왜 당신 자신을 가치 없게 여겨야 하죠? (기술 3. 정서 경험 심화하기 / 기술 5. 방어에 초점 맞추기)

내담자 59: 맞아요, 말이 안 돼요. 그런데, 전…… 그냥…… 그렇게 느껴져요. 틀린 것 같고, 거짓말 같아요.

치료자 60: 그러니까 어느 순간 그런 메시지가 들어오고 당신이 그것을 받아들였다는 거죠, 맞나요? (맞아요!) 당신은 태어날 때부터 그런 사람이 아니었어요. 그런데 어딘가에서 '너는 가치가 없다'거나 '너는 충분히 좋지 않다.'거나 '너는 충분히 뛰어나지 않다.'는 메시지를 받아들였고, 그 메시지가 진짜라고 믿기 시작했어요. 어렸을 때 그런 메시지를 받은 기억이 있나요? 그런 메시지를 사실로 받아들이게 된 과정을 이해할 수 있을 만한 단서가 있을까요? 꼭 누군가가 직접적으로 '너는 충분하지 않아.'라고 말했다는 건 아니지만, 그런 메시지가 전달된 거죠. 그에 대해 떠오르는 게 있나요? **(기술 8. 은유 사용하기 / 기술 10. 사례 공식화–타인의 행동, 내사)**

내담자 60: 제 생각에는 그게 친구를 사귀는 문제와 더 관련이 있었던 것 같아요. 예전에 말씀드렸던 것처럼, 저는 어릴 때도 친구를 사귀기가 어려웠어요. 이사를 갔었거든요. 어릴 때는, 1학년부터 3학년까지는 친구가 많았어요. 그런데 이사를 가고 나서는, 아시잖아요, 4학년쯤 되면 친구 관계가 고등학교까지 이어지잖아요. 저는 그게 없었어요. 저는 새로운 아이였거든요. 그래서 혼자 점심을 먹었던 기억이 나요. 그냥 친구 사귀기가 정말 어려웠어요.

치료자 61: 그러면 그 혼자 있는 시간과 친구가 없었던 시간, 아무도 "와서 나랑 놀자."라고 말해 주지 않았던 그 경험을 어떻게든 당신 스스로가 '내게 뭔가 문제가 있다.'라고 해석하기 시작했던 것 같나요? **(기술 10. 사례 공식화–내사)**

내담자 61: 맞아요. '내가 뭘 잘못했지?' 같은 생각이 들었어요.

치료사 62: 그래요. 아이들은 항상 의미를 찾으려고 하잖아요. 그리고 의미를 찾는 한 가지 방법은, 아시다시피, 스스로를 탓하는 거예요. 그렇죠? 그래서 아마도 그 발달 단계에서 당신은 자신을 탓하기 시작했을 거예요. 비록 당신이 말한 것처럼, 그건 이사나 이미 그룹이 형성된 학교에 가게 된 것 같은 외부 요인과 더 관련이 있었겠지만요. 하지만 아이였던 당신은 그런 시각을 가질 능력이 없었겠죠. **(기술 10. 사례 공식화–내사)**

내담자 62: 아마 그게 큰 이유였던 것 같아요. 그리고 제가 더 나이가 들면서 스포츠를 하게 되었을 때, 저는 항상 최고가 아니었어요. 그런데 우리 가족들은 기본적으로 최고가 되기를 기대하거든요. 그래서 아마 제가 그걸 제 자신에 대한 실패로 해석했던 것 같아요.

치료자 63: 아, 스포츠에서 최고가 아니었기 때문에? 그래서 아마도 또 다른 연결고리가 생긴 걸까요? 스포츠가 가족에게 굉장히 가치 있게 여겨지니까, '나는 가치가 없어. 나는 운동을 잘하는 동생만큼 소중하지 않아.'라는 생각을 하게 된 거죠, 맞나요? **(기술 10. 사례 공식화–내사)**

내담자 63: 네, 그게 정말 제가 배구를 그만둔 이유 중 하나였던 것 같아요. 동생과 경쟁할 수가 없었어요. 동생은 저보다 세 살 어린데도 제가 도저히 따라잡을 수 없었어요. 그리고 제가 1학년 때 대표팀에 들지 못했을 때, 그걸로 끝이었어요……. 저는 더 이상 버틸 수가 없었어요. 이제 그만두겠다고 결심했어요. 싸움도 있었고…… 제가 싸움을 일으킨 건 아니었지만, 여자애들이 저를 비웃었거든요……. 왜 그랬는지는 모르겠어요. 우리는 원래 정말 친한 친구였어요. 고등학교에 들어가기 전까지는 세 명의 친구들과 정말 잘 지냈는데, 그 후로 사이가 틀어졌고, 걔들이 팀에서 저를 비웃기 시작했어요. 제가 실수를 하면 그냥 비웃었어요. 그래서 저는 더 이상 견딜 수 없었어요. 그 친구들이 신입생 팀에 있었고 저도 신입생 팀에 있었거든요. 만약 제가 대표팀에 들어갔다면, 그런 일을 겪지 않았을 텐데요. 그래서 저는 그냥 그만뒀어요. 그리고 제 동생은 정말 잘하고 있었고, 저는 도저히 경쟁할 수 없었어요. 그래서 이제 끝이라고 생각했어요. 그만뒀어요. 저는…… 저는 배구공을 다시 잡아 본 적도 없어요. 다시는 잡지 않을 거예요.

치료자 64: 아이들이 그런 식으로 팀에 들지 못하거나 그와 비슷한 상처를 받았을 때, 집에 가면 부모가 "너는 정말 소중한 존재야. 그건 별거 아니야, 신경 쓰지 마."라고 위로해 주는 경우가 많죠. 그런데 당신의 가족들은……. **[말을 멈춤] (기술 10: 사례 공식화—타인의 행동)**

내담자 64: 사실, 제가 말하는 것만큼 심각하진 않았어요. 대표팀에 들지 못해서 아빠가 저한테 화를 낸 건 아니었어요. 오히려 대표팀에 들지 못한 것에 제 스스로가 더 화가 났어요. 그리고 그 멍청한 여자애들을 상대해야 한다는 것도요. 아빠가 절대 "말도 안 돼." 같은 그런 말을 하신 건 아니었어요.

치료자 65: 하지만 당신은 아마도 자신이 아빠를 실망시켰다는 느낌이 들었을 수도 있겠어요. **(기술 10. 사례 공식화—타인의 행동)**

내담자 65: 네, 그런 느낌이 들었어요. 그렇다고 해서 아빠가 저에게 "넌 쓸모 없어." 같은 말을 하셨던 건 아니에요. 단지 제가 더 잘할 수 있었고, 팀에 들어갔어야 했는데, 그렇지 못했다는 생각이 들었어요. 그래서 그냥 끝이라고 생각했어요. 제가 배구를 그만두겠다고 결심했을 때 아빠가 얼마나 속상해하셨는지 알 수 있었어요. 정말…… 그건 아빠에게 상처가 됐어요. 왜냐하면 우리는 제가 열한 살 때부터 항상 배구를 함께 했거든요. 그건 우리 가족이 함께하는 일 중 하나였어요. 저랑 제 동생, 아빠가 함께 연습하고 그랬죠.

치료자 66: 그건 아빠와 함께 시간을 보낼 수 있는 방법이었군요. **(기술 3. 정서 경험 심화하기 / 기술 10. 사례 공식화—타인의 행동)**

내담자 66: 맞아요. 즐거운 경험은 아니었지만, 함께할 수 있는 방법이었어요.

치료자 67: 즐겁지 않았나요? **(기술 10. 사례 공식화—타인의 행동)**

내담자 67: 네, 별로요. 실수 같은 거 하면 굉장히 엄격했어요. 그러니까⋯⋯ 즐거울 수가 없죠.

치료자 68: 알겠어요. 정말 많이 질책 받았겠네요. **(기술 10. 사례 공식화–타인의 행동)**

내담자 68: 네. 그래서 그건 함께할 수 있는 방법이었지만, 가끔은 좋았어요. 하지만 소리 지르는 일이 많았어요. 아시잖아요, 아빠는 우리가 그렇게 배운다고 생각하셨으니까요. 그런데 아빠는 정말 많이 변하셨어요. 이제는 동생에게는 그렇게 하지 않으세요. 지금은 다른 아이들을 많이 가르치시는데, 완전히 다른 분위기예요. 완전히 달라요.

치료자 69: 하지만 어릴 때는 아이들이 그런 메시지를 굉장히 심각하게 받아들이잖아요. 아마 여기서 이런 메시지를 받을 수도 있잖아요. '나는 충분히 잘하지 못해, 충분히 노력하지 않아, 나는 실패하고 있어. 동생처럼 잘하지도 못하고 경쟁할 수도 없어. 주변 사람들, 그리고 집에서도 나에게 뭔가⋯⋯' **(기술 10. 사례 공식화–타인의 행동, 내사)**

내담자 69: **[말을 끊으며]** 내가 부족하다는 메시지요.

치료자 70: '나는 부족하다.' **(기술 3. 정서 경험 심화하기)**

내담자 70: 특히 지금은 더 힘들어요, 동생이 정말 잘하니까요. 제가 운전할 수 있게 된 이후로 경기를 세 번 정도밖에 안 갔어요. 정말 못 가겠어요.

치료자 71: **[부드럽게 말하며]** 경기장에 가는 게 힘들군요. **(기술 3. 정서 경험 심화하기)**

내담자 71: 정말 힘들어요.

치료자 72: 무슨 일이 생기나요? **(기술 1. 치료적 탐색하기)**

내담자 72: 음, 가끔 경기에 가면 그냥 제가 동생이 된 것처럼 했어요. 내가 경기장에서 멋진 플레이를 하고 있는 사람이라고 상상했어요. 그러니까 그냥, 그게 나였으면 좋겠다는 생각을 했어요. 내가 그렇게 잘할 수 있었다면 좋았을 텐데, 그런 마음이었어요.

치료자 73: 그러니까 그런 상상이 당신을 부족하다는 느낌에서 벗어나게 해 주고, 아빠와 더 가까워지게 해 줬던 거군요. 그 순간만큼은 그 모든 고통을 비켜 갈 수 있었던 거죠. **(기술 9. 환상 탐색하기)**

내담자 73: 그래서 제가 경기를 보러 가면, 그냥 제가 정말 떠올리고 싶지 않은 기억들을 다시 떠올리게 되는 거예요. 방과 후에 세 시간씩 배구장에서 특정 동작을 연습하고, 그런 바보 같은 걸 했던 기억들을 떠올리고 싶지 않아요. 그런 기억들을 떠올리고 싶지 않아요. 그런데 동생이 경기를 하고 너무 잘하면, 우리가 예전에 똑같은 것들을 했던 기억이 나요. 그런데 왜 나는, 왜 나는 그렇게 못했던 걸까? 왜 나는 그 정도로 잘하지 못했던 걸까?

치료자 74: 그렇죠. 당신이 어렸을 때 들었던 메시지나 스스로에게 했던 메시지를 지금도 자신에게 하고 있는 게 들리시나요? **(기술 10. 사례 공식화–내사)**

내담자 74: 네, 들려요. 이런 것들이 제 자신감을 좀 망쳤다는 걸 항상 알고 있었어요. 제 자존감에 문제가 생기게 만들었죠. 그런데 아시잖아요, 생각하지 않다 보면 그냥 생각하지 않게 되죠.

치료자 75: 맞아요. 그래서 우리가 왜 당신이 "나는 소중한 사람이다."라고 말할 때 마음이 받아들일 수 없는지 그 이유를 조금씩 찾아가고 있는 것 같아요. 그리고 그 눈물이 올라오면서 "아니, 넌 그렇지 않아."라고 말하죠. 아마도 이건 아주 오래전으로 거슬러 올라가는 거예요. (네, 맞아요.) 그 이사 전으로 되돌아가고, 가족 안에서 받았던 메시지들로 되돌아가는 거죠. 〈뉴요커〉에 나오는 만화 중에 제가 정말 좋아하는 만화가 있어요. 그 만화에서는 개가 거울을 보고 있는데, 주변에 찢어진 종이들이 잔뜩 있어요. 그리고 개가 거울 속 자신의 모습을 보며 이렇게 말하죠. "나쁜 개야." **(기술 8. 은유 사용하기 / 기술 10. 사례 공식화-내사)**

내담자 75: **[미소 지으며]** 그거 웃기네요. 와, 정말 똑같은 상황이에요.

치료자 76: 맞아요. 우리가 스스로에 대해 말하는 메시지들은 원래 바깥에서 들어왔던 거죠. **(기술 10. 사례 공식화-내사)** (네.) 그러고 나서 우리는 그것을 진실로 받아들이기 시작했어요. 발달적인 이유에서든, 아니면 어떤 충격적인 사건 때문이든 바깥에서 온 메시지였을 뿐인데 말이에요. 이제 성인이 된 우리는 그런 시각을 가질 수 있지만, 어린 시절에는 그 메시지를 받아들였죠. **[천천히 말하며]** 그리고 그 메시지를 해마다, 해마다 스스로에게 말했어요. 그러다 보니 그걸 믿게 된 거예요. **(기술 10. 사례 공식화-내사)**

내담자 76: 맞아요. 그러다 보니 그게 단순한 메시지가 아니라 제 일부가 되었어요.

치료자 77: 맞아요. 당신의 표현이 와닿네요. 하나의 메시지가 아니라 당신의 일부가 된 거죠. **(기술 10. 사례 공식화-내사)**

내담자 77: 왜냐하면 시간이 지나면서 계속 듣게 되니까요…….

치료자 78: **[말을 끊으며]** 그렇죠, 당신이 스스로에게 하루 24시간 내내 말하고 있는 거죠. **(기술 10. 사례 공식화-내사)** (맞아요.) 당신이 스스로에게 계속 말하니까 항상 들리게 되는 거예요. 그래서 당신이 벽을 내리면 당신이 느끼는 감정, 당신이 자신을 부정적으로 평가하는 것을 다른 사람들이 볼 거라고 두려워하게 되죠. '이건 그저 메시지일 뿐'이라고 생각하기보다는요. 그리고 **[천천히, 강조하며 말하며]** 불행하게도, 당신은 그것을 너무 오랫동안 받아들여 왔던 거예요. **(기술 3. 정서 경험 심화하기 / 기술 5. 방어에 초점 맞추기 / 기술 10. 사례 공식화-내사)**

내담자 78: 그리고 제가 생각하기에는 그 메시지가 확정될지도 모른다는 두려움이 있는 것 같아요, 아시겠죠?

치료자 79: 그리고 이상하게도, 다른 사람들이 당신의 진짜 모습을 보지 못하게 하니까, 그 메시지는 확인되고 있는 셈이에요. 그게 결코 반증될 수 없는 거죠, 맞죠? 그러니까 어느 정도는 자기충족적 예언이 되는 거예요. 맞나요? **(기술 5. 방어에 초점 맞추기)**

내담자 79: 맞아요. 왜냐하면 '아니야.'라고 말해 줄 사람이 없으니까요.

치료자 80: 맞아요. "아니야, 난 너를 네 모습 그대로 사랑해. 네가 너의 진짜 모습을 보여 줘서 고마워."라고 말해 줄 사람이 없는 거죠. **(기술 3. 정서 경험 심화하기 / 기술 12. 교정적 정서 체험 제공하기)**

내담자 80: 저는 그런 기회를 누구에게도 주고 싶지 않아요.

치료자 81: **[끄덕이며]** 그걸 반증할 기회를요. 여기에서 그 메시지를 반증하는 느낌이 든 적이 있나요? **(기술 4. 과정 언급하기)**

내담자 81: 네. 여기서는 정말 편안하고, 다른 곳이나 다른 관계보다 제가 더 가치 있는 사람처럼 느껴져요. 왜냐하면 선생님이 제가 가치 없는 사람이라는 걸 확인하거나 그런 말을 한 적이 없으니까요.

치료자 82: 그래서 제가 한 가지 여쭤 보고 싶은 게 있는데요, 저는 당신이 여기에서 정말 벽을 허물었다고 느껴요, 맞죠? **(기술 5. 방어(의 부재)에 초점 맞추기)** 이게 단순히 제가 치료자라서, 제 직업적인 역할 때문에 그런 것 같나요? 그러니까 사적으로는 제가 온갖 판단을 하고 있지만 당신에게는 절대 그런 걸 드러낼 수 없고, 그래서 그냥 제가 가짜로 대하고 있다고 생각하나요? 아니면 지금처럼 당신이 정말 당신을 제게 보여 줬기 때문에, 제가 당신이 정말 가치 있는 사람이라고 생각한다는 느낌이 드나요? 어떻게 느껴져요? **(기술 4. 과정 언급하기 / 기술 12. 교정적 정서 체험 제공하기)**

내담자 82: **[즉각적으로 대답하며]** 네. 전혀 가짜라고 생각하지 않아요. 선생님이 그런 사람 같지 않아요. 그러니까, 면전에서는 이렇게 말하고 다른 사람에게는 다르게 말하는 그런 사람이요. 그래서 아니요, 우리는 정말 신뢰할 수 있는 관계를 갖고 있다고 느껴요. 만약 선생님이 그런 감정을 느낀다면, 저에게 말해 줄 것 같아요. 제 말 이해되시죠?

치료자 83: 제가 당신에게 말할 방법을 찾을 거예요. **(기술 4. 과정 언급하기 / 기술 12. 교정적 정서 체험 제공하기)**

내담자 83: 맞아요, 좀 더 적절한 방식으로요. 그리고 선생님이 저에게 도전 과제를 준 적도 있고, 그런 것들을 통해 우리가 정말 연결되어 있고, 우리가 잘 맞고, 선생님이 하는 말은 진심이라는 걸 느낄 수 있어요.

치료자 84: 좋네요, 정말 기뻐요. 당신이 그렇게 느낀다니 정말 기뻐요. 제가 속으로 그렇게 느끼고 있지만, 다른 사람이 그것을 느끼고 있는지 알 수 없을 때가 있거든요. **(기술 2. 역전이 반응 인식하기-내담자가 나의 존재를 인정한 것에 감동받음 / 기술 4. 과정 언급하기 / 기술 12. 교정적 정서**

체험 제공하기)

내담자 84: 아니요. 저는 느껴요. 정말로요.

치료자 85: 그래서 이건 중요한 경험이었어요. 당신이 벽을 허물었고, 우리가 서로를 짧게 알았지만, 당신은 여기에서 엄청난 작업을 해냈어요. 그리고 그걸 밖에서도 이어 가고 있어요. 그리고 당신이 느끼는 건, '그녀는 내가 엉망이라고 생각하지 않는다는 느낌을 받았어요. 그녀는 정말로 나를 소중하게 여기는 것 같아요.'라는 거죠. **(기술 12. 교정적 정서 체험 제공하기)**

내담자 85: 맞아요.

치료자 86: 그래서 이건 새로운 경험인 거죠. **(기술 12. 교정적 정서 체험 제공하기)**

내담자 86: 네. 저는 한 번도 벽을 허물어 본 적이 없었어요. (맞아요.) 제가 생각하기에, 초기에 치료적 관계에서는, 선생님이 처음부터 저를 평가절하하지 않을 거라는 걸 알고 있었어요. 그건 하지 말아야 한다는 걸 아니까요. 하지만 그게 제가 짧은 시간 안에 벽을 허무는 데 도움이 됐다고 생각해요. 그런데 바깥의 관계들은 훨씬 더 오랜 시간이 걸리죠.

치료자 87: 맞아요. 맞아요. 하지만 여기까지 오는 데 하룻밤 만에 된 건 아니죠.

내담자 87: 맞아요. 전혀 그렇지 않아요.

치료자 88: 그리고 하룻밤 만에 그것을 바꿀 수는 없겠지만, 사람들이 말하는 '천 리 길도 한 걸음부터'라는 말이 떠올라요. 당신은 이미 그 길을 걷기 시작했어요. 이미 그 여정을 시작한 거죠. 오늘은 곧 끝내야 한다는 걸 알고 있고, 우리가 한 번 더 만날 시간이 있을 거예요. 하지만 저는 당신이 그 여정 위에 있는 게 보여요. **(기술 6. 치료의 근거 소개하기)** 조금은 무섭죠? 새로운 길이지만, 그게 더 건강한 길이라는 느낌이 들죠. **(기술 12. 교정적 정서 체험 제공하기)**

내담자 88: 좀 더 진짜 나 자신이 느껴져요.

치료자 89: **[미소 지으며, 내담자의 눈을 바라보며]** 저도 당신이 더 당신답게 느껴져요. 마지막 회기에서 당신을 다시 보는 게 정말 기대돼요. **(기술 12. 교정적 정서 체험 제공하기)**

내담자 89: 저도요. 항상 기대돼요.

치료자 90: 잘 가요. (감사합니다.) 천만에요.

활동 14

정신역동치료 모의 회기

구조화되고 반복적인 의도적 연습과는 달리, 모의 정신역동치료는 비구조화된 즉흥적 역할 연기 방식으로 진행한다. 재즈 리허설과 비슷하게, 모의 회기는 **적절한 반응성**을 연습할 수 있는 기회가 된다(Hatcher, 2015; Stiles & Horvath, 2017). 이 활동에서는 심리치료 기술을 모의 내담자에게 도움이 되는 방식으로 통합해 보는 연습을 한다. 이 연습에서는 모의 정신역동치료의 수행 절차와, 내담자 역할을 맡을 때 사용할 수 있는 다양한 내담자 프로필이 포함되어 있다. 마지막으로, 자기 자신을 연기하는 선택지를 추천하는데, 이는 매우 보람 있는 경험이 될 수 있다.

모의 회기는 수련생들에게 다음과 같은 것들을 연습할 수 있는 기회가 될 것이다.

- 심리치료 기술을 상황에 맞게 사용하기
- 치료에서 발생하는 도전적인 선택 지점 탐색하기
- 어떤 개입을 사용할지 선택하기
- 치료 회기의 진행 궤적과 치료의 전체적인 큰 그림을 그리기
- 내담자의 선호도를 고려한 치료 안내하기
- 내담자의 역량에 맞춘 현실적인 치료 목표 설정하기
- 치료자가 확신이 없거나 길을 잃었을 때, 또는 혼란스러울 때 어떻게 진행할지 결정하기
- 치료적 오류를 인식하고 회복하기
- 자신의 개인적인 치료 스타일을 발견하기
- 실제 내담자와 작업할 수 있는 인내력 기르기

개관

모의 회기에서는 치료 첫 회기를 역할연기로 진행하게 된다. 이때는 개별 기술의 연습 활동과 같이 2~3명이 참여한다. 1명의 수련생이 치료자 역할을, 다른 수련생이 내담자 역할을 맡으며, 가능하다면 교수나 수퍼바이저와 같은 교육자가 관찰하고 피드백을 제공한다. 이 역할연기는 훈련에서 흔히 이루어지는 개방형 역할극이다. 하지만 이는 전통적인 훈련에서 사용되는 역할극과 두 가지 중요한 점에서 다르다.

1. 수련생 치료자가 역할연기가 얼마나 어려운지 느끼는지를 나타내기 위해 손 제스처를 사용할 것이다.
2. 수련생 내담자가 역할연기를 더 쉽거나 어렵게 만들어 치료자가 적절한 난이도에서 연습할 수 있도록 조정할 것이다.

준비

1. 의도적 연습 반응 양식(부록 A)과 의도적 연습 일지 양식(부록 B)을 준비한다. 모든 학생이 바로 적을 수 있도록 양식지를 곁에 둔다.
2. 한 학생은 치료자 역할을, 다른 학생은 내담자 역할을 맡는다. 교육자는 이를 관찰하고 교정적 피드백을 제공한다.

진행 절차

1. 수련생들은 초기(첫 번째) 치료 회기를 역할연기로 진행한다. 내담자 역할을 맡은 수련생은 후반부에 제시된 내담자 프로필 중 하나를 선택한다.
2. 역할연기를 시작하기 전에, 치료자는 손을 의자 좌석 높이로 들어 올린다([그림 E14-1] 참조). 치료자는 역할연기를 하는 동안 이 손 제스처를 사용하여 이 내담자를 돕는 것이 얼마나 어

렵게 느껴지는지를 표시한다. 시작 손 높이는 역할연기가 쉽다고 느껴진다는 것을 나타낸다. 손을 높이 올릴수록 더 어렵게 느껴진다는 것을 의미한다. 손이 목 높이 위로 올라가면 역할연기가 너무 어렵다는 신호이다.

3. **치료자가 역할연기를 시작한다.** 치료자와 내담자는 실제 치료 회기처럼 즉흥적으로 역할연기에 참여한다. 이 과정에서 치료자는 손을 몸 옆에 유지한다. (처음에는 이것이 이상하게 느껴질 수 있다!)
4. **치료자가 역할연기의 난이도가 두드러지게 변했다고 느낄 때마다, 손을 난이도에 따라 움직인다.** 더 어렵게 느껴지면 손을 올리고, 더 쉽게 느껴지면 손을 내린다. 치료자의 손이 의자 좌석 아래로 내려가면, 내담자는 역할연기를 더 어렵게 만들어야 한다. 치료자의 손이 목 높이 위로 올라가면, 내담자는 역할연기를 더 쉽게 만들어야 한다. 역할극 난이도를 조정하는 방법은 이후 연습의 '난이도 조정하기' 섹션에서 설명한다.

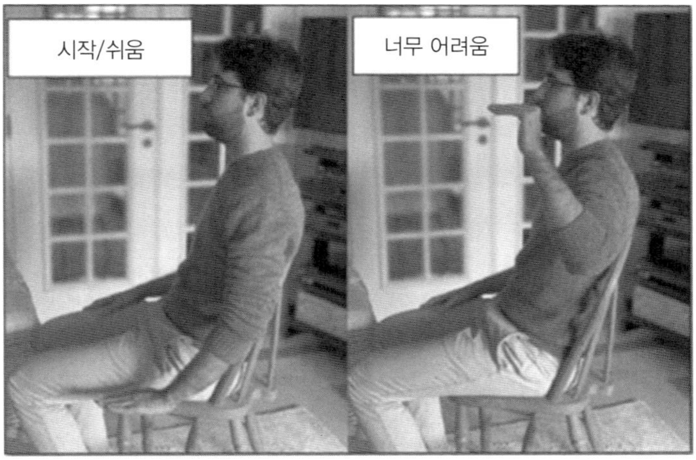

[그림 E14-1] 손 높이로 난이도 평가하기

출처: R. N. Goldman, A. Vaz, & T. Rousmaniere(2021)의 『정서초점치료의 의도적 연습』, p. 156에서 인용(https://doi.org/10.1037/0000227-000). Copyright 2021 by the American Psychological Association.

〈치료자 주의사항〉

자신의 목소리 톤에 주의를 기울이자. 내담자의 상태에 맞춰 톤을 조절하는 것이 중요하다. 내담자가 유약한 감정을 드러내며 취약한 상태가 된다면, 부드럽고 차분한 톤으로 말하여 안정감을 주도록 하라. 반면, 내담자가 공격적이고 화난 상태라면, 단호하고 확고한 (하지만 화내지 않는) 톤으로 반응하라. 또한 순환적 부적응 패턴에 대한 자료를 수집하며 내담자의 탐색을 촉진하는 반응을 선택할 때는 보다 탐색적으로 질문하는 톤을 유지하라.

5. 역할연기를 최소 15분 동안 지속한다. 이 과정에서 치료자가 크게 방향을 벗어날 경우, 교육자는 교정적 피드백을 제공할 수 있다. 단, 치료자가 체험적 훈련에 더 많은 시간을 가질 수 있도록, 피드백을 최대한 간결하고 짧게 주어야 한다.
6. 역할연기가 끝난 후, 치료자와 내담자가 역할을 바꿔 새로운 모의 회기를 시작한다.
7. 두 명의 수련생이 모두 치료자 역할로 모의 회기를 완료한 후, 교육자가 평가를 제공하고 수련생들은 자기 평가를 진행하며, 세 사람이 함께 경험에 대해 논의한다.

난이도 조정하기

치료자가 모의 회기를 너무 쉽다고 느낀다면, 내담자 역할을 맡은 사람이 다음과 같은 방법으로 난이도를 높일 수 있다(부록 A 참조).

- 내담자는 강렬한 감정을 표현하는 등의 방법으로 치료자를 불편하게 만들거나 더 감정적으로 자극적인 주제를 즉흥적으로 이야기할 수 있다([그림 A-2] 참조).
- 내담자는 고통스러운 목소리 톤(화난, 슬픈, 또는 비꼬는 등)을 사용하거나 불쾌한 표정을 지을 수 있다. 이를 통해 정서적 톤을 높일 수 있다.
- 상반된 감정(예: 사랑과 분노)을 복잡하게 섞어서 표현한다.
- 치료의 목적이나 치료자의 자격에 대해 대립적인 태도로 질문한다.
- 내담자가 느끼는 감정에 대해 모호하게 표현하거나, 감정을 나타내는 단어를 사용하지 않는다.

치료자가 모의 회기가 너무 어렵다고 느낄 경우에 내담자가 시도할 수 있는 조정 방법은 다음과 같다.

- 내담자는 [그림 A−2]의 지침에 따라,
  - 정서적으로 덜 자극적인 주제를 말한다.
  - 강렬한 감정을 표현하지 않고 어떤 주제에 대해서든 이야기한다.
  - 치료 외적인 사건이나 과거 또는 미래와 관련된 내용을 이야기한다.
- 내담자가 부드러운 목소리로 질문하거나 미소를 띠며 질문한다. 이를 통해 정서적 자극을 완화할 수 있다.
- 치료자가 역할연기 중 짧은 휴식을 취할 수 있다.
- 교육자가 피드백 시간을 늘려서 정신역동치료 또는 심리치료 이론을 논의할 수 있다.

모의 회기에 사용할 만한 내담자 프로필

다음은 모의 회기에서 수련생들이 사용할 수 있는 여섯 가지 내담자 프로필로, 난이도순으로 제시된다. 이 여섯 가지 프로필 이외에도, 수련생 자신이 내담자 역할을 수행해 보는 고급 수준의 프로필이 하나 더 제시되어 있다. 내담자 프로필은 치료자 역할을 맡은 수련생, 내담자 역할을 맡은 수련생, 또는 교육자가 선택할 수 있다.

역할연기에서 가장 중요한 것은 수련생들이 내담자 프로필에 표시된 정서적 톤(예: '화남' 또는 '슬픔')을 잘 전달하는 것이다. 수련생들은 자신이 더 편안하게 역할을 수행할 수 있도록 내담자 프로필을 조정할 수 있다. 예를 들어, 내담자 프로필의 성별을 여성에서 남성으로 변경하거나, 나이를 45세에서 22세로 바꿀 수 있다. 특정 내담자 프로필을 연기해 보는 것은 공감 능력과 이해를 높이는 데 큰 도움이 될 수 있다.

〈초급 프로필: 수용적인 내담자와 애도 문제 다루기〉

Helen은 35세 여성으로, 프리랜서 사무직으로 일하고 있다. 친한 친구 Sandra의 딸이 10세 맞이 생일 파티를 하던 중, Helen이 화장실에서 울음을 터트리는 것을 Sandra가 발견하여 치료를 받게 되었다. Helen은 25세 때 임신 5개월에 아이를 유산했던 사실을 Sandra에게 털어놓았다. 현재는 두 명의 건강한 아이(6세와 8세)를 두고 있지만, 유산한 아이에 대한 애도를 제대로 하지 못한 것 같다고 느끼고 있다. 좋은 치료 경험이 있었던 Sandra의 권유로 치료받기로 결심했다.

- 증상: Helen은 증상이 없는 편이지만, 생일 파티에서 갑작스럽게 흐느끼고 강렬한 상실감을 느꼈다. Helen은 평소 자신의 이야기를 잘 꺼내지 않는 사람으로, 공적인 자리에서 자신이 '무너졌다'는 것에 대해 부끄러워한다.
- 치료 목표: Helen은 자신의 감정을 살펴보고 10년 동안 상실을 애도하지 못했던 이유를 이해하고 싶어 한다.
- 치료에 대한 태도: Helen은 치료를 받는 것에 대해 호기심과 안도감을 느낀다. 그와 동시에 자신의 울음에 대해 약간의 부끄러움과 두려움을 느끼고 있다.
- 강점: Helen은 사랑이 충만한 결혼생활을 오랜 기간 지속해 왔다. Helen은 훌륭한 어머니로 아이들과의 시간을 즐긴다. Helen은 진실되고 지적이며, 가까운 친구들과 신뢰할 수 있는 몇몇 사람들에게 마음을 여는 법을 알고 있다.

〈초급 프로필: 갈등을 겪는 어린 내담자〉

Marie는 18세로, 오빠와 남동생 사이의 중간 자녀이다. Marie의 가족은 Marie가 5세 때 외국에서 이민을 왔다. 최근 Marie의 어머니는 위암 진단을 받았으며, 아버지는 다정한 사람이고, 가족의 주거와 생계를 책임지기 위해 아파트 단지 관리자 일을 열심히 하고 있다. Marie는 몇 달 후 집에서 멀리 떨어진 4년제 대학에 입학할 예정이었으나, 어머니는 Marie가 집에 머물며 자신을 돌봐 주길 원한다. Marie의 친구들은 Marie가 대학에 가야 한다고 생각한다. Marie는 책임감 있는 딸로서 학교에서도 우수한 성적을 거두었으며 친구도 많다. Marie는 대학에서 우수한 장학금을 받으면서 입학 준비를 끝낸 상태였지만, 어머니의 진단 이후 고민에 빠졌다.

- 증상: Marie는 최근 술을 마시기 시작했으며, 고등학교 마지막 학년 성적이 떨어지고 있다. 부모님과 친구들로부터 이해받지 못한다고 느끼며, 심한 갈등을 느끼고 있다. 대학에 가게 되면 어머니의 건강이 악화될 경우 죄책감을 느낄까 봐 두렵고, 집에 남으면 좋은 기회를

놓친다는 생각에 어머니에게 원망을 느낄까 봐 걱정된다. 또한 친구들이 자신에게 화를 낼까 봐 걱정하고 있다.

- 치료 목표: Marie는 자신이 어떻게 해야 할지 알고 싶어 한다.
- 치료에 대한 태도: Marie의 친구들은 치료가 좋다고 말해 줬지만, 부모님은 치료에 대해 다소 주저하는 태도를 보인다. Marie는 치료를 통해 자신이 필요한 것을 얻을 수 있기를 기대하고 있다.
- 강점: Marie는 똑똑하고 가족을 사랑하며 좋은 친구들을 가지고 있다.

〈중급 프로필: 자신의 삶이 완벽하다는 내담자〉[9]

Donna는 49세의 기혼 여성으로, 성인이 된 두 아들을 두고 있다. Donna는 주치의의 권유로 외래 치료를 받게 되었으며, 주치의는 그녀가 우울증일 수도 있다고 생각했다. Donna는 치료자의 질문에 협조적으로 짧게 대답하지만, 반복적으로 "괜찮다." "아주 괜찮다."라며 치료자에게 확신을 주려 한다. Donna는 한 회사에서 행정 비서로 책임감 있게 일하며, 영업팀을 위한 커피를 준비하는 일부터 대규모 회의를 조직하는 일까지 다양한 업무를 맡고 있다. Donna는 이렇게 말한다. "저는 훌륭한 두 아들과 훌륭한 남편, 멋진 집, 그리고 정말 좋은 삶을 가지고 있어요. 제 주치의는 제가 우울증일 수 있다고 생각하지만, 저는 전혀 그렇지 않다고 생각해요. 가을 초부터 두통이 있어서 병원에 갔고, 가끔 밤새 잠을 못 자긴 하지만, 불편한 건 전혀 없어요." Donna는 어릴 때 "보이는 곳에 있되, 조용하라."라는 교육을 받았다. 부모님은 Donna에게 가진 것에 감사해야 한다는 점을 강조했다. 특히 어머니는 Donna가 성장하는 동안 그녀에게 비판적이었다. Donna의 남동생은 선천적으로 시각 장애를 가지고 태어났고, Donna는 "내가 남동생보다 훨씬 쉬운 삶을 살고 있다는 걸 항상 깨달았어요. 저는 행복해지기 위해 다른 무언가를 원해서는 안 된다고 생각해요."라고 말한다.

- 증상: Donna는 두통, 복통, 불면증을 겪고 있으며, 이는 Donna가 느끼는 무가치함과 우울감의 신체적 표현이다. 특히 아들들이 대학에 가고 자신이 직장에서 기대했던 승진이 무산된 상황에서 이러한 증상이 나타나고 있다.

9) Donna의 역동과 TLDP, 개입이 기술된 동영상 자료가 있다(Levenson, 2018).

- 치료 목표: Donna는 치료 목표를 무엇으로 해야 할지 모르는 상태이다.
- 치료에 대한 태도: Donna는 자신이 치료가 필요하다고 생각하지 않지만, 오랫동안 신뢰해 온 주치의의 권유로 치료를 받는 것에 동의하고 있다.
- 강점: Donna는 성실하고 헌신적인 사람으로, '좋은 어머니, 좋은 아내, 좋은 직원'으로 살아왔다.

〈중급 프로필: 사람들을 멀리하는 내담자〉

Follette은 59세의 여성으로, 세 명의 성인 딸을 둔 미망인이다. Follette은 처음에는 '기억 문제'로 인해 외래 치료를 받으러 왔지만, 세 번의 회기 이후 이러한 문제는 사라졌고 더 이상 신경 쓰이지 않는다고 말했다. Follette은 대기업의 인사팀에서 감독관으로 근무한다. 이렇게 말했다. "저는 제 일에만 집중하려고 노력해요. 그게 좋은 거예요. 왜냐하면 제 다섯 자매는 무심한 사람들이거든요. 저희 딸 세 명 모두 근처에 살긴 하지만, 각자 가족이 있고 모두 바빠요." 그리고 덧붙여 설명했다. "다른 사람들이 너무 가까이 다가오면 불안해요. 저는 혼자 있는 게 더 좋아요. 사람들은 마음속에 무슨 생각을 가지고 있는지 알 수 없잖아요. 누구에게도 의지하지 않는 게 최선이에요. 제가 제 자신을 돌보지 않으면 누가 돌보겠어요?" 치료자가 과거사를 물었을 때, Follette은 자매들과 이모가 자신을 이용했다고 말했다. Follette은 계부가 자신을 이용한 적이 있다고도 인정했지만, 이에 대해 자세한 이야기는 하지 않으려 했다. 치료가 진행된 후, Follette은 계부("아버지 같았던 사람")가 21세 때 자신을 성폭행했다고 밝혔다. 그녀는 어머니에게조차 이 사실을 말하지 않았지만, "어머니는 어쩐지 알고 계셨던 것 같아요."라고 말했다. 또한 Follette은 사회와 직장 내에서 차별로 인해 깊은 상처와 트라우마를 겪었다.

- 증상: Follette은 어머니에 대한 억눌린 분노를 가지고 있으며, 자매들, 이모, 아버지에 대한 분노를 표현했다. 딸들과 손주들과 가까워지지 않는 것에 대해서도 양가적인 감정을 느끼고 있다.
- 치료 목표: Follette은 가족, 친척들과 더 개방적으로 지내고 싶어 하지만, 자신과 그들 사이에 '너무 안 좋은 과거가 있다'고 느낀다. 그녀는 성폭행과 그것이 미친 영향에 대해 이야기하고 싶어 하지 않는다. 현재 어머니가 많이 쇠약한 상태라, 자신이 어머니를 돌봐야 할지 고민하고 있다.

- 치료에 대한 태도: Follette은 남편이 사망했던 20년 전 치료를 받았지만, 그 경험이 좋지 않았다. 그녀는 남편의 죽음을 슬퍼할 때 자매들과 이모가 자신 곁에 없었다는 이야기를 이전 치료자에게 말했었는데, 그녀가 그들을 밀어냈다고 치료자가 비난하는 것처럼 느꼈었다. 그녀는 치료자에게 성폭행에 대해 말하지 않았었다.
- 강점: Follette은 매우 회복력이 강한 사람이다. 그녀는 공정성과 사회 정의에 대한 강한 신념을 가지고 있다. Follette은 거의 혼자서 세 딸을 성공적으로 키웠으며, 직장에서 인정받고 있는 직원이다.

〈고급 프로필: 다이어트 전문 의사인 아버지를 둔 강박적 식습관을 가진 내담자〉[10)]

Lydia는 45세 여성으로, 13세 때 아르헨티나에서 이민을 왔다. Lydia는 최근 남편과 별거 중이다. 이전 치료자가 치료비를 올리자, Lydia는 낮은 비용으로 상담을 받을 수 있는 클리닉에서 수련 중인 치료자를 만나기 위해 왔다. 그녀의 주된 문제는 결혼 문제, 강박적 식습관, 그리고 재정 문제이다. Lydia는 다소 순진하고 아이 같이 요구적인 태도를 보인다. "저희 부모님은 평생 저를 고치려고 하셨어요. 저희 아버지는 체중 조절을 전문으로 하는 의사이고, 어머니는 44 사이즈를 입으세요. 부모님은 제 신체적 결함에만 집중하셨어요. 부모님은 그저 저를 고치고 싶어 해요! 이제는 제 남편도 제가 완벽한 아내가 아니라고 저를 떠나려 하고 있어요."

- 증상: Lydia는 기분 변화가 심하고, 자신이 특별한 지위를 가지고 있다고 느끼며, 강박적인 식습관을 보인다.
- 치료 목표: Lydia는 스스로에 대해 안정감을 찾고 싶어 한다. 그녀는 치료자가 자신을 도울 수 있을 것이라고 믿고 있다.
- 치료에 대한 태도: Lydia는 이전에 치료를 받은 적이 있다. 이전 치료사가 치료비를 올렸을 때 자신을 버렸다고 느껴 그 치료를 중단하고 새로운 치료자(당신)를 찾기 위해 낮은 비용의 클리닉에 왔다. Lydia는 당신이 자신을 배신하거나 버릴까 봐 걱정하고 있다. 그녀는 "선생님은 아마 저 같은 사람을 본 적이 없을 거예요!"라며 일주일에 두세 번 치료를 받고 싶어 한다.

10) Lydia Ludlow의 역동, TLDP의 공식화와 개입, 후속조치에 대한 자료가 이용 가능하다(Levenson, 1995).

- 강점: Lydia는 치료에서 안전함을 느낄 때 치료자의 말에 매우 열린 태도를 보일 수 있다.

〈고급 프로필: 싸움을 찾는 내담자〉

Charles는 남성으로 신참 경찰관이며, '망아지'라는 별명을 가지고 있다. 그는 '분노 문제'를 해결하기 위해 의무적으로 상담을 받게 되었다. 상사들은 Charles가 근무 외 시간에 '과도한 음주와 폭력적인 행동'을 보였기 때문에 심리치료를 받아야 한다고 판단했다. 하지만 Charles는 자신의 문제를 이렇게 정의했다. "가끔 어떤 놈들이 건방지게 굴면, 내가 그 놈들한테 본때를 보여 줘야 할 때가 있어요." 그는 또한 자신이 근무 시간 외에 하는 일은 사적인 일이라고 생각했다. '망아지'라는 별명은 그가 활발하고 활동적인 아이였을 때 그의 아버지가 지어 준 것이다. 이후 그는 주의력결핍장애(ADD) 진단을 받았다. Charles는 오랫동안 경찰관이 되는 것이 꿈이었다. "보세요, 저는 여덟 살 때부터 제 자신을 다룰 줄 알았어요. 아버지가 저를 사촌 형이랑 싸우게 했거든요. 그때 사촌 형은 열두 살이었고 꽤 컸어요. 처음엔 겁이 났지만, 나중에는 정말 화가 났죠. 그래서 그 형을 제대로 때려눕혔어요! 싸움이 끝났을 때 사촌 형은 피투성이가 되었죠. 그날 아버지는 저를 정말 자랑스러워했어요. 물론 나중에는 제가 말대꾸했다는 이유로 몇 대 맞았지만, 우리 집에서는 그런 일이 흔했어요. 그리고 그런 경험이 오늘날의 저를 만들었다고 말할 수 있어요."

- 증상: Charles는 호전적이고 분노가 쉽게 신체적 행동(밀치기나 주먹질)으로 이어질 정도로 빠르게 악화된다. 알코올 남용 가능성이 높다.
- 치료 목표: 처음에 Charles는 이렇게 말했다. "이봐요, 빨리 끝냅시다! 저는 일터로 돌아가게 해 줄 서명만 필요해요." 하지만 결국, 그는 가끔 통제력을 잃는다는 사실을 인정했지만, 그 일이 직장에서 발생한 적은 없다고 부인했다.
- 치료에 대한 태도: Charles는 치료를 받으러 온 것에 대해 화가 나 있다. 그는 누군가와 대화를 나누어야 할 만한 아무런 이유도 없다고 생각한다. "저는 여기 상사들 때문에 온 겁니다. 빨리 끝내요!"

〈고급 프로필: 자신이 내담자가 되어 보기〉

마지막 예시는 수련생들이 자신이 내담자가 되어 역할연기를 하는 것이다. 이는 수련생 자신이 치료를 받아 볼 것을 강력히 권장하는(때로는 필수로 요구하는) 정신역동적 훈련의 전통에 따른 것이다. 대인관계 정신역동치료 관점에서, 이는 정신역동 치료자가 되는 가장 효과적인 학습 방법으로 여겨진다. 내담자 역할을 하면서, 중요한 관계에서 힘의 열세에 있는 취약한 상태가 어떤 것인지에 대해 깊이 배우게 된다. 또한 스스로 내담자가 되는 경험은 당신이 '내담자의 입장'이 되어 본 것이기 때문에, 자신의 내담자들에게 더 깊이 공감할 수 있게 되고, 내담자로서 자신의 경험을 생산적인 방식으로 탐구할 수 있다. Nancy McWilliams는 널리 사용되는 교재 『Psychoanalytic Psychotherapy』(2004)에서 치료자가 자신이 내담자가 되어 심리치료를 받는 것이 유용함에 대해 다음과 같이 말했다.

> "개인 치료가 우리에게 '객관성'을 갖게 하지는 않겠지만, 우리 작업에서 불가피하게 발생하는 역동성을 관찰하고 활용할 수 있는 능력을 크게 향상시킬 수 있다. 모든 위험과 한계에도 불구하고, 개인 치료는 성숙하고 공감적인 경청으로 나아가는 최고의 방법으로 보인다"(p. 63).

내담자 역할을 하면서 수련생 치료자가 건네는 개입에 진솔한 생각과 감정을 표현하는 것이 여러분의 동료 치료자에게 큰 도움이 된다. 여러분의 진정성 있는 반응을 보며 동료 치료자는 자신이 말한 것이 어떤 영향을 미치는지 확인하고, 순간순간 그 개입이 실제로 도움이 되었는지를 평가할 수 있다. 정신역동 치료자는 새로운 정서적 경험을 창출하고 통찰을 촉진하고자 하므로, 동료 치료자는 어떤 개입(어떤 기술을 사용하는 것)이 여러분의 정서적 경험을 심화시키고 유익하게 작용할지를 판단할 수 있다.

수련생 주의사항

내담자 역할을 하는 사람은 본인이 이 시간에 탐색하고 심화할 수 있는 편안한 개인적 이슈나 주제를 선택해야 한다. 연습하는 동안 내담자 역할을 하는 수련생은 자기 상태를 스스로 점검하며, 어떤 사실이나 정서를 얼마나 드러낼지(즉, 얼마나 취약함을 표현할지, 얼마나 드러내는 것이 안전하게 느껴지는지) 선택해야 한다. 마지막으로, 수련생이 자신을 내담자로 연기할 때는 치료자가 난이도를 나타내기 위해 손짓을 사용하는 것을 권장하지 않는다. 이는 내담자의 집중을 방해하거나 탐색을 저해할 수 있기 때문이다. 또한 치료자 역할을 하는 수련생은 (실제 치료자처럼) 자신의 편안함 수준을 인식하고 스스로 점검해야 한다. 회기의 내용이나 정서적 분위기가 불편해지면, 치료자는 덜 자극적인 개입을 선택하거나, 내담자에게 감정 체험에 집중하기보다는 자신의 경험 내용을 이야기하도록 유도할 수 있다. 덜 '뜨거운' 주제로 화제를 전환하는 것도 도움이 될 수 있다. 만약 수련생 중 한 명이라도 역할연기에 지나치게 몰입한다고 느낀다면, 수퍼바이저의 도움을 요청하여 경험을 정서적인 것이 아닌 학습적인 방향으로 전환하는 것이 유익할 수 있다(예: 모의 회기에서 교육의 핵심 포인트를 설명하는 방식으로).

지침

짝을 이루어 연습한다. 내담자 역할을 맡은 수련생은 훈련 환경에서 탐색하기 편안하다고 느끼는 개인적 이슈를 선택하라. 수련생은 최근에 겪고 있는 어려움을 이야기하거나, 문제를 해결하거나, 통찰을 얻고 싶은 주제를 선택할 수 있다. 만약 자신을 내담자로 연기한다면, 미리 ① 논의하고자 하는 관계 문제, 증상 또는 행동이 무엇인지, ② 회기의 목표가 무엇일지(탐색 자체도 좋은 목표이다!), ③ 자신이 전달하고 싶은 치료에 대한 태도(예: 자신의 경험에 대한 호기심 등) 등에 대해 생각해 보는 것이 좋다.

제3부

의도적 연습 활동을 강화하는 전략

제3부는 제3장 하나로 구성되어 있으며, 제3장에서는 제2부의 의도적 연습 활동에서 더 많은 이점을 얻을 수 있도록 교육자와 수련생에게 추가적인 조언과 지침을 제시한다. 제3장은 의도적 연습을 최대한 활용하기 위한 일곱 가지 핵심 포인트, 적절하게 반응적인 치료를 연습하기 위한 지침, 평가 전략, 수련생의 안녕을 보장하고 그들의 사생활을 존중하는 방법, 그리고 교육자-수련생 관계를 모니터링하는 데 필요한 조언을 제공한다.

제3장

정신역동치료의 의도적 연습 효과를 극대화하는 방법: 교육자와 수련생을 위한 추가 지침

이 책에서 우리는 정신역동치료의 강사와 수퍼바이저가 의도적 연습 방법을 커리큘럼과 수퍼비전에 통합할 수 있다고 제안했다. 이는 기존에 있는 무언가를 대체하기 위한 것이 아니라, 추가적인 요소, 즉 빠져 있던 중요한 요소로 제안하는 것이다.

19세기 세균학자인 파스퇴르는 "준비가 잘 되어 있거나 지식이 풍부할수록 우연히 마주한 기회나 관찰을 최대한 활용할 가능성이 높아진다."라는 좋은 통찰을 제시했다. 파스퇴르는 1854년, 응용과학을 가르치는 새로운 교육 기관에 입학한 학생들을 환영하며 이 말을 남겼다. 우리는 이론(정신 모델, 정신병리 모델)을 적용하는 방법을 배우는 것과, 고통받는 사람들을 돕기 위해 친밀하면서도 때로는 두려운 작업에 참여하는 방법을 배우는 것 모두를 중요하게 여긴다. 이 책에서는 강의실, 수퍼비전 시간, 그리고 학생들의 교과 외 성찰을 실험실로 간주한다. 여기서 사용하는 도구는 현대 정신역동 이론, 의도적 연습의 원칙, 그리고 12단계로 구성된 연습 활동이다. 학생들이 정신역동치료의 실용성과 가치를 스스로 발견할 수 있도록 적절한 수준의 자극(흥분, 두려움, 도전)을 유도하기 바란다.

2장과 연습 활동에서 이러한 의도적 연습 활동을 완수하기 위한 지침을 제공했다. 3장에서는 교육자가 의도적 연습을 교육 프로그램에 성공적으로 통합하기 위해 필요한 전반적인 주제에 대한 지침을 제공한다. 이러한 지침은 의도적 연습에 대한 연구 결과와, 이 책의 의도적 연습 활동을 테스트한 12개 이상의 심리치료 교육 프로그램 교육자들의 피드백을 바탕으로 작성했다. 이 장에서는 평가, 의도적 연습의 최대 활용, 수련생의 안녕, 수련생의 사생활 존중, 교육자의 자기 평가, 반응적인 치료 그리고 수련생과 교육자 간의 관계 등 다양한 주제를 다룬다. 또한 특정 환경 및 내담자 집단에 맞게 내담자 맥락을 개인에게 맞추어 변경하는 방법도 제시한다.

의도적 연습을 극대화하는 일곱 가지 포인트

1. 정신역동적인 마음 자세로 존재하는 방법을 발견하라

정신역동치료(PDT)를 수행하는 것은 내담자와 함께 존재하고 작업하는 방식이다. 이 책의 많은 연습 활동이 PDT의 기술적 측면과 특정 기술을 연습하는 데 초점을 맞추고 있지만, 정신역동 치료자의 태도는 매우 중요하다. PDT는 열린 마음과 따뜻한 태도를 필요로 한다. 치료자는 내담자에 대한 공감을 쌓고, 내담자의 말이 담고 있는 잠재적 의미를 숙고하며, 내담자의 세계가 어떠한지 탐색해야 한다. PDT를 수행하는 것은 복잡하다. 내담자의 단 한마디가 방대한 의미, 정서들, 개인적 가치, 목표 및 정체성과 연결되어 있을 수 있다. 무엇보다도, PDT에서 치료적 감각이란 무언가에 집중하여 초점을 맞추면서도 직관적으로 자유롭게 주의를 이동하는 방식으로 경청하는 것을 포함한다. 이는 '알지 못하는 것'을 편안히 받아들이고, 과정을 자연스럽게 발전시켜 나가는 것이다. 이 책의 저자 중 한 명(Hanna Levenson)이 학생들에게 농담으로 얘기하는 것이 있는데, 자신이 내담자에게 말한 것보다 말하지 않은 것에 대해 더 많은 돈을 받는다는 것이다. 이는 정신역동 치료자가 많은 것을 직감하고, 느끼고, 생각하지만, 이 중의 일부만 내담자와 공유할 수 있다는 것을 의미한다. 치료자의 생각과 감정이 직접적으로 전달되었을 때 내담자에게 받아들여지지 않을 수도 있고, 타이밍이 적절하지 않을 수도 있으며, 치료자가 확신이 없을 수도 있고, 혹은 내담자가 스스로 자신의 연상을 말하려는 시점일 수도 있기 때문이다.

2. 의도적 연습 활동을 지도(map)로 사용하되, 그대로 적용하지는 마라

이 책에 있는 의도적 연습 활동은 실제 내담자와의 만남에서 유용한 기술을 수련생들이 개발하도록 하기 위해 고안되었지만, 이 활동 자체를 회기에 그대로 적용하는 템플릿으로 생각해서는 안 된다. 이 책의 많은 기술은 치료자가 자신을 이해하고 인식하며 더 자각할 수 있도록 돕는 "내면적 기술"(Rousmaniere, 2019)이라 할 수 있다. 예를 들어, 농구를 배우는 사람이 정해진 거리에서 반복적으로 슛 연습을 할 수 있다. 그러나 그러한 반복 행동은 실제 경기에서는 일어나지 않으며, 그 위치에서 슛을 쏠 기회도 거의 없을 것이다. 그럼에도 불구하고 슛을 쏘는 절차 기억은 기회가 왔을 때 매우 유용할 것이다. 이와 유사하게, 실제 치료 장면에서는 활동 7에서처럼 간결한 전이 해석을 제공하거나, 활동 9에서처럼 단순하고 직접적인 꿈 해석을 제공할 일이 없을 수도 있다. 하지만 전이 현상을 인식하고 꿈에서의 갈등 해결을 살펴보는 방법을 연습하면, 치료적 상황에서 필요할 때 더욱 미묘하고 세밀한 방식으로 반응하는 데 도움이 된다.

3. 현실적인 정서 자극을 만들어라

의도적 연습의 핵심 요소 중 하나는 수련생에게 실제 상황과 유사한 반응을 이끌어 내는 자극을 사용하는 것이다. 예를 들어, 조종사는 기계 고장이나 위험한 기상 조건이 제시되는 비행 시뮬레이터로 훈련하고, 외과 의사는 몇 초 내에 반응해야 하는 의료 합병증이 제시되는 수술 시뮬레이터로 연습한다. 마찬가지로, 도전적인 자극을 사용하는 것은 수련생이 스트레스가 많은 상황에서 도전적인 내담자와의 치료를 효과적으로 수행할 수 있는 역량을 키워 준다. 정신역동치료의 의도적 연습 활동에서 사용하는 자극이란, 도전적인 내담자 발언이 나오는 역할연기이다. 여기서 중요한 점은 내담자 역할을 연기하는 수련생이 적절한 정서 표현과 치료자와의 눈 맞춤을 유지하며 대본을 수행하는 것이다. 이는 연습의 현실감을 높여 줌으로써 연습의 가치를 증대시킨다. 예를 들어, 내담자의 진술에 슬픈 감정이 요구된다면, 수련생은 치료자와 눈을 마주치며 슬픔을 표현하려고 노력해야 한다. 정서 표현에 대해 다음 네 가지를 제안한다.

- 대본을 정확하게 말하는 것보다 정서적 톤이 더 중요하다. 내담자를 연기하는 수련생이 정서를 더 잘 표현할 수 있다면 자유롭게 즉흥적으로 대사를 변경해도 된다. 수련생이 대본에 완벽하게 맞출 필요는 없다. 사실, 연습 중에 대본을 글자 그대로 읽는 것은 표현을 단조롭게 만들고, 눈 맞춤을 방해할 수 있다. 대신, 내담자 역할을 맡은 수련생은 먼저 내담자 대사를 조용히 읽고, 준비가 되었을 때 치료자 역할을 하는 수련생을 직접 바라보며 감정을 담아 말해야 한다. 이렇게 하는 것이 치료자에게 더욱 현실적이고 몰입되는 경험을 제공하는 데 도움이 된다.
- 수련생은 역할연기를 하기 전에 주어진 내담자 진술의 단어를 검토하고 수정하는 것이 도움이 될 수 있다. 이는 내담자 역할을 하는 수련생에게 자연스럽게 느껴지는 단어를 찾고,

정서 표현을 촉진하기 위함이다.

- 내담자를 연기하는 수련생은 목소리 톤과 비언어적 표현으로 감정을 전달하려고 노력해야 한다. 예를 들어, 대본에 분노 감정이 제시되어 있다면 수련생은 분노에 찬 목소리로 말하고 주먹을 쥘 수 있다. 대본에 수치심이나 죄책감이 제시되어 있다면 몸을 웅크리거나 얼굴을 찌푸릴 수 있다. 대본에 슬픔이 제시되어 있다면 유약하거나 기운 빠진 목소리로 말할 수 있다. 때로는 대본에서 내담자가 우는 상황이 제시되기도 한다. 수련생이 즉석에서 우는 연기를 할 필요는 없으며, 자신의 역량과 성향에 맞게 최선을 다해 정서를 표현하면 된다.
- 특정 대본을 따를 때 수련생이 내담자 역할을 그럴듯하게 연기하는 데 지속적으로 어려움을 겪는다면, 연습에 앞서 '데모 라운드'를 진행해 볼 수 있다. 이는 먼저, 대본을 소리 내어 읽어 본 후에 바로 대본을 내려놓고 치료자와 눈을 맞추며 동일한 내담자 대사를 기억에서 떠올려 말하는 것이다. 일부 수련생은 이러한 방법이 '진짜 내담자 역할에 몰입하는 데' 도움이 되었으며, 역할연기가 덜 인위적으로 느껴졌다고 보고했다. 어떤 수련생은 내담자 역할에 몰입하기 위해 서너 번의 데모 라운드를 진행하기도 했다.

4. 연습 활동을 교육 환경과 상황에 맞게 최적화하라

우리는 12개의 연습 활동에서 주로 이름이 없고 성별을 포괄적으로(성 중립적으로) 설정하여 내담자를 제시했다. 이는 내담자 변수를 '모호하게' 유지하기 위해서가 아니라, 교육자와 수련생이 자신들의 문화, 국가, 임상 환경에 더 적합하게 만들어 사용할 수 있도록 선택권을 제공하기 위함이다. 예를 들어, 수련생은 내담자의 성별을 자신의 성 정체성과 일치하도록 변경하거나, 내담자 이름을 자신의 문화적 배경을 더 잘 반영하는 이름으로 삽입할 수 있다. 물론 어떤 변경사항(예: 내담자 진술의 정서적 톤)은 치료자의 정서적 반응을 완전히 바꿀 수 있다. 그러나 의도적 연습은 특정 내용보다 훈련 원칙을 활용하는 데 초점이 맞춰져 있다. 기술 기준을 준수한다면 (변경을 많이 하더라도) 연습은 여전히 유의미할 것이다.

교육자는 다양한 훈련 환경을 고려하여 연습 활동을 수정할 수 있다. 예를 들어, 수련생이 1차 진료소나 교도소에서 일하고 있을 수도 있다. 여러분이 연습 활동과 용어를 훈련 상황에 맞게 조정할 것을 권한다. 더 나아가, 모든 교육자는 자신만의 교육 스타일을 가지고 있으며, 모든 수련생은 자신만의 학습 방식을 가지고 있다. 우리는 수련생과 교육자가 연습 활동을 조정하여 연습을 최적화하도록 권장한다. 실제로 많은 교육자와 수련생들이 자신들의 훈련 상황에 맞게 의도적 연습 활동을 자발적으로 조정하여 진행했다.

5. 자신의 개인적인 치료 스타일을 발견하라

심리치료에서의 의도적 연습은 재즈를 배우는 것과 같다. 재즈 음악가들은 자신의 능숙한 즉흥 연주를 자랑으로 여긴다. '자신만의 목소리를 찾는 것'은 재즈 음악의 전문성을 위한 필수 조건이다. 그러나 즉흥 연주는 무작위 음표 모음이 아니다. 이는 시간이 지남에 따라 이루어진 광범위한 의도적 연습의 결실이다. 실제로 즉흥 연주 능력은 음계, 선율, 화음 등을 수많은 시간 동안 헌신적으로 연습한 결과로 만들어진다. 1장에서 언급했듯이, 아마도 가장 잘 알려진 미국 재즈 음악가 중 한 명인 Miles Davis는 "때로는 당신 자신답게 연주하기 위해 오랜 시간 연주해야 한다."라고 말한 적이 있다(Cook, 2005, p. 34). 이는 치료자들에게도 해당되는 말이다. 이와 마찬가지로, 우리는 수련생들에게 이 책에 있는 대본화된 개입을 그대로 외우는 것이 아니라 체계적으로 기술을 개발하는 방식으로 의도적 연습을 수행하길 권한다. 치료적 '음계'와 '선율'을 헌신적으로 연습하는 것은 치료적 창의성과 개인적 스타일을 발전시키기 위한 기반이 된다. 진정으로 자신답게 말하기까지는 오랜 시간이 걸릴 수 있다.

6. 난이도를 지속적으로 조정하라

의도적 연습의 중요한 요소는 최적의 난이도 수준에서 훈련하는 것이다. 너무 쉽지도 않고, 너무 어렵지도 않은 수준이어야 한다. 이를 달성하려면 부록 A의 의도적 연습 반응 양식을 사용하여 난이도를 평가하고 조정해야 한다. 이 단계를 건너뛰지 않아야 한다! 수련생이 의도적 연습 반응 양식의 하단에 나오는 '적절한 도전' 반응 중 어느 것도 느끼지 않는다면, 그 연습은 아마도 난이도가 너무 쉬운 것이다. 반면에, '너무 어려움' 반응 중 하나라도 느껴진다면, 그 연습은 수련생에게 너무 어려울 수 있다. 숙련된 수련생과 치료자들은 모든 내담자 발언이 너무 쉽게 느껴질 수도 있다. 그렇다면 부록 A의 지침을 따라 내담자 발언을 더 어렵게 만들고, 역할 연기가 충분히 도전적이 되도록 조정해야 한다.

7. 의도적 연습을 확장하라

이 책의 12개 연습 활동은 연습의 범위와 강도 측면에서 모두 시작에 불과하다. 모의 회기(활동 14)는 12개 PDT 기술을 단일 회기 내에서 통합적으로 연습할 수 있는 기회이다. 이러한 연습은 각 기술과 관련된 개별 치료 반응을 더 큰 맥락에서 이해하고, 분산된 훈련 요소들을 일관된 방식으로 통합하는 방법을 볼 수 있어 수련생들에게 도움이 된다. 실제 내담자와의 작업에서도 의도적 연습 목표를 설정해 보는 것도 좋다. 이상적으로는 이러한 연습 회기와 실제 회기를 녹화하여 이후에 자기 관찰을 하거나, 수퍼바이저가 관찰하고 피드백을 제공할 수 있도록 해야 한다. 자신의 녹화 영상을 보는 것 외에도, 숙련된 PDT 치료자의 영상을 시청하는 것이 매우 유익하다. 특히 숙련된 치료자가 사용하는 기술과 그러한 기술의 특징을 식별해 보는 것이 더욱 유익하다. 활동 13에는 TLDP 6회기 중 2회기의 축어록이 포함되어 있다. 이 두 회기(또는 6회기 전체)의 유료 비디오는 미국심리학회(APA)에서 제공하며(Levenson & Carlson, 2010; Levenson & Friedlander, 2023), 두 회기 버전에는 의도적 연습을 PDT에서 사용하는 방법에 대한 첫 번째 저자(Hanna Levenson)와의 인터뷰가 포함되어 있다.

반응적 치료

이 책의 연습 활동은 수련생들이 PDT의 특정 기술을 습득하는 것뿐만 아니라, 이를 각 개별 내담자에게 적합한 방식으로 사용할 수 있도록 돕기 위해 설계되었다(Binder, 2004; Binder & Betan, 2013; Levenson, 2021; Silberschatz, 2021; Tishby, 2021). 현대의 관계적 정신역동치료는 그 본질상 두 사람 심리학(two-person psychology)이며, 언제나 맥락에 따라 개입을 해야 하기 때문에 PDT에서는 치료자의 반응성이 요구된다. 즉, "옳은 것을, 옳은 방식으로, 옳은 시점에 수행하는 것"(Levenson, 2021)이 필요하다. PDT에서 치료자가 반응적인 개입을 선택하는 것은 대부분 치료자의 **촉진적 대인관계 기술**(Anderson et al., 1999/2009/2016/2020), 암묵적 대인관계 지식(Lyons-Ruth et al., 1999; Stern et al., 1998), 그리고 이론적 · 기술적 전문성을 기반으로 한다. 이 전문성 안에서 치료자는 유연한 판단을 내리며, 내담자의 정서 상태, 필요, 목표에 대한 민감성을 바탕으로 다양한 기법과 전문성을 통합하여 최적의 치료 결과를 추구한다. 효과적인 치료자는 맥락의 변화에 반응적이다. Stiles와 Horvath(2017)의 제안에 따르면, 치료자가 내담자의 독특성에 적절히 반응할 때 효과적으로 기능한다. 이에 대해 Binder(2004)는 다음과 같이 제안했다. "치료 기술을 능숙하게 사용하는 것은 궁극적으로 즉각적인 상황에 유연하게 적응하는 능력을 기반으로 한다"(p. 8). PDT에서 '옳은 것을 수행한다'는 것은 항상 사람마다 다른 방식이 필요하다는 전제하에 이루어진다. 따라서 PDT 치료자는 초기부터 내담자에게 개별적으로 맞춤화된 반응(예: 내담자의 애착 스타일)을 제공하는 것을 배우고, 특정 시점에서의 필요(예: 치료적 동맹의 성격)를 고려하고, 치료자와 내담자 사이에서 일어나는 것이 무엇인지(예: 실연)를 추적한다. 이러한 기술 세트를 사용하는 것은 복잡한 수행이며, 바로 이러한 이유 때문에 정신역동치료 수련생을 위한 의도적 연습 책을 집필하는 것이 매우 도전적이었던 것이다!

적절한 반응성은 의도적 연습이 치료 기법을 기계적으로 반복하도록 장려한다는 오해를 바로잡는다. 심리치료 연구자들은 내담자의 선호를 무시하고 특정 모델에 과도하게 의존하는 것이 치료 효과를 감소시킨다는 것을 보여 주었다(예: Castonguay et al., 1996; Henry et al., 1993; Owen & Hilsenroth, 2014). 반면에, 치료자의 유연성은 치료 결과를 개선한다(예: Bugatti & Boswell, 2016; Kendall & Beidas, 2007; Kendall & Frank, 2018). 따라서 수련생들이 새롭게 배운 기술을 다양한 내담자의 요구에 따라 유연하고 반응적으로 연습하는 것이 중요하다(Hatcher, 2015; Hill & Knox, 2013). 수련생들은 내담자가 순간순간 경험하고 있는 것을 관찰할 수 있는지각 기술을 개발하는 것이 중요하다. (이는 부록 A의 의도적 연습 반응 양식과 유사하다. 이 양식에서 수련생은 자신의 개입이 너무 어렵거나 너무 쉬운지 자문한다.) 치료자는 순간순간의 맥락에서 내담자의 반응을 토대로 자신의 개입을 평가함으로써 효과성을 높일 수 있다.

수퍼바이저는 회기 중에 내담자의 구체적인 요구에 수퍼바이지가 주의를 기울일 수 있도록 도와야 한다. 과정 수퍼비전(Greenberg & Tomescu, 2017; Levenson, 1995; Levenson & Strupp, 1999)은 수퍼바이저와 수퍼바이지가 녹음된 회기를 함께 듣고 중요한 순간에서 멈추어 내담자의 감정과 의미를 고려하는 연습으로, 적절한 반응성을 가르치기에 적합한 방식이다. 수퍼바이저는 녹음 파일을 멈추고, 수퍼바이지에게 내담자의 감정과 의미에 대해 숙고하도록 요청하며, 그 순간 어떤 반응이 가장 적합할지 생각해 보도록 돕는다. 이렇게 수퍼바이지와 함께 반응성을 실천함으로써, 수퍼바이저는 반응성의 가치를 보여 주고 이를 명료화할 수 있다. 이러한 방법은 적절한 반응성이라는 필수적인 '멜로디'를 보여 준다. 이를 통해 수련생과 수퍼바이저는 수련생이 단순히 기술을 습득하는 것을 넘어, 치료적 성장을 촉진하는 방법을 배우게 할 수 있다. 수련생이 자신의 치료 과정을 검토하면서 이러한 전체적인 목표를 명심하도록 돕는 것은 수퍼비전에서만 얻을 수 있는 귀중한 요소로, 다른 방식으로는 얻기 어렵다(Hatcher, 2015).

의도적 연습을 더 폭넓은 정신역동치료 학습의 맥락 안에서 시행하는 것도 중요하다. 1장에서 언급했듯이, 훈련은 실제 치료 녹화 자료에 대한 수퍼비전, 이론 학습, 숙련된 PDT 치료자의 관찰, 그리고 개인적인 치료 작업과 결합되어야 한다. 수련생이 역동적 심리치료 기술을 습득하는 데 어려움을 겪고 있음을 교육자나 수련생이 파악했다면 무엇이 부족한지 평가하는 것이 중요하다. 평가 이후에는 적절한 해결책을 마련해야 하고 교육자와 수련생이 협력하여 필요한 것이 무엇인지 결정하는 과정이 필요하다.

일상생활의 심리치료 활용: 정신역동적 관점에서 환상과 오락에 대한 강조점

정신역동적 관점에서 의도적 연습을 최대한 활용할 수 있는 방법 중 하나는 내담자들이 풍부하게 언급하는 환상과 오락을 활용하는 것이다. 정신분석의 창시자이자 많은 후속 학문의 기초를 닦은 Sigmund Freud(1856~1939)는 문화 연구, 종교 비판 그리고 환상 탐구에 몰두했다. Freud는 자신의 임상 이론을 드라마, 소설, 신화, 동화에 적용했는데, 이는 의사로서는 다소 이례적인 방식이었다. 그는 인간의 감정, 고통, 치유에 대한 일반 심리학(general psychology)을 구축하고자 했기 때문에 이러한 접근을 시도했던 것이다. 이러한 현상은 기원전 9세기경 초기 그리스 시대로 거슬러 올라가 대중문화와 대중 종교에서 끊임없이 나타난다.

이러한 야망을 추구하며, Freud는 문화적 산물, 특히 종교에 대한 수십 편의 에세이와 책을 저술했다. 당시 종교는 정신분석 심리치료의 주요 경쟁자로 보였기 때문이다. Freud는 오늘날까지 이어지는 문화적 영향력을 창조했다. 그는 소설가, 시인, TV 작가, 그리고 특히 (〈던전 앤 드래곤〉에서 시작된) 온라인 롤플레잉 게임 창작자들이 작업을 구상하는 방식에 영향을 미쳤다.

APA의 모든 의도적 연습 매뉴얼 시리즈는 강의실 수업과 연습에 대한 공통된 목표와 기법을 공유한다. 그러나 정신역동치료는 추가적인 정보원과 연습 방법을 활용한다. 학생들은 내담자의 환상과 오락에 초점을 맞추어 정신역동치료의 의도적 연습에서 최대한의 효과를 얻을 수 있다. 환상과 오락의 세계는 문화, TV 프로그램, 영화, 백일몽, 노래 가사, 광고, 그리고 소셜 미디어를 포함한다. 이 책의 독특한 점은 내담자의 환상(예: 백일몽, 꿈 등)을 탐구하는 것이 그 사람의 소망, 두려움, 희망 그리고 열망을 '직관적으로 이해하거나 공감을 통해 이해하는' 데 도움이 된다고 주장한다는 점이다. 예를 들어, 가상의 타임라인 또는 평행세계에 관한 이야기에 매료된 내담자들은 종종 일상생활에서도 유사한 주제를 고민하고 있을 가능성이 있다. 과거로 돌아가 더 나은 선택을 하고 싶어 하는 갈망은 우리 종(種)에 공통된 특징이다.

Matt Haig(2020)의 베스트셀러 소설 『The Midnight Library』는 여러 재앙으로 인해 자살 충동에 빠진 젊은 여성 Nora가 등장한다. 자살을 시도한 후, Nora는 자신이 선택할 수 있는 다양한 삶의 경로를 탐구할 수 있게 해 주는 관리인이 있는 마법의 도서관에서 깨어난다. 소설의 서문에서 Haig는 Sylvia Plath의 말을 인용한다. "나는 내가 원하는 모든 사람이 될 수 없고, 내가 원하는 모든 삶을 살 수 없다……. 나는 내 삶에서 가능한 모든 정신적·신체적 경험의 음영, 톤, 변화를 느끼며 살고 싶다"(페이지 번호 없음). 그러나 Sylvia Plath가 뛰어난 시인이었음에도 불구하고 자살 충동으로 인해 스스로 생을 마감했다는 사실은 이 구절에 음울함을 더해 준다.

당신의 내담자가 Sylvia Plath와 『The Midnight Library』에 매혹되어 그에 대해 열정적으로 설명한다고 상상해 보자. 의도적 연습 기술인 '정서 심화하기'와 '탐색하기'을 활용하여, 먼저 내담자가 느끼는 감정(매혹)에 초점을 맞춘다. 그다음 두 가지 주제(Plath와 『The Midnight Library』)에 대해 탐색한다. 이 주제들에 대한 세부적인 지식을 미리 알고 있을 필요는 없다. '탐색하기' 기술(연습 1)을 통해 내담자로부터 필요한 만큼 깊이 있게 두 주제와 내담자가 그 주제들에 매료된 이유에 대해 배울 수 있다. 내담자의 대답에 따라, 이 두 주제에 매혹된 것이 내담자 자신의 욕구와 관련이 되는지를 탐구할 수도 있다. 예를 들어, 내담자에게 자해나 자기 파괴에 대해 생각해 본 적이 있는지 물어볼 수 있다.

또 다른 예로, 젊은 남자 내담자가 『The Midnight Library』에 대해 흥미롭게 이야기한다고 가정해 보자. 탐색 연습을 통해 내담자가 삶에서 어떤 선택을 다시 하고 싶고 무언가를 '다시 시도'하여 바로잡고 싶은 열망을 가지고 있음을 알게 된다. 이 내담자는 Plath의 인용문이나 이야기의 시작점이 되는 Nora의 자살 시도에는 초점을 맞추지 않는다. 이런 경우, 그에게 자살에 대해 질문할 이유는 거의 없을 것이다. 하지만 그의 정서적 문제를 해결하기 위한 '마법 같은 해결책'에 대한 열망을 탐구할 수 있다. '방어에 초점 맞추기' 기술(연습 5)은 왜 내담자가 마법 장치에 끌렸는지 이해하는 데 도움을 줄 것이다.

대인관계 및 내면 갈등과 분투라는 주제는 빈번하게 등장한다. 소설, 영화, 시, 온라인 롤플레잉 게임 등에 포함된 모든 서사는 이 책에서 확장된 아이디어와 기술을 사용하여 우리가 인간을 더 잘 이해할 수 있게 해 준다.

학생들이 의도적 연습에서 최대한의 효과를 얻을 수 있는 또 다른 방법은 영화 클립과 자신의 상담 녹화 자료를 일종의 자극으로 활용하는 것이다. 시각적 자극은 종종 강렬한 감정을 유발하므로, 학생들(또는 더 숙련된 치료자들)은 영화 클립이나 내담자와의 상담 회기 일부를 보며 자신의 내적 상태에 대한 자기 인식을 높일 수 있다. Tony Rousmaniere(2019)는 의도적 연습 시리즈의 편집자 중 한 명으로, 『Mastering the Inner Skills of Psychotherapy: A Deliberate Practice Manual』이라는 책을 저술했다. 이 책에서 Rousmaniere는 3~5분 길이의 비디오 클립을 선택할 것을 추천하며 다음과 같이 말했다.

> "이 연습에서 사용하기에 가장 좋은 영상은 치료자로서 당신이 매우 어려웠다고 느꼈던 회기이다……. 만약 자신의 치료 회기 영상이 없다면, 영화, TV 쇼, 뉴스, 다큐멘터리, 정치적 토론 등 여러 매체에서 당신에게 강한 감정을 불러일으키는 클립을 사용할 수 있다"(p. 52).

다음 단계는 영상을 보며 자신의 반응을 관찰하는 것이다. 의도적 연습 반응 양식(부록 A 참조)을 사용하여 최소 다섯 가지 다른 반응을 기록해 본다. 가장 좋은 영상은 도전적이지만 너무 어렵지 않은 것이다. 여기서 목표는 심리적 역량을 키우는 것이다. Rousmaniere는 시간이 지나면서 치료자가 어떤 반응이 치료에 도움이 되고, 어떤 반응이 그렇지 않은지 구별할 수 있게 될 것이라고 확신하였다. Rousmaniere는 치료자의 주의, 정서 조절, 그리고 자기 회복력을 향상시키기 위해 시각적 자극을 사용하는 다양한 방법을 설명했다. 이 책의 부록에는 감정을 불러일으키는 영화 클립(유튜브 링크 포함)으로 그가 선정한 목록이 포함되어 있다.

수련생의 안녕에 주의 기울이기

일부 내담자들이 심리치료에서 경험하는 부정적인 영향에 대해서는 자료들이 있지만(Barlow, 2010), 훈련 및 수퍼비전이 수련생에게 미치는 부정적인 영향은 상대적으로 덜 주목받아 왔다(Ellis et al., 2014). PDT는 훈련 및 수퍼비전에서 안전감을 조성하고 유지하는 견고한 전통을 가지고 있다(McWilliams, 2021; Sarnat, 2016). 이는 수퍼바이저가 수련생의 감정과 필요에 주의를 기울이는 수퍼비전 동맹(supervisory alliance)을 바탕으로 한다. 훈련과 수퍼비전의 목표와 과업을 협력적으로 설정하는 것 또한 이러한 핵심적인 관계 조건 위에서 이루어진다.

자기 효능감을 지원하기 위해, 의도적 연습 교육자는 수련생이 적절한 난이도에서 연습할 수 있도록 해야 한다. 이 책의 연습 활동은 수련생이 개인적인 기술 역치를 목표로 연습할 수 있도록 난이도를 자주 평가하고 조정할 것을 제안한다. 교육자와 수퍼바이저는 적절한 도전을 제공해야 한다. 특히 이 책과 관련하여 발생할 수 있는 수련생의 위험 중 하나는 너무 어려운 역할연기를 진행하는 경우이다. 부록 A에 있는 의도적 연습 반응 양식은 교육자가 역할연기를 적절한 난이도에서 진행하는 데 도움이 된다. 수련생이나 교육자는 빠른 진전과 기술 습득에 대한 열망 때문에 난이도 평가 및 조정을 건너뛰고 연습 활동에 매진하고 싶어질 수 있다. 그러나 우리가 테스트한 바에 따르면, 난이도 평가 및 조정을 생략하는 것이 다른 어떤 오류보다 더 많은 문제를 일으키고 기술 습득을 방해한다. 따라서 **교육자는 수련생에게 난이도 평가 및 조정을 수행하도록 상기시키는 것이 가장 중요한 책임 중 하나임을 기억해야 한다.**

추가적으로, 의도적 연습 반응 양식은 수련생이 자기 모니터링 및 자기 인식이라는 중요한 기술을 개발하도록 돕는 이중 목적을 가지고 있다(Bennett-Levy, 2019). 이는 수련생이 자기 돌봄에 대해 긍정적이고 주체적인 태도를 취하도록 돕고, 전 생애에 걸친 전문적 성장을 촉진할 것이다.

수련생의 사생활에 대한 존중

이 책의 의도적 연습 활동은 수련생들에게 과거의 트라우마 기억을 포함하여 복잡하거나 불편한 개인적 반응을 일으킬 수 있다. 심리적 · 정서적 반응을 탐구하는 과정은 일부 수련생들에게 취약함을 느끼게 할 수 있다. (수련생부터 수십 년의 경험을 가진 숙련된 치료자에 이르기까지 모든 경력 단계에서, 치료자들은 이 과정에서 흔히 수치심, 당혹감, 자기 의심을 경험한다.) 이러한 경험이 수련생의 자기 인식을 키우는 데 도움을 줄 수 있지만, 훈련은 어디까지나 전문 기술 개발에 초점을 맞춰야 하며, 개인 치료로 넘어가서는 안 된다(Ellis et al., 2014). 따라서 교육자는 수련생들에게 스스로 적절한 경계를 유지하도록 상기시켜야 한다.

수련생은 자신이 교육자에게 무엇을 공개할지 또는 공개하지 말지를 최종적으로 결정할 권리를 가진다. 수련생들은 자신의 자기 인식과 심리적 역량을 확장하여 불편한 반응을 경험하면서도 적극적이고 도움을 줄 수 있는 상태를 유지하는 것이 목표임을 기억해야 한다. 교육자가 수련생의 내면세계에 대한 세부적인 정보를 알아야 할 필요는 없다.

수련생은 자신이 공유하기에 편안함을 느끼는 수준의 개인적인 정보만 나누어야 한다. 의도적 연습 반응 양식과 난이도 평가 과정은 수련생이 사생활을 보호하면서도 자기 인식을 키우는 데 도움이 된다. 교육자는 수련생들에게 이 연습의 목표가 자신의 내면세계를 배우는 것이며, 그 정보를 교육자나 동료와 공유할 필요는 없음을 상기시키도록 한다(Bennett-Levy & Finlay-Jones, 2018). 마찬가지로, 수련생들은 동료들의 비밀도 존중해야 한다.

교육자의 자기 평가

이 연습 활동들은 대학원 과정, 실습 현장, 개인 상담소 등을 포함한 전 세계 다양한 훈련 현장에서 테스트되었다. 교육자들은 이 연습 활동이 매우 효과적이라고 보고했지만, 의도적 연습이 기존 임상 교육 방법과 매우 다르게 느껴져 혼란을 겪는 경우도 있었다. 많은 교육자는 수련생의 성과를 평가하는 데 익숙했지만, 교육자로서 자신의 성과에 대해서는 확신이 덜했다. 교육자들이 가장 흔히 제기한 우려는 "수련생들은 훌륭하게 해내고 있지만, 제가 이걸 제대로 하고 있는지 모르겠어요!"였다. 이 문제를 해결하기 위해, 교육자들이 다음 다섯 가지 기준을 사용해 주기적으로 자기 평가를 수행할 것을 권장한다.

1. 수련생의 작업 수행 관찰하기
2. 지속적인 교정 피드백 제공하기
3. 기술 연습에 충분한 시간 할애하기
4. 수련생이 적절한 난이도(너무 쉽지도, 너무 어렵지도 않은 수준)에서 연습하고 있는지 확인하기
5. 수련생이 실제 내담자와 하는 상담 수행을 지속적으로 평가하기

기준 1: 수련생의 작업 수행 관찰하기

교육자로서 우리가 얼마나 잘하고 있는지 판단하려면, 수련생이 훈련에 어떻게 반응하고 있는지에 대한 유효한 정보를 가지고 있어야 한다. 교정 피드백과 평가를 제공하려면, 수련생이 기술을 연습하는 모습을 관찰해야 한다. 의도적 연습의 위험 중 하나는 수련생이 역할연기에서 치료 기술을 수행하는 것에 능숙해지더라도, 그 기술이 실제 내담자와의 작업으로 전이되지 않을 수 있다는 점이다. 따라서 교육자가 수련생의 실제 내담자와 상담을 진행한 것을 실시간으로 또는 녹화된 비디오를 통해 관찰하는 것이 이상적이다. 수퍼바이저와 자문가는 수련생이

나 자문 대상자들이 내담자와의 작업을 서술한 보고에만 너무 많이, 자주 의존한다(Goodyear & Nelson, 1997). Haggerty와 Hilsenroth(2011)는 이 문제를 다음과 같이 설명했다.

> "사랑하는 사람이 수술을 받아야 하고 두 명의 외과 의사 중 한 명을 선택해야 한다고 가정해 보자. 한 명은 수술을 수행하는 동안 경험 많은 외과 의사에게 직접적으로 관찰 받은 적이 한 번도 없는 사람이다. 그는 수술을 수행한 후, 자신을 지도하는 의사에게 돌아가 방금 수행한 수술의 복잡한 단계를 때때로 불완전하거나 부정확하게 회상하여 보고할 것이다. 누구든지 선택권이 주어진다면, 이런 의사를 자신의 기술을 정기적으로 관찰받은 전문가보다 선호하기는 어려울 것이다"(p. 193).

기준 2: 지속적인 교정 피드백 제공하기

수련생이 자신이 잘하고 있는 점, 부족한 점, 그리고 기술을 개선하는 방법을 배우기 위해서는 교정 피드백이 필요하다. 피드백은 가능한 한 구체적이고 단계적이어야 한다. 구체적인 피드백을 예로 들면, "목소리가 너무 급해 보입니다. 내담자에게 말을 할 때마다 몇 초간 멈추면서 속도를 늦춰 보세요." "내담자와 눈맞춤을 아주 잘하고 있습니다."와 같이 하는 것이다. 모호하고 구체적이지 않은 피드백을 예로 들면, "내담자와 더 좋은 라포를 구축하려고 해 보세요." "내담자의 감정에 더 개방적이 되어 보세요."와 같은 것이다.

기준 3: 기술 연습에 충분한 시간 할애하기

의도적 연습은 행동 리허설을 통한 기술 습득을 강조한다. 교육자는 기술에 집중하는 것을 소홀히 하고 내담자 개념화에 지나치게 빠지지 않도록 주의해야 한다. 이는 많은 교육자에게 자기 절제가 필요한 부분이다. 심리치료에 대해 이야기하는 것(예: 사례 개념화, 치료 계획, 심리치료 모델의 미세한 차이, 수퍼바이저가 겪었던 유사한 사례)에 시간을 쓰는 것이 종종 수련생들의 기술 연습을 지켜보는 것보다 더 즐겁게 느껴질 수 있다. 수련생들은 질문이 많고, 수퍼바이저는 풍부한 경험을 가지고 있기 때문에, 할당된 수퍼비전 시간이 개념적 지식을 공유하는 데만 채워질 가능성이 높다. 수퍼바이저는 가르치는 것을 즐기고, 수련생은 새로운 도전적인 기술을 배우기 위한 고군분투를 피할 수 있다. 질문에 답하는 것은 중요하지만, 심리치료에 대한 수련생의 지적 지식은 종종 어려운 내담자를 다루는 능력과 같은 절차적 능력을 능가할 수 있다. 한

가지 간단한 원칙은 교육자는 지식을 제공하지만, 기술을 습득하게 하는 것은 행동 리허설이라는 점을 기억하는 것이다(Rousmaniere, 2019).

기준 4: 적절한 난이도(너무 쉽지도, 너무 어렵지도 않은 수준)에서 연습하기 (근접 발달 영역)

의도적 연습은 최적의 긴장을 수반한다. 즉, 수련생의 현재 기술 역치보다 약간 더 높은 수준에서 기술을 연습하여 수련생이 압도되거나 도전이 불충분하지 않은 상태에서 점진적으로 배울 수 있도록 하는 것이다(Ericsson, 2006).

교육자는 의도적 연습 전반에 걸쳐 난이도를 평가하고 조정하여 수련생이 적절한 난이도에서 연습하고 있는지 확인해야 한다. 일부 수련생은 연습 중에 불쾌한 반응(예: 해리, 메스꺼움, 멍해짐)을 경험하며, 너무 어려운 연습을 억지로 '밀어붙이려는' 유혹을 받을 수 있다. 이는 과목 낙제에 대한 두려움, 무능력하다는 판단에 대한 두려움, 또는 수련생이 자신에 대해 가지고 있는 부정적인 인상(예: '이게 이렇게 어려워서는 안 되는데') 때문일 수 있다. 반대로, 수련생이 약간의 어려움을 겪지 않는다면, 해당 난이도 수준이 충분한 도전이 되지 못하고 있다는 뜻이다. 교육자는 연습 활동의 난이도를 느끼는 데 개인차가 크다는 사실을 정상화하고, 수련생이 자신의 훈련 과정을 존중하도록 격려해야 한다.

기준 5: 수련생이 실제 내담자와 하는 상담 수행을 지속적으로 평가하기

심리치료 기술의 의도적 연습의 목표는 수련생이 실제 내담자를 도울 때 효과성을 향상시키는 것이다. 의도적 연습 훈련에서 발생할 수 있는 위험 중 하나는 그 효과가 일반화되지 않는 것이다. 즉, 수련생이 특정 기술에서 습득한 능숙함이 실제 내담자와의 작업으로 전이되지 않을 수 있다는 점이다. 따라서 교육자는 의도적 연습이 실제 내담자와의 작업에 미치는 영향을 평가하는 것이 중요하다. 이상적으로 이 평가는 다음의 세 영역의 자료로 이루어져야 한다.

1. 내담자 자료(언어적 자기 보고, 정기적인 결과 모니터링 자료, 실시간 수퍼비전, 회기 비디오 사용)
2. 수퍼바이저의 보고
3. 수련생의 자기 보고

만약 의도적 연습 이후에도 실제 내담자와의 작업에서 수련생의 효과성이 향상되지 않는다면, 교육자는 난이도 수준을 신중히 평가해야 한다. 만약 교육자가 이것이 기술 습득의 문제라고 판단한다면, 수련생의 학습 필요와 스타일에 더 적합하도록 의도적 연습 루틴을 변경할 수 있다.

전통적으로 치료자는 **과정 책임성**(process accountability)의 관점에서 평가되었다(Markman & Tetlock, 2000; Goodyear, 2015 참조). 이는 내담자에 대한 영향을 고려하지 않고, 특정 행동(예: 특정 치료 모델에 대한 충실도)을 시연하는 데 초점을 맞추는 것이다. 우리는 임상적인 효과성을 내담자 결과에 초점을 맞춘 관점에서 평가하는 것이 더 바람직하다고 제안한다. 또한 학습 목표를 전문가가 효과적이라고 결정한 행동을 수행하는 것(즉, 능력 모델)에서, 각 수련생의 근접 발달 영역과 수행 피드백에 맞춘 고도로 개별화된 행동 목표로 전환해야 한다고 본다. 이러한 평가 모델은 **성과 책임성**(outcome accountability)이라고 불리며(Goodyear, 2015), 치료자가 기대된 과업을 어떻게 수행하는지와는 별개로, 치료자의 역량이 아니라 내담자의 변화에 초점을 맞춘다.

수련생을 위한 지침

이 책의 중심 주제는 기술 연습이 자동으로 도움이 되는 것은 아니라는 것이다. 수련생이 이득을 체험하려면 의도적 연습이 제대로 이루어져야 한다(Ericsson & Pool, 2016). 이 장에서는 효과적인 의도적 연습을 위한 지침을 제공한다. 또한 수련생들을 위한 추가적인 조언도 포함하였다. 이 조언은 우리가 자원자 대상으로 의도적 연습을 테스트했던 현장에서 발견한 것들을 바탕으로 한다. 여기에서는 자신의 훈련 과정을 발견하는 방법, 적극적인 노력과 유연한 태도, 의도적 연습 중 휴식의 중요성, 교육자에게 자신을 공개하는 것에 대한 권리, 훈련 결과를 모니터링하는 방법, 교육자에 대한 복잡한 반응을 모니터링하는 방법, 그리고 개인 치료에 대해 논의한다.

개별화된 정신역동 훈련: 자신의 근접 발달 영역 찾기

의도적 연습은 훈련이 각 수련생 개인의 기술 역치에 맞춰질 때 가장 효과적이다. 이는 근접 발달 영역이라고도 하며, 발달 학습 이론과 관련하여 Vygotsky가 처음 제시한 용어이다

(Zaretskii, 2009). 근접 발달 영역은 수련생의 현재 능력을 약간 넘어서는 영역으로, 교사나 코치의 도움을 통해 도달할 수 있는 영역을 말한다(Wass & Golding, 2014). **만약 의도적 연습 활동이 너무 쉽거나 너무 어렵다면, 수련생은 의도적 연습의 혜택을 얻지 못할 것이다.** 훈련 생산성을 극대화하기 위해 뛰어난 수행자들은 '도전적이지만 과도하지 않은' 원칙을 따른다. 즉, 자신의 역량을 크게 넘어서는 과제는 효과가 없거나 해로울 수 있으며, 이미 자신 있게 할 수 있는 것을 무의미하게 반복하는 것도 아무런 이득이 없다. 따라서 의도적 연습은 수련생의 현재 기술을 지속적으로 평가하고, 적절한 난이도를 목표로 조정해야 하며, 이를 통해 '적당히 도전적인' 과제를 수행할 수 있어야 한다.

적극적인 노력

수련생은 이 책의 의도적 연습 활동을 수행하면서 적극적이고 지속적인 노력을 유지하는 것이 중요하다. 이는 수련생이 자신의 연습을 주도적으로 관리하고, 연습 파트너에게 역할연기의 난이도를 자신에게 해가 되지 않는 범위 내에서 가능한 한 높게 조정하도록 안내할 때 가장 잘 이루어질 수 있다. 이 과정은 수련생마다 다르게 느껴질 것이다. 불편하거나 심지어 두려움을 느낄 수도 있지만, 이는 근접 발달 영역에 해당하며 가장 큰 성과를 얻을 수 있는 영역이다. 단순히 대본을 읽고 반복하는 것은 거의 도움이 되지 않는다. 이러한 노력을 통해 수련생은 실제 내담자와의 상담에서 자신감과 편안함을 더 많이 얻을 수 있을 것이다.

꾸준히 나아가기: 노력 vs. 몰입

의도적 연습은 수련생이 기존의 수행 패턴에서 벗어날 만큼 자신을 강하게 밀어붙여야만 효과가 있고, 그렇게 해야 새로운 기술을 발전시킬 수 있다(Ericsson & Pool, 2016). 의도적 연습은 항상 자신의 수행 능력 한계에 집중하기 때문에, 필연적으로 힘든 과정이다. 실제로 전문가들은 현재 역량의 한계에 가까운 과제에 충분히 몰입하지 않는다면 지속적인 수행 향상을 이루기 어렵다(Ericsson, 2003/2006). 운동이나 피트니스 훈련을 통해 우리는 흔히 편안한 영역을 벗어나 적응이 일어나는 과정을 경험한다. 동일한 과정이 우리의 정신적 · 정서적 능력에도 적용된다.

많은 수련생은 정신역동치료의 의도적 연습이 실제 내담자와의 심리치료보다 더 어렵게 느껴진다는 점에 놀란다. 이는 실제 내담자와 작업할 때 치료자가 **몰입 상태**(Csikszentmihalyi,

1997)에 들어가기가 더 수월해지기 때문일 것이다. 몰입 상태에서는 작업이 수월하게 느껴질 수 있다. 이러한 경우, 치료자는 자신이 더 익숙하고 능숙하다고 느끼는 반응 양식으로 되돌아가고 싶어 할 수 있으며, 자신감과 숙달감을 높이기 위해 이를 잠시 사용할 수 있다.

자신만의 훈련 과정 발견하기

의도적 연습의 효과는 수련생이 연습을 수행하는 동안 투자하는 노력 및 주인의식에 직접적으로 연결된다. 교육자가 지침을 제공할 수는 있지만, 시간이 지나면서 수련생이 자신만의 독특한 훈련 과정을 발견하는 것이 중요하다. 다음은 수련생들이 의도적 연습을 하며 발견한 개인적인 훈련 과정의 몇 가지 예시이다.

- 한 수련생은 연습이 어려운 상황에서도 잘 버티지만, 새로운 기술에 익숙해지기 위해 다른 수련생들보다 더 많은 반복 연습이 필요하다는 것을 깨달았다. 이 수련생은 자신의 진도 속도에 대해 인내심을 기르는 데 집중했다.
- 다른 수련생은 몇 번의 반복만으로도 새로운 기술을 빠르게 습득할 수 있었다. 그러나 감정을 불러일으키는 내담자 진술에 대한 자신의 반응이 '적절한 도전'에서 '너무 어려움' 범주로 빠르고 예측 불가능하게 변하는 것을 발견했다. 따라서 이 수련생은 의도적 연습 반응 양식에 나열된 자신의 반응에 주의를 기울일 필요가 있었다.
- 또 다른 수련생은 스스로를 '완벽주의적인 사람'이라고 묘사하며, '너무 어려움' 범주에서 메스꺼움이나 해리와 같은 불안 반응이 나타날 때에도 연습을 억지로 '밀어붙이려는' 강한 충동을 느꼈다. 이는 수련생이 연습의 이득을 얻지 못하게 하고, 의욕 상실의 위험을 초래했다. 이 수련생은 속도를 늦추고, 자신의 불안에 대해 자기자비를 키우며, 동료 파트너에게 역할연기의 난이도를 낮춰 달라고 요청하는 데 집중했다.

수련생들은 연습을 통해 자신의 경험을 성찰하고, 자기 자신과 개인적인 학습 과정을 배우는 데 집중할 것을 권장한다.

즐겁게 임하고 휴식을 취하기

심리치료는 종종 고통스러운 감정을 수반하는 진지한 작업이다. 그러나 심리치료를 연습하는 과정은 유쾌하고 재미있을 수도 있다. 수련생들은 의도적 연습의 주요 목표 중 하나가 다양한 접근 방식과 치료 스타일을 실험하는 것임을 기억해야 한다. 만약 의도적 연습이 기계적이거나 지루하고 반복적으로 느껴진다면, 이는 기술 향상에 별로 도움이 되지 않을 가능성이 높다. 이 경우 수련생들은 연습에 활기를 불어넣어야 한다. 이를 위한 좋은 방법은 유쾌한 분위기를 만드는 것이다. 예를 들어, 수련생들은 다음을 시도할 수 있다.

- 다양한 목소리 톤, 말의 속도, 몸 제스처 또는 다른 언어를 사용해 보자. 이를 통해 수련생의 의사소통 범위를 확장할 수 있다.
- 시각적 단서를 제거한 채로 연습해 보자(예: 눈가리개 사용). 소리 없이 비디오를 시청해 본다. 이를 통해 다른 감각 모드에 대한 민감도를 높일 수 있다.
- 말을 사용하지 않음으로써 비언어적 의사소통에 초점을 두어 연습해 보자.
- 서 있거나 야외에서 걸으면서 연습해 보자. 이를 통해 치료 과정에 대해 새로운 관점을 얻을 수 있다.

수퍼바이저는 수련생이 어려운 감정을 다루고 스트레스를 받고 있을 때, 질문 사이에 5~10분 정도의 휴식을 가질지 물어볼 수 있다.

훈련 결과 모니터링

교육자가 역량 중심 모델로 수련생을 평가하는 동안, 수련생 역시 의도적 연습의 결과를 스스로 관찰할 것을 권한다. 수련생은 몇 번의 훈련 회기에서 의도적 연습의 결과를 경험해야 한다. 결과가 나타나지 않으면 수련생은 의욕을 잃거나 의도적 연습에 집중하기 어려워질 수 있다. 결과를 보지 못하는 수련생은 이 문제를 교육자와 논의하고, 의도적 연습 과정을 조정하도록 한다. 결과 측정은 내담자의 반응 또는 변화, 치료자로서 수련생의 작업이 개선된 정도, 수련생의 개인적 성장, 수련생의 전반적인 훈련 경험을 포함할 수 있다.

내담자 성과

의도적 연습의 가장 중요한 결과는 수련생의 내담자 성과가 향상되는 것이다. 이는 정기적인 결과 측정(Lambert, 2010; Prescott et al., 2017), 정성적 데이터(McLeod, 2017), 그리고 내담자와의 비공식적 논의를 통해 평가할 수 있다. 그러나 수련생은 의도적 연습으로 인해 내담자 성과가 향상되는 것이 때로는 빠르게 이루어지기 어렵다는 점을 인지해야 한다. 이는 내담자 성과의 가장 큰 변동 요인이 내담자 변수 때문이다(Bohart & Wade, 2013). 예를 들어, 중증의 만성 증상을 가진 내담자는 수련생이 아무리 효과적으로 연습하더라도 어떤 치료에도 빠르게 반응하지 않을 수 있다. 일부 내담자는 증상 감소가 없더라도 증상에 대한 인내심과 자기자비가 증가하는 진전을 보일 수 있다. 따라서 수련생은 내담자의 증상, 과거 이력, 현재 상태를 고려하여 내담자 변화에 대한 기대치를 현실적으로 설정해야 한다. 수련생은 훈련 과정에서 자신이 진전을 이루고 있다는 느낌을 얻기 위해 내담자에게 치료를 통해 반드시 나아져야 한다고 강요해서는 안 된다(Rousmaniere, 2016). 특히 정신역동치료에서는 때로 내담자의 증상이 나아지기 전에 더 악화될 수도 있다는 점이 예상되기 때문에, 특정 내담자가 도움을 받고 있는지 여부를 판단하는 것이 더욱 어렵다(Levenson et al., 2002). 예를 들어, 초기에 부모를 잃은 경험이 자신의 발달에 얼마나 중요한 영향을 미쳤는지 부정해 온 내담자는 정신역동치료를 통해 슬픔을 느끼기 시작하고, 치료 시작 시점보다 더 슬퍼졌다고 보고할 수 있다. 활동 6(치료의 근거 소개하기)은 내담자가 자신의 상태가 악화되고 있는 것이 아니라, 오랜 기간 동안 회피해 온 감정을 직면함으로써 개선되고 있다는 점을 이해하도록 돕는 데 유용할 수 있다.

수련생의 치료자로서의 작업

의도적 연습의 또 다른 중요한 결과는 수련생이 심리치료를 수행하는 데 느끼는 것을 평가하는 것이다. 예를 들어, 정신역동치료의 의도적 연습을 테스트할 때 수련생들은 감정을 불러일으키는 내담자와 함께 있을 때 보다 편안한 감정이 느껴졌고, 치료에서 불편한 주제를 다루는 데 더 자신감을 갖게 되었으며, 더 다양한 내담자에게 반응적으로 대처할 수 있게 되었다고 보고했다.

수련생의 개인적 성장

의도적 연습의 또 다른 중요한 결과는 수련생의 개인적 성장이다. 예를 들어, 정신역동치료의 의도적 연습을 테스트할 때 수련생들은 의도적 연습을 통해 자신의 감정과 더 많이 접촉하게 되고, 자기자비가 증가했으며, 더 다양한 내담자와 작업하려는 동기가 향상되었다고 보고했다.

수련생의 훈련 과정

의도적 연습의 또 다른 중요한 결과는 수련생의 학습 과정이 개선되는 점이다. 정신역동치료의 의도적 연습을 테스트할 때 수련생들은 개인적인 훈련 스타일, 선호도, 강점, 그리고 도전에 대해 더 잘 인식하게 되었다고 보고했다. 시간이 지나면서 수련생은 자신의 훈련 과정에 대해 더 큰 주인의식을 느끼게 되어야 한다. 이와 더불어, 심리치료사가 되기 위한 훈련은 수년간 걸쳐 이루어지는 복잡한 과정이라는 점을 강조해야겠다. 숙련된 전문 치료자는 대학원 과정을 마친 뒤 시간이 훨씬 지나서도 지속적으로 성장한다(Orlinsky et al., 2005). 1장에서 언급했듯이, 이 책의 저자들은 모두 합쳐 150년 이상의 치료 경험을 가지고 있지만, 우리 각자는 자신의 작업에서 개인적 · 전문적으로 계속 성장하고 있음을 느낀다. 매주 우리는 당황스럽거나, 도전이 되거나, 배우게 하거나 혹은 이 모든 것이 동시에 일어나는 치료 장면과 내담자를 경험한다.

수련생과 교육자의 관계: 교육자에 대한 복잡한 반응 모니터링

의도적 연습에 열중하는 수련생들은 종종 교육자에 대해 복잡한 감정을 경험했다고 보고한다. 예를 들어, 한 학생은 이렇게 말했다. “이 연습이 도움이 된다는 걸 알지만, 기대가 되지는 않아요!” 또 다른 수련생은 교육자에 대해 감사함과 좌절감을 동시에 느꼈다고 보고했다. 수련생들은 스포츠나 음악과 같이 다른 분야에서 자신이 받았던 집중 훈련을 떠올려 보는 것이 좋다. 코치가 훈련생에게 능력의 한계까지 밀어붙일 때, 훈련생이 코치에 대해 복잡한 반응을 보이는 것은 흔한 일이다.

이는 반드시 교육자가 뭔가 잘못하고 있다는 것을 의미하지는 않는다. 실제로 집중 훈련은 필연적으로 교육자에 대한 어떤 반응을 불러일으키며, 여기에는 감사와 더불어 좌절, 짜증, 실망, 또는 분노가 공존할 수 있다. 만약 수련생이 복잡한 반응을 경험하지 않는다면, 의도적 연습이 충분히 도전적이지 않은지 의문을 가져 볼 만하다. 이와 관련해, 수련생의 사생활 권리에 대해 앞서 주장했던 내용이 여기에도 적용된다. 정신건강 전문가 수련은 위계적이고 평가적인 성격을 지니므로, 교육자는 수련생이 자신에 대해 느끼는 복잡한 반응을 공유할 것을 요구하거나 기대해서는 안 된다. 교육자는 수련생이 자신의 반응을 공유할 수 있게 열려 있어야 하지만, 공유할지 말지에 대한 선택권은 항상 수련생에게 남아 있어야 한다.

수련생 자신의 치료

의도적 연습에 참여하면서 많은 수련생은 자신의 내면세계에 대한 심리치료가 도움이 될 수 있는 측면을 발견하게 된다. 예를 들어, 한 수련생은 내담자의 분노가 과거 자신이 학대받았던 고통스러운 기억을 불러일으킨다는 것을 깨달았고, 또 다른 수련생은 공감 기술을 연습하는 동안 해리 상태에 빠지게 되는 자신을 발견했다. 또 다른 수련생은 몇 번의 반복 연습만으로 기술을 숙달하지 못했을 때, 압도적인 수치심과 자기비판을 경험했다.

이러한 발견은 처음에는 불안감을 주었지만, 궁극적으로 수련생들이 심리치료를 받도록 동기를 부여했기 때문에 유익했다. 이전 세대에서는 PDT 수련생들에게 개인 심리치료가 필수였지만, 현재는 더 이상 요구되지 않는다. 그럼에도 불구하고 많은 PDT 수퍼바이저는 학생들에게 심리치료를 받아 볼 것을 강력히 권장한다. 이를 통해 수련생은 자신의 개인적 어려움을 직면하는 기회를 얻을 수 있으며, 이는 치료 장면에 들어가는 내담자들의 두려움에 더 잘 공감할 수 있도록 돕는다(McWilliams, 2013).

현대의 많은 치료자들이 치료를 받아 왔다. 실제로 Norcross와 Guy(2005)가 17개의 연구를 검토한 결과, 8,000명 이상의 치료자 참가자 중 약 75%가 심리치료를 받았다고 보고했다. 또한 Orlinsky 등(2005)은 심리치료를 받은 치료자 중 90% 이상이 이를 유익했다고 평가했다고 밝혔다.

수련생을 위한 질문
1. 자신의 기술을 향상시키려는 노력과 학습 과정에 대한 인내 및 자기자비를 균형 있게 유지하고 있는가?
2. 훈련 중에 발생하는 수치심이나 자기비판에 주의를 기울이고 있는가?
3. 자신의 사적인 경계를 인식하고, 교육자에 대한 복잡한 감정을 존중하고 있는가?
4. 존경받는 PDT 치료자들이 경력의 여러 시점에서 직면했던 개인적 및 전문적 도전을 어떻게 해결했는지에 대해 알고 있는가?

부록 A
난이도 평가 및 조정

의도적 연습은 적절한 난이도에서 연습할 때 가장 효과적이다. 연습이 너무 어렵거나 너무 쉽지 않게 하기 위해, 수련생은 각 내담자 진술 수준(초급, 중급, 고급)을 완료한 후 난이도를 평가하고 조정해야 한다. 이를 위해 다음 지침과 의도적 연습 반응 양식(Deliberate Practice Reaction Form; [그림 A-1] 참조)을 사용한다. 이 과정을 생략하지 않아야 한다!

난이도 평가 방법

치료자는 의도적 연습 반응 양식([그림 A-1])을 작성한다.

- 만일 연습의 난이도를 8 이상으로 평가했거나 '너무 어려움' 칸에 해당하는 반응이 있는 경우, 지침에 따라 연습을 더 쉽게 만들면 된다.
- 연습의 난이도를 4 미만으로 평가했거나 '적절한 도전' 칸에 해당하는 반응이 없는 경우, 더 어려운 수준의 내담자 진술로 진행하거나 지침에 따라 연습을 더 어렵게 만들면 된다.
- 연습의 난이도를 4에서 8 사이로 평가하고 '적절한 도전' 칸에 해당하는 반응이 하나 이상 있는 경우, 더 어려운 수준으로 변경하지 말고 같은 수준을 반복하라.

내담자 진술을 더 쉽게 만드는 방법

치료자가 연습의 난이도를 8 이상으로 평가했거나 '너무 어려움' 칸에 해당하는 반응이 있는 경우, 더 쉬운 수준의 내담자 진술을 사용한다(예: 고급 내담자 진술을 시행하는 중이었다면 중급 수준으로 변경함). 하지만 이미 초급 내담자 진술을 사용 중이라면, 다음 방법을 통해 내담자 진술을 더욱 쉽게 만들 수 있다.

- 내담자 역할을 하는 사람이 동일한 초급 진술을 사용하되, 부드럽고 차분한 목소리와 미소를 더하여 보다 완화된 정서적 톤으로 진술을 한다.
- 내담자가 치료자에게 더 편안한 주제나 덜 자극적인 주제로 즉흥적으로 발언을 할 수 있다. 예를 들어, 강한 감정을 표현하지 않는 주제, 미래나 과거에 관한 이야기(지금 현재에 대한 이야기는 피하여), 또는 치료와 무관한 주제를 다루는 것이다([그림 A-2] 참조).
- 치료자가 질문 사이에 5~10분 간의 짧은 휴식을 취한다.
- 교육자가 '피드백 단계'를 늘려 정신역동치료나 심리치료 이론 및 연구에 대해 논의한다. 이는 수련생의 초점을 분리시키거나 지적인 주제로 전환시켜 정서적 강도를 줄이는 데 도움이 된다.

내담자 진술을 더 어렵게 만드는 방법

치료자가 연습의 난이도를 4 미만으로 평가했거나 '적절한 도전' 칸에 해당하는 반응이 없었던 경우, 더 어려운 내담자 수준으로 진행한다. 이미 고급 내담자 진술을 시행하는 중이라면, 다음 지침을 사용하여 연습을 더욱 어렵게 만들 수 있다.

- 내담자 역할을 하는 사람이 동일한 고급 내담자 진술을 말하되, 더 강렬한 정서적 톤의 목소리로 말하거나(예: 매우 화난, 슬픈, 비꼬는) 불쾌한 얼굴 표정을 추가한다. 이를 통해 정서적 강도를 높일 수 있다.
- 내담자는 더 자극적이거나 치료자를 불편하게 만드는 주제(예: 강한 감정을 표현하거나 지금 이 순간의 경험, 치료 과정, 또는 치료자에 대한 이야기)로 새로운 내담자 진술을 즉흥적으로 만들어 낼 수 있다([그림 A-2] 참조).
- 또한 내담자는 최소한의 감정 신호와 간결한 표현만을 사용할 수도 있다. 때로는 이러한 소극적인 내담자들이 가장 다루기 어려운 경우가 있다.

Q1. 이 연습의 기술 기준을 충족하는 것이 얼마나 어려웠나요?

0 1 2 3 4 5 6 7 8 9 10

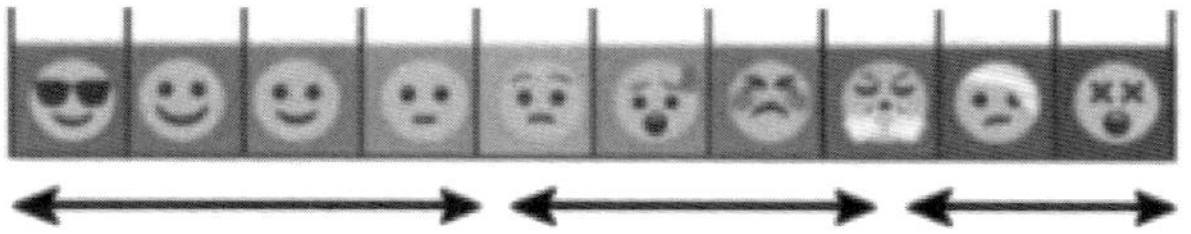

너무 쉬움 (0–4) / 적절함 (4–7) / 너무 어려움 (7–10)

Q2. 아래 제시한 '적절한 도전' 또는 '너무 어려움' 범주의 반응 중에서 당신의 반응에 해당하는 것이 있나요? (네/아니오)

적절한 도전			너무 어려움		
정서와 사고	신체 반응	충동	정서와 사고	신체 반응	충동
감당할 만한 수치심, 자기비판, 짜증, 분노, 슬픔 등	신체 긴장, 한숨, 얕은 호흡, 심박수 증가, 따뜻함, 입 마름	시선을 피함, 움츠림, 초점 변경	심하거나 압도될 정도의 수치심, 자기비판, 격분, 비통함, 죄책감 등	편두통, 어지러움, 생각이 흐릿함, 설사, 해리, 무감각, 멍함, 메스꺼움 등	차단하기, 포기하기

너무 쉬움	적절한 도전	너무 어려움
⬇	⬇	⬇
다음 난이도 수준으로 진행	동일한 난이도 수준 반복	이전 난이도 수준으로 돌아가기

[그림 A-1] 의도적 연습 반응 양식

출처: Goldman, Vaz, & Rousmaniere (2021). Deliberate Practice in Emotional-Focused Therapy(p.180). American Psychological Association (https://doi.org/10.1037/0000227-000). Copyright 2021 by the American Psychological Association.

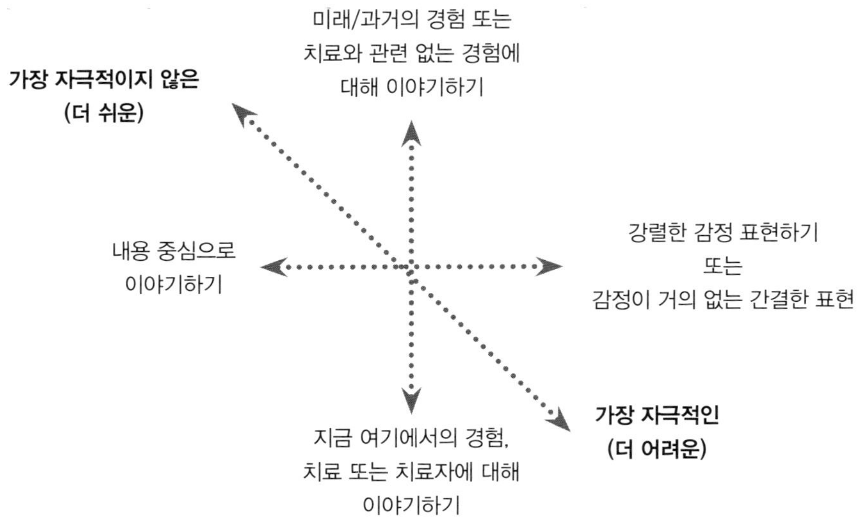

[그림 A-2] 역할연기에서 내담자 진술을 더 쉽거나 어렵게 만드는 방법

참고: 의도적 연습의 목적은 모든 내담자 진술과 치료자 반응을 빠르게 완료하는 것이 아니라, 적절한 난이도에서 최대한 많은 시간을 연습하는 것이다. 이는 수련생이 동일한 진술이나 반응을 여러 번 반복하게 될 수도 있다는 것을 의미하며, 난이도가 '적절한 도전' 수준을 유지한다면 이것은 전혀 문제가 되지 않는다.

부록 B

의도적 연습 일지 양식

의도적 연습의 질을 최적화하기 위해 의도적 연습 일지 양식(Deliberate Practice Diary Form)을 개발했다. 이 양식은 수련생이 의도적 연습 활동에서의 경험을 기록할 수 있는 템플릿이 포함되어 있으며, 학습을 강화하는 데 도움이 될 것이다. 이 양식은 수퍼바이저와의 평가 과정에서 사용하기 위한 것이 아님을 유의하라.

의도적 연습 일지	
이 양식을 사용하여 의도적 연습 활동에서 배운 점을 기억합시다. 자신의 사적인 경계를 보호하기 위해서 편안하게 개방할 수 있는 정보만 나누도록 하세요.	
이름:	날짜:
연습한 활동:	
Q1. 이번 의도적 연습 시간에 도움이 되었거나 잘 작업했던 점은 무엇인가요? 어떤 면에서 도움이 되었나요?	
Q2. 이번 의도적 연습 시간에 도움이 되지 않았거나 잘 되지 않았던 점은 무엇인가요? 어떤 면에서 어려웠나요?	
Q3. 오늘 연습을 통해 자기 자신에 대해, 또는 현재 가지고 있는 기술이나 앞으로 향상시키고 싶은 기술에 대해 무엇을 배웠나요? 편안하게 개방할 수 있는 정보에 한해 자유롭게 구체적으로 나누어 보세요.	

부록 C
의도적 연습 프로그램 강의 계획서 견본

이 부록은 정신역동치료를 다루는 한 학기(3학점) 교육과정의 강의 계획서 견본이다. 이 교육과정은 내담자를 아직 만나 보지 않은 1학년 학생을 포함하여 모든 수준의 대학원생(석사 및 박사 과정)에 적합하다. 이 교육과정은 특정 프로그램의 필요에 맞게 수정할 수 있는 형태로 제시하였다. 예를 들어, 강사는 이 교육과정의 일부를 차용하여 다른 강의, 실습, 인턴십 및 엑스턴십에서의 이론 특강, 워크숍, 그리고 졸업한 치료자를 위한 지속 교육에 활용할 수 있다. 과제물에 사용할 수 있는 다양한 읽기 자료를 포함했으므로, 강사들은 이를 선택하여 활용할 수 있다.

교육과정명: 관계적 정신역동 심리치료—의도적 연습을 활용한 공식화 및 개입

교육과정 소개: 이 과정은 관계적 정신역동 치료의 이론, 원리, 핵심 기술을 가르친다. 이 과정은 강의와 실습을 포함하며, 사례 공식화에 대한 이론 및 연구를 검토한다. 또한 개입 전략을 논의하고 심리치료에서의 변화 과정을 확인하고, 관련 기술을 습득할 수 있도록 의도적 연습 사용을 촉진한다.

목표:
이 교육과정을 완료한 학생들은 다음을 수행할 수 있다.

1. 정신역동치료의 핵심 이론, 과정, 연구, 기술을 설명할 수 있다.
2. 의도적 연습의 원리를 적용하여 상담 기술 개발을 계속 이어 갈 수 있다.
3. 주요 정신역동치료 기술을 시연할 수 있다.
4. 정신역동치료 기술을 자신의 치료적 틀에 통합할 수 있는 방법을 모색할 수 있다.
5. 다양한 문화적 배경을 가진 내담자들과의 작업에서 정신역동치료 접근법을 사용할 수 있다.
6. 현대 정신역동치료가 이전 정신역동적 접근법과 어떻게 다른지 설명할 수 있다.

7. 정신역동치료의 핵심 원리가 근거 기반 실천에 해당됨을 이해할 수 있다.
8. 내담자와의 관계에서 현재에 머물며 자기 인식을 유지할 수 있다.

형식

수업은 3시간 진행되며, 수업 시간은 정신역동치료 원리 학습, 비디오 시연 관찰, 정신역동치료 기술 연습 세 부분으로 나뉜다.

- 강의/토론 수업: 매주 1.5시간 동안 정신역동 이론과 관련 연구에 대한 강의 및 토론 수업이 진행된다.
- 정신역동치료 기술 실습: 매주 1.5시간 동안 정신역동치료 기술 연습 시간이 있다. 연습 시간은 이 책에 있는 연습 활동을 사용하여 진행한다. 이 연습에는 역할연기가 포함되며, 다음과 같은 목표를 가지고 있다.

  1. 실제 내담자와의 만남에서 정신역동치료 기술을 사용할 수 있는 능력과 자신감을 키운다.
  2. 실수를 두려워하지 않고 다양한 치료적 개입을 실험할 수 있는 안전한 공간을 제공한다.
  3. 다양한 치료 스타일을 탐구하고 시도해 보는 기회를 제공하여, 이를 통해 수련생들이 자신만의 독특한 치료 스타일을 발견할 수 있도록 한다.

- 주석이 포함된 축어록: 학기 말(14주차)에 수련생들은 주석이 포함된 대인관계 정신역동치료 회기 축어록(활동 13)을 읽고 실습한다. 여러 지침하에 전사본을 반복적으로 읽음으로써 수련생들은 이 책의 12개 정신역동치료 기술 연습이 실제 회기에서 어떻게 나타날 수 있는지 볼 수 있게 된다. 첫 번째 저자(Hanna Levenson)가 실제로 회기를 진행한 비디오를 시청하고 4개의 연구(Friedlander et al., 2018/2020; Levenson, 2020; Levenson et al., 2020)를 읽음으로써 실제 회기에서의 다양한 기술과 치료 과정에 대한 정보를 얻을 수 있다.
- 모의 치료 회기: 마지막 수업에서는 모의 정신역동치료 회기(활동 14)를 운영한다. 이 연습은 구조화되고 반복적인 의도적 연습이 아닌, 즉흥적으로 진행하는 비구조화된 역할연기이다. 모의 회기 활동은 수련생들이 다음과 같은 작업을 할 수 있게 한다.

  1. 정신역동치료 기술을 반응적으로 사용하는 연습을 한다.

2. 즉흥적인 맥락에서 임상적 의사 결정을 실험한다.
3. 자신의 개인적인 치료 스타일을 발견한다.
4. 실제 내담자와 작업할 때의 인내력을 기른다.

과제

매주 과제가 주어지며, 자료 읽기, 동료 학생과 1시간 동안 기술 연습, 글쓰기 과제가 주어진다. 기술 연습 과제에서는 수련생들이 해당 주차의 기술 연습 시간에 수행한 활동을 반복한다. 강사가 수행을 평가하지 않으므로, 대신에 수련생들은 의도적 연습 반응 양식과 의도적 연습 일지 양식을 작성하여 자기 평가를 해야 한다.

글쓰기 과제

학생들은 글쓰기 과제를 배정받을 수 있다. 가능한 과제 주제는 다음과 같다.

- 수련생이 실제 내담자와 진행한 사례의 축어록 일부를 사용하여, 축어록에서 12개 정신역동치료 기술이 사용된 부분이 어디인지 찾아서 표기하기, 12개 기술을 참고하여 수련생이 실제로 한 말 대신 더 효과적인 반응을 고안하여 작성하기
- 이 책의 형식을 참고하여, 이 책에 포함되지 않은 다른 정신역동치료 기술 하나를 설명하는 의도적 연습 과제 작성하기

다문화 지향

이 강의는 **다문화적 맥락**(Davis et al., 2018, p. 3)에서 정의한 바와 같이, 내담자와 치료자의 문화적 세계관, 가치, 신념이 상호작용하며 치유의 정신 속에서 관계적 경험을 공동 창조하는 방식으로 진행된다. 다문화적 역량은 미국심리학회(APA, 2017b)의 『다문화 가이드라인: 맥락, 정체성, 상호작용성을 고려한 생태학적 접근법(Multicultural Guidelines: An Ecdogical Approach to Context Identity, and Intersectionality)』에 포함되어 있다. 여기에는 다문화적 인식, 지식, 기술이 포함된다. 다문화 지향의 핵심 요소는 문화적 편안함, 겸손, 그리고 문화적 기회(또는 이전에 문화적 요인을 민감하게 다루지 못했던 순간)에 반응하는 능력이다. 이 강의 동안 학생들은 자신의 문화적 정체성을 성찰하고, 내담자의 문화적 정체성과 조율할 수 있는 능력을 향상시킬 것을 권고받는다(Hook et al., 2017). 이 주제에 대한 추가적인 지침과 다문화적 기술을 향상시키기 위

한 의도적 연습 과제는 『Deliberate Practice in Multicultural Therapy』(Harris et al., 2023, 번역서 출간 예정)를 참고하기 바란다.

취약성, 사생활, 경계

이 과정은 치료 기술, 자기 인식, 그리고 대인관계 기술을 경험적 틀 안에서 개발하는 것을 목표로 한다. 이 과정은 심리치료 또는 심리치료의 대체물이 아니다. 내담자와 정신역동치료를 진행할 때, 정서적 취약성, 개방성, 그리고 치료적 현존을 균형 있게 유지하고, 그와 동시에 적절한 개인적 경계와 심리치료의 틀을 유지해야 한다. 학생들은 자신이 편안하고 학습에 도움이 된다고 느끼는 수준에서 자기 개방을 해야 한다. 치료자로서의 성장을 위해 내면의 정서적 및 심리적 과정을 인식하는 것이 필요하지만, 모든 정보를 강사에게 공개할 필요는 없다. 학생들은 스스로 안전함과 사생활 보호의 수준을 판단하는 것이 중요하다. 학생들이 수업 중에 얼마나 자신의 정보를 공개하기로 결정했는지는 평가에 들어가지 않는다.

미국심리학회(APA, 2017a)의 『심리학자 윤리 원칙과 행동 강령(Ethical Principles of Psychologists and Code of Conduct)』에 따라, 학생들은 개인 정보를 공개할 의무가 없다. 이 수업은 대인관계 정신역동 역량을 개발하는 것을 목표로 하므로, 학생들이 자기 개방을 선택할 때 고려해야 할 몇 가지 중요한 점은 다음과 같다.

- 학생들은 공개 정도, 시점, 그리고 내용을 스스로 선택한다. 개인 정보를 공유하지 않기로 선택하더라도 불이익을 받지 않는다.
- 학습 환경은 다른 집단 상황과 마찬가지로, 집단 역동의 영향을 받을 수 있다. 따라서 학생들은 보다 포괄적이고 생산적인 학습 환경을 조성하기 위해 수업 환경에 대한 자신의 관찰과 경험을 공유하도록 요청받을 수 있다.

비밀 유지

수업에서 다루는 내용의 특성상, 개인적인 삶의 경험(자신, 친구, 가족)이 학습 환경과 관련될 수 있는 경우가 많다. 개인적인 경험을 공유하는 것이 필수는 아니지만, 일부 수련생들은 공유하고 싶어 할 수도 있다. 또한 내담자 사례 자료의 내용은 민감하며 윤리적 고려가 요구된다. 내담자와 치료자 정보를 존중하고 다양성을 고려하며, 안전한 학습 환경을 조성하기 위해, 수업 구성원은 수업 내외에서 엄격한 비밀 유지를 준수해야 한다.

평가

학기 말(15주차)에 수련생들은 자기 평가를 수행하게 된다. 이를 통해 자신의 발전 과정을 확인하고, 추가로 개발이 필요한 영역을 식별할 수 있다. 이 책 3장의 '수련생을 위한 지침'에서 자기 평가 시 초점을 둘 만한 영역들을 제시하였다.

평가 기준

이 교육과정에 설계된 대로 학생들은 다음 항목을 준수할 책임이 있다.

- 수업에서 주어진 자료 읽기와 토론 수행
- 기술 연습(연습 활동, 대본 및 모의 회기 운영) 참여
- 과제
- 기말 보고서

필독 자료 및 영상

Angus, L. E., & Rennie, D. L. (1989). Envisioning the representational world: The client's experience of metaphoric expression in psychotherapy. *Psychotherapy: Theory, Research, Practice, Training*, *26*(3), 372–379. https://doi.org/10.1037/h0085448

Binder, J. L. (2004). *Key competencies in brief dynamic psychotherapy: Clinical practice beyond the manual*. Guilford Press.

Binder, J. L., & Betan, E. J. (2022). The cyclical maladaptive pattern. In T. D. Eells (Ed.), *Handbook of psychotherapy case formulation* (3rd ed., pp. 113–143). Guilford Press.

Blagys, M. D., & Hilsenroth, M. J. (2000). Distinctive features of short-term psychodynamic interpersonal psychotherapy: A review of the comparative psychotherapy process literature. *Clinical Psychology: Science and Practice*, 7(2), 167–188. https://doi.org/10.1093/clipsy.7.2.167

Cabaniss, D. L., Cherry, S., Douglas, C. J., & Schwartz, A. (2011). *Psychodynamic psychotherapy: A clinical manual*. John Wiley & Sons.

Christian C., Safran, J. D., & Muran J. C. (2012). The corrective emotional experience: A relational perspective and critique. In L. G. Castonguay & C. E. Hill (Eds.), *Transformation in psychotherapy: Corrective experiences across cognitive behavioral, humanistic, and psychodynamic approaches* (pp. 51–67). American Psychological Association. https://doi.org/10.1037/13747-004

Eubanks, C. F., Muran, J. C., & Safran, J. D. (2018). Repairing alliance ruptures. In J. C. Norcross & B. E. Wampold (Eds.), *Psychotherapy relationships that work: Evidence-based responsiveness* (3rd ed., pp. 549-579). Oxford University Press.

Fauth, J., & Williams, E. N. (2005). The in-session self-awareness of therapist-trainees: Hindering or helpful? *Journal of Counseling Psychology*, *52*(3), 443-447. https://doi.org/10.1037/ 0022-0167.52.3.443

Friedlander, M. L., Angus, L., Wright, S. T., Gunther, C., Austin, C. L., Kangos, K., Barbaro, L., Macaulay, C., Carpenter, N., & Khattra, J. (2018). "If those tears could talk, what would they say?" Multi-method analysis of a corrective experience in brief dynamic therapy. *Psychotherapy Research*, *28*(2), 217-234. https://doi.org/10.1080/10503307.2016.1184350

Geller, S. (2015). *Presence in psychotherapy* [Video]. https://www.youtube.com/watch?v=sShXDGjcjV0

Geller, S. (2017). *A practical guide to cultivating therapeutic presence*. American Psychological Association. https://doi.org/10.1037/0000025-000

Gelso, C. J., Kelley, F. A., Fuertes, J. N., Marmarosh, C., Holmes, S. E., Costa, C., & Hancock, G. R. (2005). Measuring the real relationship in psychotherapy: Initial validation of the therapist form. *Journal of Counseling Psychology*, *52*(4), 640-649. https://doi.org/10.1037/0022-0167.52.4.640

Glausiusz, J. (2014). Living in an imaginary world. *Scientific American Mind, 23*(1). https://www.scientificamerican.com/article/living-in-an-imaginary-world/

Goldman, R. N., Vaz, A., & Rousmaniere, T. (2021). *Deliberate practice in emotion-focused therapy*. American Psychological Association. https://doi.org/10.1037/0000227-000

Hayes, J. A., Gelso, C., & Hummel, A. (2011). Managing countertransference. In J. C. Norcross (Ed.), *Psychotherapy relationships that work: Evidence-based responsiveness* (2nd ed.,pp. 239-258). Oxford University Press. https://doi.org/10.1093/acprof:oso/9780199737208.003.0012

Hill, C. E. (2020). *Helping skills: Facilitating exploration, insight, and action* (5th ed.). American Psychological Association. https://doi.org/10.1037/0000147-000

Høglend, P., Amlo, S., Marble, A., Bøgwald, K.-P., Sørbye, O., Sjaastad, M. C., & Heyerdahl, O. (2006). Analysis of the patient-therapist relationship in dynamic psychotherapy: An experimental study of transference interpretations. *American Journal of Psychiatry*, *163*(10), 1739-1746. https://doi.org/10.1176/ajp.2006.163.10.1739

Howard, S. (2017). *Skills in psychodynamic counselling and psychotherapy* (2nd ed.). Sage Publications.

Inderbitzin, L. B., & Levy, S. T. (1990). Unconscious fantasy: A reconsideration of the concept. *Journal of the American Psychoanalytic Association*, *38*(1), 113-130. https://doi.org/10.1177/000306519003800107

Levenson, H. (1995). *Time-limited dynamic psychotherapy: A guide to clinical practice*. Basic Books.

Levenson, H. (1999). *Time limited dynamic psychotherapy* [Film; educational DVD]. Pychotherapy.net. https://www.psychotherapy.net/video/time-limited-dynamic-psychotherapy

Levenson, H. (2013). Time-limited dynamic psychotherapy: Working with reactions to chronically depressed clients. In A. W. Wolf, M. R. Goldfried, & J. C. Muran (Eds.), *Transforming negative reactions to clients: From frustration to compassion* (pp. 193-219). American Psychological Association. https://doi.org/10.1037/13940-009

Levenson, H. (2017). *Brief dynamic psychotherapy* (2nd ed.). American Psychological Association. https://doi.org/10.1037/0000043-000

Levenson, H. (2018). *Time-limited dynamic psychotherapy: An integrative perspective* [includes video]. In M. J. Dewan, B. N. Steenbarger, & R. P. Greenberg (Eds.), *The art and science of brief psychotherapies: An illustrated guide* (3rd ed.). American Psychiatric Association Publishing. https://www.appi.org/Products/Psychotherapy/Art-and-Science-of-Brief-Psychotherapies-Third-Edi?SearchText=levenson,%20han&sku=37079

Levenson, H. (2020). Enlivening psychodynamic brief therapy with emotion-focused interventions: An integrative therapist's approach. *Clinical Social Work Journal*, *48*(3), 267-278. https://doi.org/10.1007/s10615-020-00762-z

Levenson, H., Angus, L., & Pool, E. (2020). Viewing psychodynamic/interpersonal theory and practice through the lens of memory reconsolidation. In R. D. Lane & L. Nadel (Eds.), *Neuroscience of enduring change: Implications for psychotherapy* (pp. 296-323). Oxford University Press. https://doi.org/10.1093/oso/9780190881511.003.0012

Levenson, H. (Guest Expert), & Carlson, J. (Host). (2010). *Brief dynamic therapy over time* [Film; educational DVD]. American Psychological Association. https://www.apa.org/pubs/videos/4310871

Levin, K. (1996). Unconscious phantasy in psychotherapy. *American Journal of Psychotherapy*, *50*(2), 137-153.

Levy, K. N., Keefe, J. R., & Ehrenthal, J. C. (2019). Research support for psychodynamic constructs. In D. Kealy & J. S. Ogrodniczuk (Eds.), *Evolving clinical practice* (pp. 89-106). Elsevier.

Levy, K. N., & Scala, J. W. (2012). Transference, transference interpretations, and transferencefocused psychotherapies. *Psychotherapy*, *49*(3), 391–403. https://doi.org/10.1037/a0029371

Lloyd, J. (2017). Therapeutic use of metaphor: Cultural connectivity. *Journal of Experiential Psychotherapy*, *20*(2), 3–10.

Malkomsen, A., Røssberg, J. I., Dammen, T., Wilberg, T., Løvgren, A., Ulberg, R., & Evensen, J. (2021). Digging down or scratching the surface: How patients use metaphors to describe their experiences of psychotherapy. *BMC Psychiatry*, *21*, Article 533. https://doi.org/10.1186/s12888-021-03551-1

McCullough, L., Kuhn, N., Andrews, S., Kaplan, A., Wolf, J., & Hurley, C. L. (2003). *Treating affect phobia: A manual for short-term dynamic psychotherapy*. Guilford Press.

McWilliams, N. (1999). *Psychoanalytic case formulation*. Guilford Press.

McWilliams, N. (2004). *Psychoanalytic psychotherapy: A practitioner's guide*. Guilford Press.

Safran, J. D., & Kraus, J. (2014). Alliance ruptures, impasses, and enactments: A relational perspective. *Psychotherapy*, *51*(3), 381–387. https://doi.org/10.1037/a0036815

Sarnat, J. E. (2016). *Supervision essentials for psychodynamic psychotherapies*. American Psychological Association. https://doi.org/10.1037/14802-000

Schore, J. R., & Schore, A. N. (2008). Modern attachment theory: The central role of affect regulation in development and treatment. *Clinical Social Work Journal*, *36*(1), 9–20. https://doi.org/10.1007/s10615-007-0111-7

Sharpless, B. A., & Barber, J. P. (2012). Corrective emotional experiences from a psychodynamic perspective. In L. G. Castonguay & C. E. Hill (Eds.), *Transformation in psychotherapy: Corrective experiences across cognitive behavioral, humanistic, and psychodynamic approaches* (pp. 31–49). American Psychological Association. https://doi.org/10.1037/13747-003

Shedler, J. (2022). That was then, this is now: Psychoanalytic psychotherapy for the rest of us. *Contemporary Psychoanalysis*, *58*(2–3), 405–437. https://doi.org/10.1080/00107530.2022.2149038

Sims, P. A. (2003). Working with metaphor. *American Journal of Psychotherapy*, *57*(4), 528–536. https://doi.org/10.1176/appi.psychotherapy.2003.57.4.528

Teyber, E., & Teyber F. M. (2014). Working with the process dimension in relational therapies: Guidelines for clinical training. *Psychotherapy*, *51*(3), 334–341. https://doi.org/10.1037/a0036579

Wachtel, P. L. (2011). *Inside the session: What really happens in psychotherapy*. American Psychological Association. https://doi.org/10.1037/12321-000

Wolitzky, D. L. (2011). Psychoanalytic theories of psychotherapy. In J. C. Norcross, G. R. VanderBos, & D. K. Freedheim (Eds.), *History of psychotherapy: Continuity and change* (pp. 65-100). American Psychological Association. https://doi.org/10.1037/12353-003

보충 자료

Alexander, F., & French, T. M. (1946). *Psychoanalytic therapy: Principles and application*. Ronald Press.

Barber, J. P., Khalsa, S.-R., & Sharpless, B. A. (2010). The validity of the alliance as a predictor of psychotherapy outcome. In J. C. Muran & J. P. Barber (Eds.), *The therapeutic alliance: An evidence-based guide to practice* (pp. 29-43). Guilford Press.

Curtis, J. T., Silberschatz, G., Sampson, H., & Weiss, J. (1994). The Plan Formulation Method. *Psychotherapy Research*, *4*(3-4), 197-207. https://doi.org/10.1080/10503309412331334032

Davis, D. E., DeBlaere, C., Owen, J., Hook, J. N., Rivera, D. P., Choe, E., Van Tongeren, D. R., Worthington, E. L., & Placeres, V. (2018). The multicultural orientation framework: A narrative review. *Psychotherapy*, *55*(1), 89-100. https://doi.org/10.1037/pst0000160

Gill, M. M. (1954). Psychoanalysis and exploratory psychotherapy. *Journal of the American Psychoanalytic Association*, *2*(4), 771-797. https://doi.org/10.1177/000306515400200413

Goodwin, B. J., Coyne, A. E., & Constantino, M. J. (2018). Extending the context-responsive psychotherapy integration framework to cultural processes in psychotherapy. *Psychotherapy*, *55*(1), 3-8. https://doi.org/10.1037/pst0000143

Hook, J. N., Davis, D. E., Owen, J., & DeBlaere, C. (2017). *Cultural humility: Engaging diverse identities in therapy*. American Psychological Association. https://doi.org/10.1037/0000037-000

Kiesler, D. J. (1988). *Therapeutic metacommunication: Therapist impact disclosure as feedback in psychotherapy*. Consulting Psychologists Press.

Kohut, H. (1977). *The restoration of the self*. International Universities Press.

Levenson, H. (2003). Time-limited dynamic psychotherapy: An integrationist perspective.*Journal of Psychotherapy Integration*, *13*(3-4), 300-333. https://doi.org/10.1037/1053-0479.13.3-4.300

Levy, K. N., Johnson, B. N., Cooch, C. V., & Kivity, Y. (2019). Attachment style. In J. C. Norcross & B. E. Wampold (Eds.), *Psychotherapy relationships that work: Vol. 2. Evidence-based therapist responsiveness* (3rd ed., pp. 15-55). Oxford University Press.

Malan, D. (1995). *Individual psychotherapy and the science of psychodynamics* (2nd ed.). Butterworth-Heinemann.

Norcross, J. C., & Wampold, B. E. (Eds.). (2019). *Psychotherapy relationships that work* (Vols. 1–2, 3rd ed.). Oxford University Press.

Osimo, F., & Stein, M. J. (2012). *Theory and practice of experiential dynamic psychotherapy*. Karnac.

Safran, J. D. (2012). *Psychoanalysis and psychoanalytic therapies*. American Psychological Association.

Safran, J. D., & Muran, J. C. (2000). *Negotiating the therapeutic alliance: A relational treatment guide*. Guilford Press.

Shedler, J. (2010). The efficacy of psychodynamic psychotherapy. *American Psychologist*, *65*(2), 90–109. https://doi.org/10.1037/a0018378

Siegelman, E. Y. (1990). *Metaphor and meaning in psychotherapy*. Guilford Press.

Wachtel, P. L. (2008). *Relational theory and the practice of psychotherapy*. Guilford Press.

Westra, H. A., Norouzian, N., Poulin, L., Coyne, A. E., Constantino, M. J., Hara, K., Olson, D.,& Antony, M. M. (2021). Testing a deliberate practice workshop for developing appropriate responsivity to resistance markers. *Psychotherapy*, *58*(2), 175–185. https://doi.org/10.1037/pst0000311

참고문헌

Alexander, F., & French, T. M. (1946). *Psychoanalytic therapy: Principles and application*. Ronald Press.

American Psychological Association. (2017a). *Ethical principles of psychologists and Code of conduct* (2002, amended June 1, 2010, and January 1, 2017). https://www.apa.org/ethics/code

American Psychological Association. (2017b). *Multicultural guidelines: An ecological approach to context, identity, and intersectionality*. https://www.apa.org/about/policy/multicultural guidelines.pdf

Anderson, T., Crowley, M. E., Himawan, L., Holmberg, J. K., & Uhlin, B. D. (2016). Therapist facilitative interpersonal skills and training status: A randomized clinical trial on alliance and outcome. *Psychotherapy Research*, *26*(5), 511-529. https://doi.org/10.1080/10503307.2015.1049671

Anderson, T., Finkelstein, D., & Horvath, S. A. (2020). The facilitative interpersonal skills method: Difficult psychotherapy moments and appropriate therapist responsiveness. *Counselling & Psychotherapy Research*, *20*(3), 463-469. https://doi.org/10.1002/capr.12302

Anderson, T., Ogles, B. M., Patterson, C. L., Lambert, M. J., & Vermeersch, D. A. (2009). Therapist effects: Facilitative interpersonal skills as a predictor of therapist success. *Journal of Clinical Psychology*, *65*(7), 755-768. https://doi.org/10.1002/jclp.20583

Anderson, T., Ogles, B. M., & Weis, A. (1999). Creative use of interpersonal skills in building a therapeutic alliance. *Journal of Constructivist Psychology*, *12*, 313-330. https://doi.org/10.1080/107205399266037

Angus, L. E., & Rennie, D. L. (1989). Envisioning the representational world: The client's experience of metaphoric expression in psychotherapy. *Psychotherapy: Theory, Research, Practice, Training*, *26*(3), 372-379. https://doi.org/10.1037/h0085448

Arlow, J. A. (1979). Metaphor and the psychoanalytic situation. *The Psychoanalytic Quarterly*, *48*(3), 363-385. https://doi.org/10.1080/21674086.1979.11926882

Bailey, R. J., & Ogles, B. M. (2019, August 1). Common factors as a therapeutic approach: What is required? *Practice Innovations*, *4*(4), 241-254. https://doi.org/10.1037/pri0000100

Barber, J. P., Khalsa, S.-R., & Sharpless, B. A. (2010). The validity of the alliance as a predictor of psychotherapy outcome. In J. C. Muran & J. P. Barber (Eds.), *The therapeutic alliance: An evidence-based guide to practice and training* (pp. 29-43). Guilford Press.

Barber, J. P., Muran, J. C., McCarthy, K. S., Keefe, J. R., & Zilcha-Mano, S. (2021). Research on dynamic therapies. In M. Barkham, W. Lutz, & L. G. Castonguay (Eds.), *Bergin and Garfield's handbook of psychotherapy and behavior change* (50th anniversary ed., pp. 387-419). John Wiley & Sons.

Barlow, D. H. (2010). Negative effects from psychological treatments: A perspective. *American Psychologist*, *65*(1), 13-20. https://doi.org/10.1037/a0015643

Barth, F. D. (1997). Using daydreams in psychodynamic psychotherapy. *Clinical Social Work Journal*, *25*, 265-280. https://doi.org/10.1023/A:1025730427420

Beebe, B., Lachmann, F., & Jaffe, J. (1997). Mother-infant interaction structures and presymbolic self- and object representations. *Psychoanalytic Dialogues*, *7*(2), 133-182. https://doi.org/10.1080/10481889709539172

Bennett-Levy, J. (2019). Why therapists should walk the talk: The theoretical and empirical case for personal practice in therapist training and professional development. *Journal of Behavior Therapy and Experimental Psychiatry*, *62*, 133-145. https://doi.org/10.1016/j.jbtep.2018.08.004

Bennett-Levy, J., & Finlay-Jones, A. (2018). The role of personal practice in therapist skill development: A model to guide therapists, educators, supervisors and researchers. *Cognitive Behaviour Therapy*, *47*(3), 185-205. https://doi.org/10.1080/16506073.2018.1434678

Binder, J. L. (1999). Issues in teaching and learning time-limited psychodynamic psychotherapy. *Clinical Psychology Review*, *19*(6), 705-719. https://doi.org/10.1016/S0272-7358(98)00078-6

Binder, J. L. (2004). *Key competencies in brief dynamic psychotherapy. Clinical practice beyond the manual*. Guilford Press.

Binder, J. L., & Betan, E. J. (2013). *Core competencies in brief dynamic psychotherapy. Becoming a highly effective and competent brief dynamic psychotherapist*. Routledge. https://doi.org/10.4324/9780203837412

Binder, J. L., & Betan, E. J. (2022). The cyclical maladaptive pattern. In T. D. Eells (Ed.), *Handbook of psychotherapy case formulation* (3rd ed., pp. 113-143). Guilford Press.

Binder, J. L., & Henry, W. P. (2010). Developing skills in managing negative process. In J. C. Muran & J. P. Barber (Eds.), *The therapeutic alliance: An evidence-based guide to practice* (pp. 285-

303). Guilford Press.

Blagys, M. D., & Hilsenroth, M. J. (2000). Distinctive features of short-term psychodynamicinterpersonal psychotherapy: A review of the comparative psychotherapy process literature. *Clinical Psychology: Science and Practice*, 7(2), 167-188. https://doi.org/10.1093/clipsy.7.2.167

Blatt, S. J. (2008). *Polarities of experience: Relatedness and self-definition in personality development, psychopathology, and the therapeutic process.* American Psychological Association. https://doi.org/10.1037/11749-000

Bohart, A. C., & Wade, A. G. (2013). The client in psychotherapy. In M. J. Lambert (Ed.), *Bergin and Garfield's handbook of psychotherapy and behavior change* (6th ed., pp. 219-257). John Wiley & Sons.

Boterhoven De Haan, K. L., & Lee, C. W. (2014). Therapists' thoughts on therapy: Clinicians' perceptions of the therapy processes that distinguish schema, cognitive behavioural and psychodynamic approaches. *Psychotherapy Research*, *24*(5), 538-549. https://doi.org/10.1080/10503307.2013.861092

Bowlby, J. (1982). *Attachment and loss: Vol. 1. Attachment.* Basic Books. (Original work published 1969)

Bowlby, J. (1985). The role of childhood experience in cognitive disturbance. In M. J. Mahoney and A. Freeman (Eds.), *Cognition and psychotherapy* (pp. 181-200). Plenum Press.

Bowlby, J. (1988). *A secure base*. Basic Books.

Brody, F., & Farber, B. (1996). The effects of therapist experience and diagnosis on countertransference. *Psychotherapy*, *33*(3), 372-380. https://doi.org/10.1037/0033-3204.33.3.372

Brumbaugh, C. C., & Fraley, R. C. (2006). Transference and attachment: How do attachment patterns get carried forward from one relationship to the next? *Personality and Social Psychology Bulletin*, *32*(4), 552-560. https://doi.org/10.1177/0146167205282740

Bugatti, M., & Boswell, J. F. (2016). Clinical errors as a lack of context responsiveness. *Psychotherapy*, *53*(3), 262-267. https://doi.org/10.1037/pst0000080

Cabaniss, D. L., Cherry, S., Douglas, C. J., & Schwartz, A. (2011). *Psychodynamic psychotherapy: A clinical manual*. John Wiley & Sons.

Cartwright, C., Rhodes, P., King, R., & Shires, A. (2014). Experiences of countertransference: Reports of clinical psychology students. *Australian Psychologist*, *49*(4), 232-240. https://doi.org/10.1111/ap.12062

Castonguay, L. G., Goldfried, M. R., Wiser, S., Raue, P. J., & Hayes, A. M. (1996). Predicting the effect of cognitive therapy for depression: A study of unique and common factors. *Journal of Consulting and Clinical Psychology*, *64*(3), 497-504. https://doi.org/10.1037/0022-006X.64.3.497

Castonguay, L. G., & Hill, C. E. (Eds.). (2012). *Transformation in psychotherapy: Corrective experiences across cognitive behavioral, humanistic, and psychodynamic approaches*. American Psychological Association. https://doi.org/10.1037/13747-000

Christian, C., Safran, J. D., & Muran, J. C. (2012). The corrective emotional experience: A relational perspective and critique. In L. G. Castonguay & C. E. Hill (Eds.), *Transformation in psychotherapy: Corrective experiences across cognitive behavioral, humanistic, and psychodynamic approaches* (pp. 51-67). American Psychological Association. https://doi.org/10.1037/13747-004

Clarkin, J. F., Levy, K., Lenzenweger, M. F., & Kernberg, O. F. (2007). Evaluating three treatments for borderline personality disorder: A multiwave study. *American Journal of Psychiatry*, *164*(6), 922-928. https://doi.org/10.1176/ajp.2007.164.6.922

Coker, J. (1990). *How to practice jazz*. Jamey Aebersold.

Cook, R. (2005). *It's about that time: Miles Davis on and off record*. Atlantic Books.

Cook, R. M., Welfare, L. E., & Jones, C. T. (2020). Incidence of intentional nondisclosure in clinical supervision by prelicensed counselors. *The Professional Counselor*, *10*(1), 25-38. https://doi.org/10.15241/rmc.10.1.25

Csikszentmihalyi, M. (1997). *Finding flow: The psychology of engagement with everyday life*. HarperCollins.

Curtis, J. T., Silberschatz, G., Sampson, H., & Weiss, J. (1994). The Plan Formulation Method. *Psychotherapy Research*, *4*(3-4), 197-207. https://doi.org/10.1080/10503309412331334032

Davis, D. E., DeBlaere, C., Owen, J., Hook, J. N., Rivera, D. P., Choe, E., Van Tongeren, D. R.,Worthington, E. L., & Placeres, V. (2018). The multicultural orientation framework: A narrative review. *Psychotherapy*, *55*(1), 89-100. https://doi.org/10.1037/pst0000160

Eagle, M. N. (2011). *From classical to contemporary psychoanalysis. A critique and integration*. Routledge. https://doi.org/10.4324/9780203868553

Ellis, M. V., Berger, L., Hanus, A. E., Ayala, E. E., Swords, B. A., & Siembor, M. (2014). Inadequate and harmful clinical supervision: Testing a revised framework and assessing occurrence. *The Counseling Psychologist*, *42*(4), 434-472. https://doi.org/10.1177/0011000013508656

Ericsson, K. A. (2003). Development of elite performance and deliberate practice: An update from the perspective of the expert performance approach. In J. L. Starkes & K. A. Ericsson (Eds.), *Expert performance in sports: Advances in research on sport expertise* (pp. 49-83). Human Kinetics.

Ericsson, K. A. (2004). Deliberate practice and the acquisition and maintenance of expert performance in medicine and related domains. *Academic Medicine*, *79*(Suppl. 10), S70-S81. https://doi.org/10.1097/00001888-200410001-00022

Ericsson, K. A. (2006). The influence of experience and deliberate practice on the development of superior expert performance. In K. A. Ericsson, N. Charness, P. J. Feltovich, & R. R. Hoffman (Eds.), *The Cambridge handbook of expertise and expert performance* (pp. 683-704). Cambridge University Press. https://doi.org/10.1017/CBO9780511816796.038

Ericsson, K. A., Hoffman, R. R., Kozbelt, A., & Williams, A. M. (Eds.). (2018). *The Cambridge handbook of expertise and expert performance* (2nd ed.). Cambridge University Press. https://doi.org/10.1017/9781316480748

Ericsson, K. A., Krampe, R. T., & Tesch-Romer, C. (1993). The role of deliberate practice in the acquisition of expert performance. *Psychological Review*, *100*(3), 363-406. https://doi.org/10.1037/0033-295X.100.3.363

Ericsson, K. A., & Pool, R. (2016). *Peak: Secrets from the new science of expertise*. Houghton Mifflin Harcourt.

Eubanks, C. F., Muran, J. C., & Safran, J. D. (2018). Repairing alliance ruptures. In J. C. Norcross & B. E. Wampold (Eds.), *Psychotherapy relationships that work: Evidence-based responsiveness* (3rd ed., pp. 549-579). Oxford University Press.

Eubanks-Carter, C., Muran, J. C., & Safran, J. D. (2015). Alliance-focused training. *Psychotherapy*, *52*(2), 169-173. https://doi.org/10.1037/a0037596

Fairbairn, W. R. D. (1952). *Psychoanalytic studies of the personality*. Tavistock.

Faulkner, W. (1951). *Requiem for a nun*. Random House.

Fauth, J., & Williams, E. N. (2005). The in-session self-awareness of therapist-trainees: Hindering or helpful? *Journal of Counseling Psychology*, *52*(3), 443-447. https://doi.org/10.1037/0022-0167.52.3.443

Fisher, H., Atzil-Slonim, D., Bar-Kalifa, E., Rafaeli, E., & Peri, T. (2016). Emotional experience and alliance contribute to therapeutic change in psychodynamic therapy. *Psychotherapy*, *53*(1), 105-116. https://doi.org/10.1037/pst0000041

Fisher, R. P., & Craik, F. I. M. (1977). Interaction between encoding and retrieval operations in cued recall. *Journal of Experimental Psychology: Human Learning and Memory*, *3*(6), 701-711.

https://doi.org/10.1037/0278-7393.3.6.701

Fonagy, P., & Bateman, A. W. (2006). Mechanisms of change in mentalization-based therapy of BPD. *Journal of Clinical Psychology*, *62*(4), 411-430. https://doi.org/10.1002/jclp.20241

Freud, S. (1888). Hysteria. In J. Strachey (Ed.), *The standard edition of the complete psychological works of Sigmund Freud* (pp. 41-57). Hogarth Press, Inc.

Freud, S. (1937). Analysis terminable and interminable. In J. Strachey (Ed.), *The standard edition of the complete psychological works of Sigmund Freud* (Vol. 23, pp. 208-253). Hogarth Press.

Freud, S. (1957). Future prospects of psychoanalytic therapy. In J. Strachey (Ed.), *The standard edition of the complete works of Sigmund Freud* (Vol. 11, pp. 139-151). Hogarth Press. (Original work published 1910)

Freud, S. (1997). *The interpretation of dreams* (A. A. Brill, Trans.). Wordsworth Editions. (Original work published 1900)

Friedlander, M. L., Angus, L., Wright, S. T., Gunther, C., Austin, C. L., Kangos, K., Barbaro, L., Macaulay, C., Carpenter, N., & Khattra, J. (2018). "If those tears could talk, what would they say?" Multi-method analysis of a corrective experience in brief dynamic therapy. *Psychotherapy Research*, *28*(2), 217-234. https://doi.org/10.1080/10503307.2016.1184350

Friedlander, M. L., Angus, L. E., Xu, M., Wright, S. T., & Stark, N. M. (2020). A close look at therapist contributions to narrative-emotion shifting in a case illustration of brief dynamic therapy. *Psychotherapy Research*, *30*(3), 402-416. https://doi.org/10.1080/10503307.2019.1609710

Furrow, J. L., Edwards, S. A., Choi, Y., & Bradley, B. (2012). Therapist presence in emotionally focused couple therapy blamer softening events: Promoting change through emotional experience. *Journal of Marital and Family Therapy*, *38*(Suppl. 1), 39-49. https://doi.org/10.1111/j.1752-0606.2012.00293.x

Gabbard, G. O., & Wilkinson, S. M. (2000). *Management of countertransference with borderline patients*. Jason Aronson.

Geller, S. (2015). *Presence in psychotherapy* [Video]. https://www.youtube.com/watch?v=sShXDGjcjV0

Geller, S. (2017). *A practical guide to cultivating therapeutic presence*. American Psychological Association. https://doi.org/10.1037/0000025-000

Gelso, C., & Hayes, J. (2007). *Countertransference and the therapist's inner experience: Perils and possibilities*. Lawrence Erlbaum & Associates. https://doi.org/10.4324/9780203936979

Gelso, C. J., Kelley, F. A., Fuertes, J. N., Marmarosh, C., Holmes, S. E., Costa, C., & Hancock, G. R.

(2005). Measuring the real relationship in psychotherapy: Initial validation of the therapist form. *Journal of Counseling Psychology*, *52*(4), 640–649. https://doi.org/10.1037/0022-0167.52.4.640

Gill, M. M. (1954). Psychoanalysis and exploratory psychotherapy. *Journal of the American Psychoanalytic Association*, *2*(4), 771–797. https://doi.org/10.1177/000306515400200413

Glausiusz, J. (2014). Living in an imaginary world. *Scientific American Mind*, *23*(1). https://www.scientificamerican.com/article/living-in-an-imaginary-world/

Goldberg, S. B., Babins-Wagner, R., Rousmaniere, T., Berzins, S., Hoyt, W. T., Whipple, J. L., Miller, S. D., & Wampold, B. E. (2016). Creating a climate for therapist improvement: A case study of an agency focused on outcomes and deliberate practice. *Psychotherapy*, *53*(3), 367–375. https://doi.org/10.1037/pst0000060

Goldberg, S. B., Rousmaniere, T., Miller, S. D., Whipple, J., Nielsen, S. L., Hoyt, W. T., & Wampold, B. E. (2016). Do psychotherapists improve with time and experience? A longitudinal analysis of outcomes in a clinical setting. *Journal of Counseling Psychology*, *63*(1), 1–11. https://doi.org/10.1037/cou0000131

Goldman, R. N., Vaz, A., & Rousmaniere, T. (2021). *Deliberate practice in emotion-focused therapy*. American Psychological Association. https://doi.org/10.1037/0000227-000

Goodwin, B. J., Coyne, A. E., & Constantino, M. J. (2018). Extending the context-responsive psychotherapy integration framework to cultural processes in psychotherapy. *Psychotherapy*, *55*(1), 3–8. https://doi.org/10.1037/pst0000143

Goodyear, R. K. (2015). Using accountability mechanisms more intentionally: A framework and its implications for training professional psychologists. *American Psychologist*, *70*(8), 736–743. https://doi.org/10.1037/a0039828

Goodyear, R. K., & Nelson, M. L. (1997). The major formats of psychotherapy supervision. In C. E. Watkins, Jr. (Ed.), *Handbook of psychotherapy supervision* (pp. 328–344). John Wiley & Sons.

Goodyear, R. K., Wampold, B. E., Tracey, T. J., & Lichtenberg, J. W. (2017). Psychotherapy expertise should mean superior outcomes and demonstrable improvement over time. *The Counseling Psychologist*, *45*(1), 54–65. https://doi.org/10.1177/0011000016652691

Greenberg, L. S., & Tomescu, L. R. (2017). *Supervision essentials for emotion-focused therapy*. American Psychological Association. https://doi.org/10.1037/15966-000

Greenberg, L. S., & Watson, J. (2006). *Emotion-focused therapy for depression*. Guilford Press. https://doi.org/10.1037/11286-000

Greenson, R. R. (1967). *The technique and practice of psychoanalysis* (Vol. 1). International

Universities Press.

Haggerty, G., & Hilsenroth, M. J. (2011). The use of video in psychotherapy supervision. *British Journal of Psychotherapy*, *27*(2), 193-210. https://doi.org/10.1111/j.1752-0118.2011.01232.x

Haig, M. (2020). *The midnight library*. Viking.

Harris, J., Jin, J., Hoffman, S., Phan, S., Prout, T. A., Rousmaniere, T., Vaz, A. (in press). *Deliberate practice in multicultural therapy*. American Psychological Association. https://doi.org/10.1037/0000357-000

Hatcher, R. L. (2015). Interpersonal competencies: Responsiveness, technique, and training in psychotherapy. *American Psychologist*, *70*(8), 747-757. https://doi.org/10.1037/a0039803

Hayes, J. A., Gelso, C. J., Goldberg, S., & Kivlighan, D. M. (2018). Countertransference management and effective psychotherapy: Meta-analytic findings. *Psychotherapy*, *55*(4), 496-507. https://doi.org/10.1037/pst0000189

Hayes, J. A., Gelso, C. J., & Hummel, A. M. (2011). Managing countertransference. In J. C. Norcross (Ed.), *Psychotherapy relationships that work: Evidence-based responsiveness* (2nd ed., pp. 239-258). Oxford University Press. https://doi.org/10.1093/acprof:oso/9780199737208.003.0012

Henry, W. P., Schacht, T. E., & Strupp, H. H. (1986). Structural analysis of social behavior: Application to a study of interpersonal process in differential psychotherapeutic outcome. *Journal of Consulting and Clinical Psychology*, *54*(1), 27-31. https://doi.org/10.1037/0022-006X.54.1.27

Henry, W. P., Schacht, T. E., & Strupp, H. H. (1990). Patient and therapist introject, interpersonal process, and differential psychotherapy outcome. *Journal of Consulting and Clinical Psychology*, *58*(6), 768-774. https://doi.org/10.1037/0022-006X.58.6.768

Henry, W. P., Strupp, H. H., Butler, S. F., Schacht, T. E., & Binder, J. L. (1993). Effects of training in time-limited dynamic psychotherapy: Changes in therapist behavior. *Journal of Consulting and Clinical Psychology*, *61*(3), 434-440. https://doi.org/10.1037/0022-006X.61.3.434

Hill, C. E. (2020). *Helping skills: Facilitating exploration, insight, and action* (5th ed.). American Psychological Association. https://doi.org/10.1037/0000147-000

Hill, C. E., Gelso, C. J., Chui, H., Spangler, P. T., Hummel, A., Huang, T., Jackson, J., Jones, R. A., Palma, B., Bhatia, A., Gupta, S., Ain, S. C., Klingaman, B., Lim R. H., Liu, J., Hui, K., Jezzi, M. M., & Miles, J. R. (2014). To be or not to be immediate with clients: The use and perceived effects of immediacy in psychodynamic/interpersonal psychotherapy. *Psychotherapy Research*,

24(3), 299-315. https://doi.org/10.1080/10503307.2013.812262

Hill, C. E., Kivlighan, D. M. I. I. I., Rousmaniere, T., Kivlighan, D. M., Jr., Gerstenblith, J., & Hillman, J. (2020). Deliberate practice for the skill of immediacy: A multiple case study of doctoral student therapists and clients. *Psychotherapy*, *57*(4), 587-597. https://doi.org/10.1037/pst0000247

Hill, C. E., & Knox, S. (2013). Training and supervision in psychotherapy: Evidence for effective practice. In M. J. Lambert (Ed.), *Handbook of psychotherapy and behavior change* (6th ed., pp. 775-811). Wiley.

Høglend, P., Amlo, S., Marble, A., Bøgwald, K.-P., Sørbye, O., Sjaastad, M. C., & Heyerdahl, O. (2006). Analysis of the patient-therapist relationship in dynamic psychotherapy: An experimental study of transference interpretations. *American Journal of Psychiatry*, *163*(10), 1739-1746. https://doi.org/10.1176/ajp.2006.163.10.1739

Hook, J. N., Davis, D. D., Owen, J., & DeBlaere, C. (2017). *Cultural humility: Engaging diverse identities in therapy*. American Psychological Association. https://doi.org/10.1037/0000037-000

Horowitz, M. J. (1998). *Cognitive psychodynamics: From conflict to character*. John Wiley & Sons.

Howard, S. (2017). *Skills in psychodynamic counselling and psychotherapy* (2nd ed.). Sage Publications.

Inderbitzin, L. B., & Levy, S. T. (1990). Unconscious fantasy: A reconsideration of the concept. *Journal of the American Psychoanalytic Association*, *38*(1), 113-130. https://doi.org/10.1177/000306519003800107

Kendall, P. C., & Beidas, R. S. (2007). Smoothing the trail for dissemination of evidence-based practices for youth: Flexibility within fidelity. *Professional Psychology, Research and Practice*, *38*(1), 13-19. https://doi.org/10.1037/0735-7028.38.1.13

Kendall, P. C., & Frank, H. E. (2018). Implementing evidence-based treatment protocols: Flexibility within fidelity. *Clinical Psychology: Science and Practice*, *25*(4), e12271. Advance online publication. https://doi.org/10.1111/cpsp.12271

Kiesler, D. J. (1988). *Therapeutic metacommunication: Therapist impact disclosure as feedback In psychotherapy*. Consulting Psychologists Press.

Kiesler, D. J., Schmidt, J. A., & Wagner, C. C. (1997). A circumplex inventory of impact messages. An operational bridge between emotion and interpersonal behavior. In R. Plutchik & H. R. Conte (Eds.), *Circumplex models of personality and emotions* (pp. 221-244). American Psychological Association. https://doi.org/10.1037/10261-010

Kohut, H. (1977). *The restoration of the self.* International Universities Press.

Koziol, L. F., & Budding, D. E. (2012). Procedural Learning. In N. M. Seel (Ed.), *Encyclopedia of the sciences of learning* (pp. 2694–2696). Springer. https://doi.org/10.1007/978-1-4419-1428-6_670

Kuhn, N., Andrews, S., Kaplan, A., Wolf, J., & Hurley, C. L. (2003). *Treating affect phobia: A manual for short-term dynamic psychotherapy*. Guilford Press.

Ladany, N., Hill, C. E., Corbett, M. M., & Nutt, E. A. (1996). Nature, extent, and importance of what psychotherapy trainees do not disclose to their supervisors. *Journal of Counseling Psychology*, *43*(1), 10–24. https://doi.org/10.1037/0022-0167.43.1.10

Lambert, M. J. (2010). Yes, it is time for clinicians to monitor treatment outcome. In B. L. Duncan, S. C. Miller, B. E. Wampold, & M. A. Hubble (Eds.), *Heart and soul of change: Delivering what works in therapy* (2nd ed., pp. 239–266). American Psychological Association. https://doi.org/10.1037/12075-008

Lane, R. D., Ryan, L., Nadel, L., & Greenberg, L. (2015). Memory reconsolidation, emotional arousal, and the process of change in psychotherapy: New insights from brain science. *Behavioral and Brain Sciences*, *38*, 1–64. https://doi.org/10.1017/S0140525X14000041

Levenson, H. (1995). *Time-limited dynamic psychotherapy: A guide to clinical practice*. Basic Books.

Levenson, H. (1999). *Time limited dynamic psychotherapy* [Film; educational DVD]. Pychotherapy.net. https://www.psychotherapy.net/video/time-limited-dynamic-psychotherapy

Levenson, H. (2003). Time-limited dynamic psychotherapy: An integrationist perspective. *Journal of Psychotherapy Integration*, *13*(3-4), 300–333. https://doi.org/10.1037/1053-0479.13.3-4.300

Levenson, H. (2010). *Brief dynamic therapy over time* [Film; educational DVD]. American Psychological Association. https://www.apa.org/pubs/videos/4310871

Levenson, H. (2013). Time-limited dynamic psychotherapy: Working with reactions to chronically depressed clients. In A. W. Wolf, M. R. Goldfried, & J. C. Muran (Eds.), *Transforming negative reactions to clients: From frustration to compassion* (pp. 193–219). American Psychological Association. https://doi.org/10.1037/13940-009

Levenson, H. (2017). *Brief dynamic therapy* (2nd ed.). American Psychological Association. https://doi.org/10.1037/0000043-000

Levenson, H. (2018). *Time-limited dynamic psychotherapy: An integrative perspective* [includes video]. In M. J. Dewan, B. N. Steenbarger, & R. P. Greenberg (Eds.), *The art and science of brief psychotherapies: An illustrated guide* (3rd ed., Chapter 12). American Psychiatric

Association Publishing. https://www.appi.org/Products/Psychotherapy/Art-and-Science-of-Brief-Psychotherapies-Third-Edi?SearchText=levenson,%20han&sku=37079

Levenson, H. (2020). Enlivening psychodynamic brief therapy with emotion-focused interventions: An integrative therapist's approach. *Clinical Social Work Journal*, *48*(3), 267-278. https://doi.org/10.1007/s10615-020-00762-z

Levenson, H. (2021, March). *Enhancing responsiveness with deliberate practice*. Invited Address to the Responsive Therapist: Clinical, Conceptual, and Empirical Perspectives. Annual San Francisco Psychotherapy Research Group, San Francisco, CA, United States.

Levenson, H., Angus, L., & Pool, E. (2020). Viewing psychodynamic/interpersonal theory and practice through the lens of memory reconsolidation. In R. D. Lane & L. Nadel (Eds.), *Neuroscience of enduring change: Implications for psychotherapy* (pp. 296-323). Oxford University Press. https://doi.org/10.1093/oso/9780190881511.003.0012

Levenson, H., Butler, S., & Bein, E. (2002). Brief psychodynamic individual psychotherapy. In R. Hales, S. C. Yudofsky, & J. Talbot (Eds.), *American Psychiatric Press textbook of psychiatry* (pp. 11-17). American Psychiatric Press.

Levenson, H. (Guest Expert), & Carlson, J. (Host). (2008). *Brief dynamic therapy* [Film; educational DVD]. American Psychological Association. https://www.apa.org/pubs/videos/4310844

Levenson, H. (Guest Expert), & Carlson, J. (Host). (2010). *Brief dynamic therapy over time* [Film; educational DVD]. American Psychological Association. https://www.apa.org/pubs/videos/4310871

Levenson, H. (Guest Expert), & Friedlander, M. L. (Host). (in production). *Psychodynamic therapy skills* [Educational DVD]. American Psychological Association.

Levenson, H., & Strupp, H. H. (1999). Recommendations for the future of training in brief dynamic psychotherapy. *Journal of Clinical Psychology*, 55(4), 385-391. https://doi.org/10.1002/(SICI)1097-4679(199904)55:4〈385::AID-JCLP2〉3.0.CO;2-B

Levenson, H., & Strupp, H. H. (2007). Cyclical maladaptive patterns: Case formulation in time-limited dynamic psychotherapy. In T. D. Eells (Ed.), *Handbook of psychotherapy case formulation* (pp. 164-197). Guilford Press.

Levin, K. (1996). Unconscious phantasy in psychotherapy. *American Journal of Psychotherapy*, *50*(2), 137-153.

Levy, K. N. (2009). Psychodynamic and psychoanalytic psychotherapies. In D. Richard & S. Huprich (Eds.), *Clinical psychology assessment, treatment, and research* (pp. 181-214). Elsevier

Academic Press.

Levy, K. N., Keefe, J. R., & Ehrenthal, J. C. (2019). Research support for psychodynamic constructs. In D. Kealy & J. S. Ogrodniczuk (Eds.), *Evolving clinical practice* (pp. 89-106). Elsevier.

Levy, K. N., & Scala, J. W. (2012). Transference, transference interpretations, and transferencefocused psychotherapies. *Psychotherapy*, *49*(3), 391-403. https://doi.org/10.1037/a0029371

Lloyd, J. (2017). Therapeutic use of metaphor: Cultural connectivity. *Journal of Experiential Psychotherapy*, *20*(2), 3-10.

Luo, X., Wang, J., & Ng, T. (2022). *Delineating common microprocesses in psychodynamic psychotherapy using a dynamic systems approach* [Poster presentation]. 111th Annual Meeting of the American Psychoanalytic Association, New York, NY, United States.

Lyons-Ruth, K., Bruschweiler-Stern, N., Harrison, A. M., Morgan, A. C., Nahum, J. P., Sander, L., Stern, D. N., & Tronick, E. Z. (1999). Implicit relational knowing: Its role in development and psychoanalytic treatment. *Infant Mental Health Journal*, *19*(3), 282-289.

MacDevitt, J. W. (1987). Therapists' personal therapy and professional self-awareness. *Psychotherapy*, *24*(4), 693-703.

Malan, D. (1995). *Individual psychotherapy and the science of psychodynamics* (2nd ed.). Butterworth-Heinemann.

Malkomsen, A., Røssberg, J. I., Dammen, T., Wilberg, T., Løvgren, A., Ulberg, R., & Evensen, J. (2021). Digging down or scratching the surface: How patients use metaphors to describe their experiences of psychotherapy. *BMC Psychiatry*, *21*, Article 533. https://doi.org/10.1186/s12888-021-03551-1

Markman, K. D., & Tetlock, P. E. (2000). Accountability and close-call counterfactuals: The loser who nearly won and the winner who nearly lost. *Personality and Social Psychology Bulletin*, *26*(10), 1213-1224. https://doi.org/10.1177/0146167200262004

McCullough, L. (Guest Expert), & Carlson, J. (Host). (2005). *Affect-focused dynamic psychotherapy* [Film; educational DVD]. American Psychological Association. https://www.apa.org/pubs/videos/4310728

McCullough, L., Kuhn, N., Andrews, S., Kaplan, A., Wolf, J., & Hurley, C. L. (2003). *Treating affect phobia: A manual for short-term dynamic psychotherapy*. Guilford Press.

McGaghie, W. C., Issenberg, S. B., Barsuk, J. H., & Wayne, D. B. (2014). A critical review of simulation-based mastery learning with translational outcomes. *Medical Education*, *48*(4), 375-385. https://doi.org/10.1111/medu.12391

McLeod, J. (2017). Qualitative methods for routine outcome measurement. In T. G. Rousmaniere, R. Goodyear, D. D. Miller, & B. E. Wampold (Eds.), *The cycle of excellence: Using deliberate practice to improve supervision and training* (pp. 99–122). John Wiley & Sons. https://doi.org/10.1002/9781119165590.ch5

McWilliams, N. (1999). *Psychoanalytic case formulation*. Guilford Press.

McWilliams, N. (2004). *Psychoanalytic psychotherapy: A practitioner's guide*. Guilford Press.

McWilliams, N. (2013). The impact of my own psychotherapy on my work as a therapist. *Psychoanalytic Psychology*, *30*(4), 621–626. https://doi.org/10.1037/a0034582

McWilliams, N. (2021). *Psychoanalytic supervision*. Guilford Press.

McWilliams, N. (Guest Expert), & Carlson, J. (Host). (2008). *Psychoanalytic psychotherapy* [Film; educational DVD]. American Psychological Association. https://www.apa.org/pubs/videos/4310811

Messer, S. B., & Warren, C. S. (1995). *Models of brief psychodynamic therapy: A comparative approach*. Guilford Press.

Mitchell, S. A. (1988). *Relational concepts in psychoanalysis: An integration*. Harvard University Press. https://doi.org/10.4159/9780674041158

Muran, J. C., & Barber, J. P. (Eds.). (2010). *The therapeutic alliance: An evidence-based guide to practice*. Guilford Press.

Norcross, J. C., & Guy, J. D. (2005). The prevalence and parameters of personal therapy in the United States. In J. D. Geller, J. C. Norcross, & D. E. Orlinsky (Eds.), *The psychotherapist's own psychotherapy: Patient and clinician perspectives* (pp. 165–176). Oxford University Press.

Norcross, J. C., & Wampold, B. E. (Eds.). (2019). *Psychotherapy relationships that work* (Vols. 1–2, 3rd ed.). Oxford University Press.

Orlinsky, D. E., & Rønnestad, M. H., & Collaborative Research Network of the Society for Psychotherapy Research. (2005). *How psychotherapists develop: A study of therapeutic work and professional growth*. American Psychological Association. https://doi.org/10.1037/11157-000

Owen, J., & Hilsenroth, M. J. (2014). Treatment adherence: The importance of therapist flexibility in relation to therapy outcomes. *Journal of Counseling Psychology*, *61*(2), 280–288. https://doi.org/10.1037/a0035753

Peluso, P. R., & Freund, R. R. (2018). Therapist and client emotional expression and psychotherapy outcomes: A meta-analysis. *Psychotherapy*, *55*(4), 461–472. https://doi.org/10.1037/pst0000165

Pine, F. (1990). *Drive, ego, object, and self: A synthesis for clinical work.* Basic Books.

Prescott, D. S., Maeschalck, C. L., & Miller, S. D. (Eds.). (2017). *Feedback-informed treatment in clinical practice: Reaching for excellence.* American Psychological Association. https://doi.org/10.1037/0000039-000

Rousmaniere, T. G. (2016). *Deliberate practice for psychotherapists: A guide to improving clinical effectiveness.* Routledge Press. https://doi.org/10.4324/9781315472256

Rousmaniere, T. G. (2019). *Mastering the inner skills of psychotherapy: A deliberate practice manual.* Gold Lantern Press.

Rousmaniere, T. G., Goodyear, R., Miller, S. D., & Wampold, B. E. (Eds.). (2017). *The cycle of excellence: Using deliberate practice to improve supervision and training.* Wiley Publishers. https://doi.org/10.1002/9781119165590

Safran, J. D. (2012). *Psychoanalysis and psychoanalytic therapies.* American Psychological Association.

Safran, J. D. (Guest Expert), & Carlson, J. (Host). (2008). *Relational psychotherapy* [Film; educational DVD]. American Psychological Association. https://www.apa.org/pubs/videos/4310846

Safran, J. D. (Guest Expert), & Carlson, J. (Host) (2009). *Psychoanalytic psychotherapy over time* [Film; educational DVD]. American Psychological Association. https://www.apa.org/pubs/videos/4310864

Safran, J. D., & Kraus, J. (2014). Alliance ruptures, impasses, and enactments: A relational perspective. *Psychotherapy*, *51*(3), 381-387. https://doi.org/10.1037/a0036815

Safran, J. D., & Muran, J. C. (2000). *Negotiating the therapeutic alliance: A relational treatment guide.* Guilford Press.

Sandler, J., & Sandler, A. M. (1978). On the development of object relationships and affects. *The International Journal of Psycho-Analysis*, *59*(2-3), 285-296.

Sarnat, J. E. (2016). *Supervision essentials for psychodynamic psychotherapies.* American Psychological Association. https://doi.org/10.1037/14802-000

Schore, J. R., & Schore, A. N. (2008). Modern attachment theory: The central role of affect regulation in development and treatment. *Clinical Social Work Journal*, *36*(1), 9-20. https://doi.org/10.1007/s10615-007-0111-7

Sharpless, B. A., & Barber, J. P. (2012). Corrective emotional experiences from a psychodynamic perspective. In L. G. Castonguay & C. E. Hill (Eds.), *Transformation in psychotherapy: Corrective experiences across cognitive behavioral, humanistic, and psychodynamic approaches* (pp. 31-49). American Psychological Association. https://doi.org/10.1037/13747-003

Sharpless, B. A., Barber, J. P., & Summers, R. F. (2022). Psychodynamic psychotherapy. In G. Asmundson (Ed.), *Comprehensive clinical psychology* (2nd ed., Vol. 6, pp. 75-96). Elsevier.

Shedler, J. (2006). *That was then, this is now: Psychoanalytic psychotherapy for the rest of us*. https://jonathanshedler.com/wp-content/uploads/2020/07/Shedler- That-was-then-thisis-now-R10.pdf

Shedler, J. (2022). That was then, this is now: Psychoanalytic psychotherapy for the rest of us. *Contemporary Psychoanalysis*, *58*(2-3), 405-437. https://doi.org/10.1080/00107530.2022.2149038

Siegelman, E. Y. (1990). *Metaphor and meaning in psychotherapy*. Guilford Press.

Silberschatz, G. (2021). Responsiveness in control-mastery theory. In J. C. Watson & H. Wiseman (Eds.), *The responsive psychotherapist: Attuning to clients in the moment* (pp. 133-150). American Psychological Association.

Sims, P. A. (2003). Working with metaphor. *American Journal of Psychotherapy*, *57*(4), 528-536. https://doi.org/10.1176/appi.psychotherapy.2003.57.4.528

Smith, S. M. (1979). Remembering in and out of context. *Journal of Experimental Psychology: Human Learning and Memory*, *5*(5), 460-471. https://doi.org/10.1037/0278-7393.5.5.460

Squire, L. R. (2004). Memory systems of the brain: A brief history and current perspective. *Neurobiology of Learning and Memory*, *82*(3), 171-177. https://doi.org/10.1016/j.nlm.2004.06.005

Stern, D., Sander, L., Nahum, J., Harrison, A., Lyons-Ruth, K., Morgan, B., & Tronick, E. (1998). Non-interpretative mechanisms in psychoanalytic therapy. The "something more" than interpretation. *International Journal of Psychoanalysis*, *79*, 903-921.

Stiles, W. B., & Horvath, A. O. (2017). Appropriate responsiveness as a contribution to therapist effects. In L. G. Castonguay & C. E. Hill (Eds.), *How and why are some therapists better than others? Understanding therapist effects* (pp. 71-84). American Psychological Association. https://doi.org/10.1037/0000034-005

Stricker, G., & Gold, J. R. (1996). Psychotherapy integration: An assimilative, psychodynamic approach. *Clinical Psychology: Science and Practice*, *3*(1), 47-58. https://doi.org/10.1111/j.1468-2850.1996.tb00057.x

Strupp, H. H., & Binder, J. L. (1984). *Psychotherapy in a new key: A guide to time-limited dynamic psychotherapy*. Basic Books.

Sullivan, H. S. (1954). *The interpersonal theory of psychiatry*. W. W. Norton & Company.

Taylor, J. M., & Neimeyer, G. J. (2017). Lifelong professional improvement: The evolution of continuing education. In T. G. Rousmaniere, R. Goodyear, S. D. Miller, & B. Wampold (Eds.), *The cycle of excellence: Using deliberate practice to improve supervision and training* (pp. 219-248). John Wiley & Sons.

Teyber, E., & Teyber F. M. (2014). Working with the process dimension in relational therapies: Guidelines for clinical training. *Psychotherapy*, *51*(3), 334-341. https://doi.org/10.1037/a0036579

Tishby, O. (2021). Responsiveness in psychodynamic relational psychotherapy. In J. C. Watson & H. Wiseman (Eds.), *The responsive psychotherapist: Attuning to clients in the moment* (pp. 107-132). American Psychological Association. https://doi.org/10.1037/0000240-006

Tracey, T. J. G., Wampold, B. E., Goodyear, R. K., & Lichtenberg, J. W. (2015). Improving expertise in psychotherapy. *Psychotherapy Bulletin*, *50*(1), 7-13.

Tracey, T. J. G., Wampold, B. E., Lichtenberg, J. W., & Goodyear, R. K. (2014). Expertise in psychotherapy: An elusive goal? *American Psychologist*, *69*(3), 218-229. https://doi.org/10.1037/a0035099

Wachtel, P. L. (1993). *Therapeutic communication: Principles and effective practice*. Guilford Press.

Wachtel, P. L. (2008). *Relational theory and the practice of psychotherapy*. Guilford Press.

Wachtel, P. L. (2011). *Inside the session: What really happens in psychotherapy*. American Psychological Association. https://doi.org/10.1037/12321-000

Wachtel, P. L. (Guest Expert), & Carlson, J. (Host). (2007). *Integrative relational psychotherapy* [Film; educational DVD]. American Psychological Association.

Wampold, B. E., & Owen, J. (2021). Therapist effects. In L. G. Castonguay, M. Barkham, & W. Lutz (Eds.), *Handbook of psychotherapy and behavior change* (5th ed., pp. 297-326). John Wiley & Sons.

Wass, R., & Golding, C. (2014). Sharpening a tool for teaching: The zone of proximal development. *Teaching in Higher Education*, *19*(6), 671-684. https://doi.org/10.1080/13562517.2014.901958

Westra, H. A., Norouzian, N., Poulin, L., Coyne, A. E., Constantino, M. J., Hara, K., Olson, D., & Antony, M. M. (2021). Testing a deliberate practice workshop for developing appropriate responsivity to resistance markers. *Psychotherapy*, *58*(2), 175-185. https://doi.org/10.1037/pst0000311

Wiggins, J. S., & Broughton, R. (1985). The Interpersonal Circle: A structural model for the integration of personality research. In R. Hogan & W. H. Jones (Eds.), *Perspectives in personality* (Vol. 1, pp. 1-47). JAI Press.

Wolitzky, D. L. (2011). Psychoanalytic theories of psychotherapy. In J. C. Norcross, G. R. VanderBos, & D. K. Freedheim (Eds.), *History of psychotherapy: Continuity and change* (pp. 65-100). American Psychological Association. https://doi.org/10.1037/12353-003

Wrightsman, L. S., Jr. (1964). Measurement of philosophies of human nature. *Psychological Reports, 14*(3), 743-751. https://doi.org/10.2466/pr0.1964.14.3.743

Yalom, I. D. (1995). *The theory and practice of group psychotherapy.* Basic Books.

Yalom, I. D. (2002). *The gift of therapy: An open letter to a new generation of therapists and their patients*. Harper Perennial.

Zaretskii, V. (2009). The zone of proximal development: What Vygotsky did not have time to write. *Journal of Russian & East European Psychology*, *47*(6), 70-93. https://doi.org/10.2753/RPO1061-0405470604

찾아보기

저자 소개

Hanna Levenson(PhD)

캘리포니아 버클리 Wright Institute의 교수이자 미국심리학회(APA)의 펠로우이다. 오클랜드에서 개인 클리닉을 운영하며 개인과 부부를 대상으로 심리치료를, 전문가들을 대상으로 상담 및 수퍼비전을 진행한다. Levenson 박사는 20년 동안 샌프란시스코 캘리포니아 대학교 의과대학(UCSF) 정신의학과의 임상 교수로 재직하며, 샌프란시스코 VA 메디컬 센터의 단기 치료 프로그램(Brief Therapy Program) 디렉터로 활동했다. 1967년 Vassar College에서 심리학 학사 학위를, 1972년 Claremont University에서 사회심리학 박사 학위를 취득했다. 이후 텍사스 A&M 대학교에서 심리학 부교수로 재직하다가 임상 심리학으로 전공을 전문화하였고, 1976년~1977년에 UCSF Langley Porter Institute에서 인턴십을 수행했다. Levenson 박사는 40년간 단기 역동 심리치료와 수퍼비전 분야를 전문으로 해 왔다. 그동안 85편 이상의 전문 논문을 집필했으며, 세 권의 주요 저서(『Time-Limited Dynamic Psychotherapy: A Guide to Clinical Practice』『Brief Dynamic and Interpersonal Therapy』『Brief Dynamic Therapy』)를 단독 또는 공동 집필했다. 이전 저서(APA 심리치료 이론 시리즈)에서는 정서 초점 접근, 체험적 접근, 대인관계적 접근을 통합했다. 또한 자신의 접근 방식을 보여 주는 6개의 전문 비디오를 제작했으며, 가장 최근 비디오는 APA의 Essentials of Deliberate Practice 시리즈의 일부로, 정신역동치료 기술과 의도적 연습의 활용을 강조하는 두 회기를 담고 있다. Levenson 박사의 최근 프로젝트는 APA가 제작한 11개의 DVD와 책 시리즈인 Essentials of Psychotherapy Supervision을 기획하고 진행하는 것이었다. 캘리포니아 심리학회(CPA)로부터 심리학 전문 직업에 기여한 공로로 수여되는 Distinguished Contribution to Psychology as a Profession Award를 수상한 바 있다.

Volney Gay(PhD)

Vanderbilt University 명예 교수이다. 1970년에 Reed College에서 학사 학위를, 1973년에 University of Chicago에서 석사 학위, 1976년에 박사 학위를 취득했으며 St. Louis Psychoanalytic Institute에서 박사 후 훈련을 받았다. Gay 박사는 2018년 8월에 Vanderbilt University 정신의학 교수, 종교학 교수, 인류학 교수로서의 활동을 마치고 은퇴했다. Vanderbilt University에서 종교학과장을 역임했으며, Center for the Study of Religion and Culture를 공동 설립하고 디렉터로 활동했다. 또한 Templeton Foundation의 지원을 받은 '과학과 종교' 프로젝트의 주요 연구책임자로 활동했다. 그는 심리학, 종교학, 인류학 분야에서 30편의 박사 논문을 지도했다. Gay 박사는 St. Louis Psychoanalytic Institute의 훈련 및 감독 분석가로 미국정신분석학회로부터 인증받았으며, 미국심리학회의 정신분석 및 정신분석심리학 학회(Section

I, Division 39) 회원이다. 그는 종교, 정신의학, 인류학에 관한 9권의 책을 출간했다. 그는 McMaster University와 Vanderbilt University School of Medicine에서 교수상을, 뉴욕 Psychoanalytic Institute에서 Heinz Hartmann Award를, 미국정신분석협회에서 공로상을 받았다. 또한 국제 정신분석교육 포럼에서 저명한 정신분석 교육자로 선정되었다. 가장 최근 저서는 『American Slavery: Privileges and Pleasures』(2021)이다. 1992년에는 Thomas Campbell 박사와 함께 Nashville Psychoanalytic Study Group을 설립했다. 2010년에는 Vanderbilt University 의료센터에서 아동 정신의학 분야의 Barbara Gay 강연이 지속될 수 있게 기금을 출연했다.

Jeffrey L. Binder(PhD, ABPP)

Vanderbilt University의 정신의학 및 행동과학 임상 교수이자 미국심리학회, 조지아심리학회, 임상심리학 아카데미의 펠로우이다. 미국 전문 심리학 위원회에서 임상 심리학 디플로마를 인증 받았다. 그의 전문 경력은 51년에 걸쳐 있으며, 1991년부터 2014년까지 애틀랜타의 Georgia School of Professional Psychology에서 심리학 교수, 프로그램 디렉터, 학장을 역임했다. 그 이전에는 Vanderbilt University에서 심리학과 정신의학 임상 부교수(1980~1991), 심리학 연구 부교수(1980~1983), 버지니아 대학교 정신의학 임상 부교수(1976~1980), 그리고 미시간 대학교 정신의학 조교수(1972~1980)로 활동했다. 또한 Region Ten Community Mental Health Center의 외래 진료 서비스 디렉터(1976~1980), Cumberland Hall Psychiatric Hospital의 청소년 및 성인 프로그램 디렉터(1984~1989)를 역임했다. Binder 박사는 개인 클리닉을 운영하며 개인 및 부부치료를 제공하고, 수련생과 전문가들을 대상으로 상담과 수퍼비전을 실시해 왔다. 그는 심리치료 실습, 연구, 감독에 관한 45편 이상의 논문 및 책 챕터를 단독 또는 공동 집필했다. 그의 두 논문(『Clinical Psychology Review』에 실린 'Is It Time to Improve Psychotherapy Training?'과 'Issues in Teaching and Learning Time-Limited Psychodynamic Psychotherapy')은 인지과학자들이 개발한 교육 방법을 심리치료 훈련에 적용하여 개선하자는 초기 제안 중 하나였다. Binder 박사는 4권의 책을 단독 저술 및 공동 저술했으며, 그중 2권은 복잡한 수행에서의 전문성의 본질과 발달에 관한 인지 과학 연구 결과에서 도출된 원리를 통합한 단기 정신역동-대인관계 치료(time-limited psychodynamic-interpersonal therapy) 모델을 제시하고 있다.

역자 소개

김경희(Kim, Kyung Hee)

가톨릭대학교 일반대학원에서 상담심리학 전공으로 박사 학위를 취득했으며, 현재 가톨릭대학교 상담심리대학원 조교수로 재직 중이다. 상담심리전문가로 활동하며 긍정정서 조절 문제와 우울 등에 관심을 두고 연구를 진행하고 있다. 『긍정정서치료 치료자 가이드북』(공역, 학지사, 2024), 『긍정정서치료 워크북』(공역, 학지사, 2024)을 번역하였고, 『학부생을 위한 상담이론과 실제』(공저, 공동체, 2024)를 저술하였다.

정신역동치료의 의도적 연습

Deliberate Practice in Psychodynamic Psychotherapy

2025년 10월 25일 1판 1쇄 인쇄
2025년 10월 30일 1판 1쇄 발행

지은이 • Hanna Levenson · Volney Gay · Jeffrey L. Binder
옮긴이 • 김경희
펴낸이 • 김진환
펴낸곳 • ㈜ 학지사
04031 서울특별시 마포구 양화로 15길 20 마인드월드빌딩
대표전화 • 02-330-5114 팩스 • 02-324-2345
등록번호 • 제313-2006-000265호

홈페이지 • http://www.hakjisa.co.kr
인스타그램 • https://www.instagram.com/hakjisabook

ISBN 978-89-997-3567-7 93180

정가 23,000원

역자와의 협약으로 인지는 생략합니다.
파본은 구입처에서 교환해 드립니다.